पत्रकारिता : इतिहास और प्रश्न

वाणी प्रकाशन
नयी दिल्ली-110002
फोन : 23273167, 23275710 ● फैक्स : 23275710
e-mail : vani_prakashan@yahoo.com

पत्रकारिता
इतिहास और प्रश्न

कृष्णबिहारी मिश्र

वाणी प्रकाशन

वाणी प्रकाशन

4695, 21-ए, दरियागंज, नयी दिल्ली 110 002

फ़ोन : +91 11 23273167 फ़ैक्स : +91 11 23275710

शाखाएँ

अशोक राजपथ, पटना 800 004, बिहार

कॉफ़ी हाउस कैम्पस, महात्मा गांधी मार्ग, इलाहाबाद 211 001, उत्तर प्रदेश

महात्मा गांधी अन्तरराष्ट्रीय हिन्दी विश्वविद्यालय, वर्धा 442 001, महाराष्ट्र

www.vaniprakashan.com
marketing@vaniprakashan.in
sales@vaniprakashan.in

Patrakarita : Itihas Aur Prashna
by Krishna Bihari Mishra

ISBN : 978-93-5072-085-1
Journalism

संस्करण 1993, 2004, 2013
चौथा संस्करण 2023

मूल्य : ₹ 495

आर.के. ऑफ़सेट, शाहदरा, दिल्ली-110 032 में मुद्रित

वाणी प्रकाशन का लोगो मक़बूल फ़िदा हुसेन की कूची से

अन्तरंग मित्र
श्री रेवती लाल शाह को
सप्रीति—
जिनकी अधीति
और मैत्री से भरपूर रोशनी
मिलती है ।

आशंका

"पत्र निकालकर सफलतापूर्वक चलाना बड़े-बड़े धनियों अथवा सुसंघटित कम्पनियों के लिये ही सम्भव होगा। पत्र सर्वांग सुन्दर होंगे। आकार बड़े होंगे छपाई अच्छी होगी, मनोहर, मनोरंजक और ज्ञानवर्द्धक चित्रों से सुसज्जित होंगे, लेखों में विविधता होगी, कल्पकता होगी, गम्भीर गवेषणा की झलक होगी, ग्राहकों की संख्या लाखों में गिनी जायेगी। यह सब कुछ होगा पर पत्र प्राणहीन होंगे। पत्रों की नीति देशभक्त, धर्मभक्त अथवा मानवता के उपासक महाप्राण सम्पादकों की नीति न होगी—इन गुणों से सम्पन्न लेखक विकृत मस्तिष्क समझे जायेंगे, सम्पादक की कुर्सी तक उनकी पहुँच भी न होगी। वेतन-भोगी सम्पादक मालिक का काम करेंगे और बड़ी ख़ूबी के साथ करेंगे। वे हम लोगों से अच्छे होंगे। पर आज भी हमें जो स्वतंत्रता प्राप्त है वह उन्हें न होगी। वस्तुतः पत्रों के जीवन में यही समय बहुमूल्य है। इंग्लैंड और अमेरिका के पत्रों ने उन्हीं दिनों सच्चा काम किया था जब उनके आकार छोटे थे, समाचार कम होते थे, ग्राहक थोड़े होते थे पर सम्पादक की लेखनी में ओज और प्राण था। उन देशों की इस उन्नति के बहुत कुछ कारण वे ही सम्पादक थे जिनसे धनी घृणा करते थे, शासक क्रुद्ध रहा करते थे और जो हमारे ही जैसे, एक पैर जेल में रखकर धर्मबुद्धि से पत्र सम्पादन किया करते थे। उनके परिश्रम से और कष्ट से पत्रों की उन्नति हुई पर उनके वंश का लोप हो गया। अब संचालक और व्यवस्थापक सर्वेसर्वा हैं, सम्पादक कुछ नहीं है।"

—बाबूराव विष्णु पराड़कर

['संपादक पराड़कर' से साभार उद्धत]

चिन्ता

"यहाँ भी अब बहुत से समाचार पत्र सर्व-साधारण के कल्याण के लिये नहीं रहे, सर्वसाधारण उनके प्रयोग की वस्तु बनते जा रहे हैं। एक समय था, इस देश में साधारण आदमी सर्व-साधारण के हितार्थ एक ऊँचा भाव लेकर पत्र निकालता था, और उस पत्र को जीवन-क्षेत्र में स्थान मिल जाया करता था। आज वैसा नहीं हो सकता।···इस देश में भी समाचार-पत्रों का आधार धन हो रहा है। धन से ही वे निकलते हैं, धन ही के आधार पर वे चलते हैं और बड़ी वेदना के साथ कहना पड़ता है कि उनमें काम करने वाले बहुत से पत्रकार भी धन ही की अभ्यर्थना करते हैं। अभी यहाँ पूरा अन्धकार नहीं हुआ है, किन्तु लक्षण वैसे ही हैं। कुछ ही समय पश्चात् यहाँ के समाचार-पत्र भी मशीन के सदृश हो जायेंगे, और उनमें काम करने वाले पत्रकार केवल मशीन के पुरजे/व्यक्तित्व न रहेगा, सत्य और असत्य का अन्तर न रहेगा, अन्याय के विरुद्ध डट जाने और न्याय के लिये आफतों के बुलाने की चाह न रहेगी, रह जायेगा केवल खिंची हुई लकीर पर चलना।··· ऐसे बड़े होने की अपेक्षा छोटे और छोटे से भी छोटे, किन्तु कुछ सिद्धान्तों वाले होना कहीं अच्छा।"

—गणेश शंकर विद्यार्थी

[विष्णुदत्त शुक्ल की पुस्तक 'पत्रकार कला' की भूमिका से साभार उद्धृत]

ग्लानि

"हिन्दी पत्रकारिता के आरम्भ के युग में हमारे पत्रकारों की जो प्रतिष्ठा थी, वह आज नहीं है। साधारण रूप से तो यह बात कही जा ही सकती है, अपवाद खोजने चलें तो भी यही पावेंगे कि आज का एक भी पत्रकार या सम्पादक वह सम्मान नहीं पाता जो कि पचास-पचहत्तर वर्ष पहले के अधिकतर पत्रकारों को प्राप्त था।···आज के सम्पादक-पत्रकार अगर इस अन्तर पर विचार करें तो स्वीकार करने को बाध्य होंगे कि वे न केवल कम सम्मान पाते हैं बल्कि कम सम्मान के पात्र हैं—या कदाचित् सम्मान के पात्र बिलकुल नहीं हैं, जो पाते हैं वह पात्रता से नहीं, इतर कारणों से।

···अप्रतिष्ठा का प्रमुख कारण यह है कि उसके पास मानदंड नहीं है। यहीं हरिश्चन्द्र कालीन सम्पादक-पत्रकार—या उतनी दूर न जावें तो महावीरप्रसाद द्विवेदी का समकालीन भी हम से अच्छा था। उसके पास मानदंड थे, नैतिक आधार थे और स्पष्ट नैतिक उद्देश्य भी। उनमें से कोई ऐसे भी थे जिनके विचारों को हम दकियानूसी कहते, तो भी उनका सम्मान करने को हम बाध्य होते थे क्योंकि स्पष्ट नैतिक आधार पाकर वे उन पर अमल भी करते थे—वे चरित्रवान थे। आज—विचार-क्षेत्र में हम अग्रगामी भी कहला लें, तो कर्म के नैतिक आधारों की अनुपस्थिति में निजी रूप से हम चरित्रहीन ही हैं और सम्मान के पात्र नहीं हैं।"

—सच्चिदानन्द हीरानन्द वात्स्यायन 'अज्ञेय'

['आत्मपरक' से साभार उद्धृत]

क्रम

प्रसंगवश

विरासत की उज्ज्वल साधना याद आती है कि साम्राज्यशाही तोप के प्रतिपक्ष में क्रियाशील और जयी भारतीय पत्रकारिता ने अपने समय की चुनौती का पूरी शक्तिमत्ता से मुकाबला किया था। अनेकमुखी प्रत्यूह के बीच खड़े होकर आदि पर्व के पत्रकारों ने अपने चरित्र और पुष्ट मनोबल से अंग्रेजी राज के कुकृत्य और नृशंसता का प्रतिरोध किया था। उनकी साधना का एकान्त लक्ष्य था साम्राज्यशाही अभिशाप से मुक्ति। इसके लिए बड़ी से बड़ी यातना झेलने को वे प्रस्तुत रहते थे। और जब-तब विकट आतंक रचने वाली परिस्थिति तथा बड़े से बड़े प्रलोभन उन्हें आदर्शच्युत करने में विफल रहे। मांडले जेल की यातना झेलने वाले तिलक और अपनी गृहस्थी को जीवित रखने के लिए स्तरहीन परिस्थिति के दंश से आहत होने वाले अमृतलाल चक्रवर्ती की जातीय अभीप्सा-आस्था शेष तक अक्षत रही। लोकमान्य तिलक के पूर्ववर्ती उनके समकालीन समान धर्मा और उनकी आदर्श-सरणि से यात्रा करने वाली परवर्ती पत्रकार-पीढ़ी ने निजी स्वार्थ को ताक पर रखकर अपनी प्रातिभ शक्ति और जीवन-चर्या को देश के मुक्ति-संग्राम में नियोजित कर दिया था। पत्रकारिता की अतीत पीढ़ी के कृती पुरुषों को यह बोध था कि पत्रकार की भूमिका लोकनायक की भूमिका होती है। इसी गुरुतर भूमिका से समृद्ध है पत्रकारिता की विरासत।

आजादी के बाद के जातीय परिदृश्य को देखकर सहज ही धारणा बनती है कि साधना-संघर्ष का काल शेष हो गया और हर क्षेत्र में क्रियाशील भोग की उद्धत लीला ही आज की संस्कृति है। मूल्य-निष्ठा और अनुशासन आग्रह को अप्रासंगिक पुरा राग मानकर अपना भाग्य जगाने के लिये, उसके विपरीत पथ से यात्रा करना आज का चालू कौशल है, जिसकी सिद्धि ही सिद्ध होने का प्रमाण समझी जा रही है। अनुशासन-हीनता का अंधड़ और विलासप्रियता की सनकी स्पर्द्धा दिन-दिन समृद्ध होती जा रही है। पत्रकारिता के चेहरे-चरित्र में, आजादी के बाद के पिछले दशकों में, उल्लेखनीय परिवर्तन आया है। पूंजी का वर्चस्व पुष्ट हुआ है। साधन सुविधा में अभूतपूर्व समृद्धि आई है। अपने पद की गुरुता-महत्ता से उदासीन आज

का पत्रकार 'देश के दुर्भाग्य को अपना दुर्भाग्य' मानने और अपनी विरासत के उज्ज्वल अध्याय को अपना आदर्श बनाने को तैयार नहीं है। समाज के दूसरे वर्ग के लोगों की तरह वह निजी समृद्धि और विलास-वैभव में जीने की आकुल स्पृहा से आन्दोलित होकर रंगीन राहों-घाटों पर दौड़ता नजर आ रहा है। पत्रकारिता की विकसित सुविधाओं और अनुकूल साधनों का विधायक दिशा में यदि नियोजन नहीं हो रहा है, और पीड़क यथार्थ है कि समाज-संस्कार की सजातीय और विशिष्ट भूमिका से साम्प्रतिक पत्रकारिता काफी हद तक विरत हो चुकी है, तो यह धारणा पुष्ट होती है कि पत्रकार के व्यक्तित्व में स्खलन आया है, और पत्रकारिता का धवल धरातल बड़ी तेजी से प्रदूषित हो रहा है। वर्तमान ढाही के लक्षणों को लक्ष्य कर मूल्य-भित्तिक पत्रकारिता के पुराने पुरस्कर्ता आसन्न अंधकार के प्रति चिंतित थे। बाबूराव विष्णु पराड़कर, गणेशशंकर विद्यार्थी और शिवपूजन सहाय ने पत्रकार-कुल की धवलता का बार-बार तीव्र आग्रह प्रकट किया था। मगर पूंजी के प्रताप ने पत्रकारिता की मूल्य-मर्यादा को बुरी तरह क्षत कर दिया। व्यवसायवाद ही एकमात्र आदर्श बन गया। स्खलन को नये मुहावरों से महिमान्वित करते गर्वपूर्वक कहा जाने लगा है कि पत्रकारिता आज व्यवसाय है, आदर्श का सवाल उठाना अप्रासंगिक राग टेरना है। आत्मश्लाघा के साथ ऐसी घोषणा करने वाले, निरापद जिन्दगी के कायल, आज के सुविधाजीवी लोग यह भूल जाते हैं कि हर व्यवसाय की स्वतंत्र प्रकृति और विशिष्ट आचार-संहिता होती है। अन्य व्यवसायों से भिन्न प्रकृति होती है पत्रकारिता की। इस भिन्नता में ही उसकी विशिष्टता और महत्ता है। मगर समाज के अर्थ-सम्पन्न लोगों की तरह उपभोक्ता संस्कृति को ही अपने विलासोन्मुख आचरण द्वारा अपना धर्म मानने वाले आज के पत्रकार वृत्ति-विशिष्टता के बोध और उससे जुड़े गुरुतर दायित्व से उदासीन हो गये हैं। परिणामतः व्यावसायिक-राजनीतिक प्रलोभनों की रंगीन माया में भटकना और अपनी विपथगामी यात्रा से अपने कुलगोत्र के प्रति अन्यथा धारणा को जन्म देना उनकी लाचारी बन गयी है।

चिन्ताशील जगत को यह स्थिति उन्मथित करती रहती है कि जो भाषा सामाजिक-राजनीतिक कुकर्म पर बेलाग टिप्पणी करती थी, पत्रकार की जो भूमिका मूल्यों के संरक्षण का आश्वासन जगाती थी वह आज के राजनीतिकों के आचरण की तरह संदिग्ध हो गयी है। भाषा की विश्वसनीयता का टूट जाना सांस्कृतिक संकट का संकेत है।

पत्रकारिता राजनीतिकों के मुहावरे की प्रतिध्वनि जान पड़ने लगी है। पुराने पत्रकार अपने विवेक और समृद्ध व्यक्तित्व से राजनीति का दिशा-निर्देश करते थे, राजसत्ता के प्रतिपक्ष की भूमिका में अग्रणी थे। साम्राज्यशाही नृशंसता का जिस दृढ़ता और युयुत्सु मुद्रा में मुकाबला करते थे, उसी जागरूकता से औचित्य

के आग्रह से, स्वदेशी राजनेताओं की च्युति पर टिप्पणी करते उन्हें संकोच नहीं होता था। महात्मा गाँधी जैसे लोकनायक पर बाबूराव विष्णु पराड़कर ने कड़ी टिप्पणी की थी।[1] आज का पत्रकार राजनीति और राजसत्ता का अनुकूल्य उपलब्ध करने के लिए उनके मुहावरे में बोलने लगा है। उपभोक्ता संस्कृति के अभिशाप को लक्ष्य कर राजनेताओं की तरह आवाज टेरने वाले पत्रकार स्वयं व्यावसायिक चाकचिक्य के प्रति सतृष्ण हो गये हैं और उपभोक्ता संस्कृति ही इनकी संस्कृति बनती जा रही है। पत्रकार बुद्धिजीवी वर्ग की उस सरणि के यात्री हैं, समाज के लिए जिसकी भूमिका प्रत्यक्ष-प्रभावी होती है। इसलिए इस राह के यात्री के लिए अपेक्षाकृत अधिक जागरूकता की जरूरत होती है। किंचित अनवधानता लोक के अमंगल का कारण बन सकती है।[2] साम्प्रतिक पत्रकारिता की भाषा-मुद्रा लोक-हितैषी भूमिका नहीं मानी जा सकती। समाज का भाषा-संस्कार पत्रकारिता का महत्त्वपूर्ण प्रयोजन है, जिसके प्रति हिन्दी की पुरानी पत्रकार-पीढ़ी सचेत थी, हिन्दी के आदि पत्रकार पं० युगलकिशोर शुक्ल तक में भाषा-शुद्धता का आग्रह और संकरता-सजगता थी। परवर्तीकाल में भाषा-धरातल की धवलता के प्रश्न को लेकर पत्रकारों ने इतिहास-प्रसिद्ध विवाद की सृष्टि की थी, जिसकी विधायक उपलब्धि है भाषा-समृद्धि। आज अपने व्यवसाय के लिए लोक का विविध रूपों में उपयोग करने वाले पत्रकार भाषा विषयक अपने गुरुतर दायित्व को कदाचित् समझ नहीं रहा है, और इसे अपेक्षित गुरुता देने को तैयार नहीं है। भाषा के अविकसित रूप और भदेस-भंगिमा को संस्कृत करने की ओर प्रवृत्त न होकर लोकप्रियता का कायल पत्रकार पत्रकारिता की परिनिष्ठित भाषा-मुद्रा को जागरूक आयास द्वारा संकरता की उस पटरी से चलाने लगा है जो भाषा-संस्कार को चिढ़ाती है। तथाकथित जनवाद का कदाचित् यह भी एक

---

1. देशरत्न डॉ० राजेन्द्र प्रसाद के प्रति अपेक्षित सम्मान रखते हुए उनकी भाषा-नीति पर 'हिमालय' सम्पादक आचार्य शिवपूजन सहाय ने तीखा कटाक्ष किया था। द्रष्टव्य, हिमालय, वर्ष 1, अंक 11
2. "पत्र बेचने के लाभ से अश्लील समाचारों को महत्व देकर तथा दुराचरण-मूलक अपराधों का चित्ताकर्षक वर्णन कर हम परमात्मा की दृष्टि में अपराधियों से भी बड़े अपराधी ठहर रहे हैं, इस बात को कभी न भूलना चाहिए। अपराधी एकाध पर अत्याचार करके दण्ड पाता है और हम सारे समाज की रुचि बिगाड़ कर आदर पाना चाहते हैं।"
   —बाबूराव विष्णु पराड़कर (प्रथम सम्पादक सम्मेलन 1925 के वृन्दावन हिन्दी साहित्य सम्मेलन से सम्बद्ध अध्यक्षीय वक्तव्य से)

प्रयोजन है। और भाषा की अधोगामी यात्रा क्षिप्रतर होती जा रही है।

विज्ञप्त तथ्य है कि पुराने पत्रकार अनेकमुखी प्रतिकूलता के बावजूद अपनी निष्ठा से अपने समय की चुनौती का सामना करते थे। जिस समाज को वे सम्बोधित कर रहे थे वह उनकी लड़ाई में सहयात्री बनने को प्रस्तुत नहीं था। उस समाज का राजनीतिक संस्कार अविकसित था। अज्ञान की कठोर जमीन से उनकी आस्था की लड़ाई थी। मगर वे उस ऊँचे जातीय आदर्श से प्रेरणा-स्फूर्त थे "कि राजनीति और समाजनीति का संशोधन-जैसा समाचार पत्रों से होता है, वैसा दूसरे उपाय से नहीं हो सकता।" देश-प्रीति की इसी प्रेरणा से उन्होंने पत्रकारिता की विकट राह को अपनी यात्रा के लिए चुना था। आज स्थिति पूरी तरह बदल गयी है। पत्रकारिता की विकसित सुविधाओं के आकर्षण से इस विधा से, निरापद और विलासपूर्ण जीवन के आकांक्षी, जुड़ रहे हैं। इसलिए स्वाभाविक रूप में अपने धर्म की बुनियादी आचार-संहिता का भी उन्हें ध्यान नहीं रहता, विलास की अमर्यादित भूख और व्यवसायवाद की प्रभुता के सामने निष्ठा की रक्षा कर पाना बड़ी चुनौती है। आज इस चुनौती का सही कोण से सामना करने वाले पत्रकार विरल हैं। परिणामतः पत्रकारिता की स्वकीय सत्ता दिन-दिन निष्प्रतिभ हो रही है। तकनीकी साधन-समृद्धि लोक-मंगल का निमित्त बनकर ही सार्थक हो सकती है, इस समझ का तिरस्कार कर चलने वाले आज के अधिकतर पत्रकार व्यवसाय-प्रभुता के सामने नमित हो गये हैं। कृती साहित्यकार अज्ञेय, भारती, रघुवीर सहाय और मनोहरश्याम जोशी ने पूँजीपति-प्रतिष्ठान के समृद्ध साधन का विधायक उपयोग कर अपने जागरूक विवेक तथा दक्षता का प्रमाण दिया था। उनमें सम्पादक की गरिमा-रक्षा की अपेक्षित सजगता और कौशल था। 'भारत' से सम्बद्ध श्री हेरम्ब मिश्र और 'नई दुनिया' तथा 'नवभारत टाइम्स' से जुड़े स्व० राजेन्द्र माथुर की प्रखर भूमिका, आश्वासन के क्षीण आधार के रूप में, स्मरणीय है।

और स्मरणीय है पीड़क तथ्य वर्तमान इतिहास का कि सत्ता पर बैठी स्वदेशी राजनीति ने बुद्धिजीवियों के सामने 'आपात्काल' के रूप में चुनौती खड़ी की थी, जो आजाद देश की पत्रकारिता के सामने सबसे बड़ी चुनौती थी, तो बड़े-बड़ों और नामावर लोगों की गुमानी मुद्रा म्लान पड़ गयी थी। चुनौती का हर अवसर उनकी लोकहित-विवर्जित भूमिका और चारित्रिक दौर्बल्य को बेनकाब कर देता है। पत्रकारों को कृती भूमिका का आमंत्रण देने वाली स्वाधीन भारत की ऐतिहासिक घटना थी, स्वदेशी सरकार के कुशासन, स्वेच्छाचारिता और दाम्भिकता के प्रतिरोध में सक्रिय जयप्रकाश नारायण का आन्दोलन उस आन्दोलन के पक्ष-समर्थन में क्रियाशील कुछेक लघु पत्रिका के उद्योक्ताओं के प्रखर स्वर ने पराड़कर

जी की 'रणभेरी'[1] जैसी पत्रिकाओं की युयुत्सु मुद्रा की याद ताजा कर दिया था। हिन्दी पत्रकारिता की जन्मभूमि कलकत्ता से प्रकाशित 'चौरंगी वार्ता' और उनके उद्योक्ता डा० रमेशचन्द्र सिंह तथा श्री अशोक सेकसरिया की भूमिका जातीय निष्ठा और चारित्र्य-प्रेरित भूमिका थी। दूसरे प्रदेशों और दूसरी भाषाओं में जातीय उद्वेलन के उस अंधकार-काल में समय की चुनौती का सामना करने वाले उल्लेखनीय आयोजन हुए थे। बांग्ला में श्री गौर किशोर घोष की भूमिका स्वदेशी-आन्दोलन काल के पत्रकारों की उज्ज्वल परम्परा को समृद्ध करने वाली थी।

निःसन्देह स्वाधीन देश की पत्रकारिता ने सामान्यजन को राजनीतिक गतिविधियों के प्रति, राजनीतिक अपराधों के प्रति सुमुख-सचेत बनाया है। लोकतांत्रिक शासन-व्यवस्था के साथ ही पत्रकारिता ने लोगों को अमर्यादित रूप से अधिकार-सजग बना दिया है। और उसी परिमाण में संवेदना और संस्कृति-बोध क्षत हुआ है। पत्रकारिता की साहित्यिक-सांस्कृतिक भूमिका बेहद कमजोर हुई है। राजनीति के वर्चस्व का यह एक शोचनीय दुष्परिणाम है। 'कल्पना' के बन्द होने के बाद हिन्दी में आज वैसी एक भी साहित्यिक पत्रिका नहीं है जिसे हिन्दी के विवेक और प्रतिभा का सही प्रस्तुति-माध्यम कहा जा सके। 'कृति' 'कखग' और 'युगचेतना' अपने समय की स्तरीय साहित्यिक पत्रिकायें थीं, जिनकी यात्रा बहुत छोटी थी। 'नया प्रतीक' को वात्स्यायनजी 'प्रतीक' नहीं बना पाये। पं० विद्यानिवास मिश्र की 'अभिरुचि' की यात्रा कुछ अंक के बाद ही अवरुद्ध हो गयी। 'आलोचना' की तरह ये भी प्रकाशन-प्रतिष्ठान की पत्रिकायें थीं। इलाहाबाद से बालकृष्ण राव के सम्पादन में प्रकाशित 'माध्यम' का स्तर और रूपविन्यास पुरानी पत्रिकाओं और 'कल्पना' जैसा ही समृद्ध था। लेकिन सामान्य परिदृश्य को देखते यही कहना पड़ता है कि विजातीय आदर्श से प्रेरित और शिविर-विशेष से अनुशासित लघु पत्रिका-आन्दोलन वह भूमिका नहीं पूरी कर सका, जिसकी सहज अपेक्षा थी और जिसे आजादी के पूर्ववर्ती साहित्यिक उद्योक्ताओं के आयोजन ने पूरा किया था। स्मरणीय है, लघु पत्रिका ही थी हिन्दी की प्रथम पत्रिका 'उदन्त मार्तण्ड' और परवर्ती काल की 'उचितवक्ता' और 'नृसिंह' जैसी राजनीत्रिक पत्रिकायें तथा 'मतवाला' एवं 'हंस' जैसी असंख्य साहित्यिक

---

1. "पराड़कर जी की लेखनी का जादू नौकरशाही के सिर चढ़कर बोलता था। पर उस पत्रिका के स्रोत या सूत्र का पता किसी तरह न लग सका। वह पराड़कर जी के ही अमोघ अस्त्र की माया थी। काशी की गलियों में पुलिस के सिर पर 'रणभेरी' की प्रतियाँ अचानक बरसती थीं और पुलिस आसमान ताकती रह जाती थी।"

—आचार्य शिवपूजन सहाय, शिवपूजन रचनावली, चौथा खण्ड, पृ० 269

पत्रिकायें। पराधीनता काल के दैनिक पत्रों की भी साहित्यिक भूमिका महत्वपूर्ण थी। इस दृष्टि से काशी के 'आज' और इलाहाबाद के 'भारत' की भूमिका अग्रणी थी। व्यावसायिक घरानों के दैनिक पत्रों के रविवासरीय अंक में साहित्य-सामग्री के लिए अलग पृष्ठ जरूर रहता है, जो उनका धन पक्ष है, लेकिन विचार-पोषण देने वाली सामग्री यदाकदा ही दीख पड़ती है। साहित्य और विचार-सामग्री छापने वाले पत्रों में 'नवभारत टाइम्स' और दिल्ली का 'जनसत्ता' अग्रणी रहे हैं। इस दृष्टि से जयपुर, काशी और इन्दौर के दैनिक पत्र तथा रांची से युवा पत्रकार हरिवंश के सम्पादन में निकलने वाले 'प्रभात खबर' की साहित्य-सुमुखता उल्लेखनीय है। संवेदना-विकास की जैसी उत्कट आकांक्षा पुराने पत्रकारों में थी वैसी आज होती तो दैनिक पत्र से भी साहित्य-संस्कृति का महत्वपूर्ण प्रयोजन एक अंश तक पूरा हो सकता था।

सम्प्रति आचार्य जानकीवल्लभ शास्त्री की 'बेला', डा० विश्वनाथ प्रसाद तिवारी का 'दस्तावेज' और श्री प्रभाकर श्रोत्रिय की 'अक्षरा' विशिष्ट साहित्यिक लघु पत्रिकायें हैं, जो सम्पादक की शिविर-मुक्त दृष्टि, सम्पादन-दक्षता एवं बलवती निष्ठा के आधार पर, क्षीण रूप में ही सही आश्वस्त करती हैं। आलोचना, अभिरुचि, माध्यम और नया प्रतीक से भिन्न 'कखग' की तरह नितांत निजी उद्योग से निकलने वाली ये पत्रिकायें हैं।

स्मरणीय है कि देश की अस्मिता-उद्धार की सहज चिन्ता से राजनीति से जुड़ना जब गर्व का विषय माना जाता था, तब भी मूल्यों के पक्षधर पत्रकार साहित्य-संस्कृति की स्वतंत्र सत्ता-महत्ता से परिचित थे, उस धरातल को अक्षत और पुष्ट रखने के लिए सजग-सक्रिय रहते थे। पत्रकारिता के उस महत्वपूर्ण आयाम को साम्प्रतिक सम्पादक-पत्रकार अधिक समृद्ध कर सकते थे। किन्तु हीन साध साधन-अनुकूल्य का भरपूर लाभ नहीं उठा पाती। सन्दर्भ-विशेष में अज्ञेय ने सटीक टिप्पणी की थी, "मूलतः समस्या वही है : एक स्वाधीन व्यक्तित्व का निर्माण, विकास और रक्षण।" व्यक्तित्व-बल के अभाव में ही लघु पत्रिका-आन्दोलन, मुखर दावा-दर्प के बावजूद, वह प्रभाव नहीं जगा सका जो पूर्ववर्ती उद्योक्ताओं की निष्ठा ने पैदा किया था, और जिसे इतिहास गर्वपूर्वक रेखांकित करता है। कई लघु पत्रिकाओं ने विकल्प-मंच का सम्भावना-संकेत दिया था, किन्तु सम्भावना कायदे से रूपायित नहीं हो सकी। न केवल हिन्दी, बल्कि दुनिया की सारी भाषाओं में लघु पत्र-पत्रिका की भूमिका महत्वपूर्ण रही है। मूल में 'वे ही सम्पादक थे जिनसे धनी घृणा करते थे, शासन क्रुद्ध रहा करते थे और जो ··एक पैर जेल में रखकर धर्म बुद्धि से पत्र सम्पादन किया करते थे। उनके परिश्रम और कष्ट से पत्रों की उन्नति हुई, पर उनके वंश का लोप हो गया।' व्यक्तिगत महत्वाकांक्षा और शिविर-प्रतिबद्ध दुराग्रह ने लघु पत्रिका-आन्दोलन

की अपेक्षित भूमिका को, जो उदीयमान-पीढ़ी के लिए वरदान सिद्ध होती, कमजोर बना दिया। इस प्रकार पूंजी-प्रताप के कुप्रभाव और अनावश्यक राजनीतिक दबाव के प्रतिरोध का आश्वासन शिथिल हो गया।

पत्रकारिता की अधोगति को वर्तमान दुर्गत समाज का स्वाभाविक परिणाम मानते पक्ष-विशेष पर दोषारोप करना कुछ लोगों को, जागरूक लोगों को भी गलत लगता है। मगर दुनिया का और आधुनिक भारत का इतिहास साक्षी है कि मानवीय संवेदना को क्षत करने वाले औद्धत्य का अपने व्यक्तित्व-बल से पत्रकारों-सम्पादकों तथा विद्या-कुल के कृती पुरुषों ने प्रखर प्रतिरोध किया था; स्वधर्म के सहज आग्रह से समाज के अधोमुखी प्रवाह पर उन्होंने बेलाग टिप्पणी कर अपने दायित्व-बोध का प्रमाण दिया था। समाज की अधोगति को युगधर्म मानकर साक्षी गोपाल बने रहना या विलास-लीला का सहचर बन जाना विद्या-व्यक्तित्व के सन्दर्भ में लज्जास्पद है। यह कोरा आदर्श वचन नहीं, हकीकत है कि विशिष्ट राह के यात्री की जिम्मेदारी गुरुतर होती है, और स्वाभाविक रूप में औरों की अपेक्षा उसकी तपस्या भी बड़ी होती है। पत्रकार और दूसरे बुद्धिजीवी दूसरे वर्ग को भोग-संसक्त जीवन-चर्या को ही अपना आदर्श मान लें तो फिर मूल्यों की सुरक्षा का आश्वासन क्या रह जायेगा ? हर काल में बौद्धिक वर्ग की भूमिका प्रतिपक्ष की भूमिका रही है। इसी वर्ग ने अपने समय की चुनौती का सामना किया है; सांस्कृतिक सुस्ती के काल में नये चैतन्य की रचना की है। इसी विशिष्ट भूमिका की आज अपेक्षा है। सबल चरित्र ही समाज की अपेक्षा पूरी कर सकता है।

हिन्दी पत्रकारिता के पूर्वपुरुष गणेशशंकर विद्यार्थी की पुरानी कामना आज अधिक प्रासंगिक है कि "पैसे का मोह और बल की तृष्णा भारतवर्ष के किसी भी नये पत्रकार को ऊँचे आचरण के पवित्र आदर्श से बहकने न दे।...

"हिन्दी के समाचार पत्र भी उन्नति के राजमार्ग पर आगे बढ़ रहे हैं। मैं हृदय से चाहता हूँ कि उनकी उन्नति उधर हो या न हो, किन्तु कम से कम आचरण के क्षेत्र में पीछे न हटें।" मूल्यों के पक्षधर किसी भी जागरूक व्यक्ति की यह न्यूनतम अपेक्षा हो सकती है। इसी अपेक्षा और चिंता को इस पुस्तक में संकलित मेरे निबंध रेखांकित करते हैं। हिन्दी पत्रकारिता की विरासत के उज्ज्वल बिन्दुओं के माध्यम से ये निबंध, साम्प्रतिक सन्दर्भ से जुड़े उन प्रश्नों की ओर संकेत करते हैं जो संस्कारी मन को उद्वेलित किये रहते हैं। लेखक की दृष्टि विवरण पर नहीं, चेतना पर केन्द्रित रही है, और चेतना को रेखांकित करने के लिए ही विशेष तथ्यों का सहारा लिया गया है। लेखक का उद्देश्य पत्रकारिता का इतिहास लिखना होता तो उन नामों और विवरणों की चर्चा जरूरी होती जो इतिहास की समृद्धि के आधार हैं, और जिसकी अपेक्षा सामान्य पाठक को सहज

ही हो सकती है। आचार्य महावीर प्रसाद द्विवेदी, पं० बनारसी दास चतुर्वेदी, आचार्य शिवपूजन सहाय, उग्र, अज्ञेय, मुक्तिबोध, रामविलास शर्मा, हरिशंकर परसाई जैसे अग्रणी साहित्यकारों-सम्पादकों के अवदान को तथा दैनिक पत्रकारिता के शिखर पुरुष पं० माधवराव सप्रे और पं० बाबूराव विष्णु पराड़कर की भूमिका को इतिहास में गर्वपूर्वक टाँका जायेगा। इन कृती सम्पादकों-पत्रकारों की चेतना को इस पुस्तक में संकलित मेरे निबंध गुरुता और सम्मान के साथ स्पर्श करते हैं। इनके अवदान का विवरण भित्तिक विवेचन इतिहास में ही सम्भव है। विभिन्न अवसर पर लिखे गये इन निबंधों में पत्रकारिता के उज्ज्वल पक्ष को उजागर करने का आग्रह बार-बार प्रकट हुआ है। कुछ बातें बार-बार उद्धृत करने की लाचारी लेखक की सोच-दिशा का संकेत देती है, जो, आशा है, सहृदय क्षम्य होगी।

सीमित अर्थ में इतिहास न होते हुए, इतिहास के परिदृश्य पर आलोकपात करने वाली यह पुस्तक युवा पीढ़ी की रचनात्मक ऊर्जा को, विरासत के उज्ज्वल आयाम से जुड़ने और उसे अपनी विधायक भूमिका से समृद्ध करने का साग्रह आमंत्रण देती है।

मेरे स्नेहभाजन श्री अच्युतानन्द राय ने पुस्तक की टंकित प्रति तैयार की। अच्युतानन्द जी का सक्रिय सहयोग सदा मेरे साथ रहा है। वाणी प्रकाशन के स्वामी श्री अरुण माहेश्वरी ने मेरी पुस्तक के प्रकाशन में रुचि ली। उनकी सहृदयता ने मन को प्रीत किया है।

7 बी, हरिमोहन राय लेन
कलकत्ता-700015

—**कृष्णबिहारी मिश्र**

कलकत्ता की हिन्दी पत्रकारिता : इतिहास की बातें

(पुनर्जागरण के सन्दर्भ में कलकत्ते की हिन्दी पत्रकारिता के अतीत का मूल्यांकन)

हिन्दी भाषी समाज की सक्रिय हित-चिन्ता ही हिन्दी पत्रकारिता की आदि प्रतिज्ञा है। 'उदन्त मार्तण्ड' के प्रकाशन की विज्ञप्त प्रेरणा हिन्दी समाज के बहुमुखी अभ्युत्थान की चिन्ता रही है। पत्रकारिता के पुराने पन्ने प्रमाण हैं कि न केवल आदि पर्व के कृती पत्रकार बल्कि आजादी की लड़ाई में अपने विद्या-कौशल से सक्रिय भाग लेने वाले अधिकांश पत्रकार अपने आदि पुरुष पं० युगल किशोर शुक्ल की जातीय अभीप्सा के प्रति सचेत थे और देश के दुर्भाग्य-मोचन के लिये बड़ी से बड़ी चुनौती और कड़ी से कड़ी यातना का मुकाबला करने की सहज प्रेरणा से स्फूर्त थे। तब पत्रकारिता समर्थ पंथा थी साम्राज्यशाही शक्ति से जूझने की। और उस विधा को अपनी साधना-सरणि के रूप में वरण करना स्वेच्छया कठोर चुनौती-वाहिनी से मुठभेड़ करना था। स्पष्ट है कि उस आग्नेय धर्म से केवल वही जुड़ने का साहस कर सकता था जिसकी निष्ठा का शीर्ष बिन्दु देश के स्वार्थ से जुड़ा हो और जातीय अस्मिता के उद्धार-उन्नयन के लिए जो आत्म-बलिदान करने को प्रस्तुत हो। हिन्दी पत्रकारों की पुरानी पीढ़ी का संस्कार इसी कोटि का था।

कलकत्ते के तेजस्वी हिन्दी पत्रकार सारसुधानिधि-संपादक पं० सदानन्द मिश्र पुनर्जागरण की आबोहवा को अपने पत्र के माध्यम से बहुविध समृद्ध करने में पूरी शक्तिमत्ता के साथ क्रियाशील थे। उनकी युयुत्सु-मुद्रा परवर्ती काल में 'भारतमित्र'-सम्पादक बाबू बालमुकुन्द गुप्त की लिखावटों में दिखाई पड़ी। देशवासियों को स्वत्व-सचेत करते पं० सदानन्द मिश्र ने लिखा था, "भारत के दुर्भाग्य को अपना दुर्भाग्य और भारत के सौभाग्य को अपना सौभाग्य समझो। नहीं तो भारत का दुर्भाग्य कदापि दूर नहीं होयगा।" (सार सुधानिधि, वर्ष 2,

अंक 25)। इसी जातीय बोध-से अनुप्राणित था पुरानी पीढ़ी के पत्रकारों का मानस और देश-प्रीति की प्रेरणा-अभिव्यक्ति की समर्थ विधा थी पत्रकारिता। पत्रकारिता कीक्षमता से केवल पत्रकार ही परिचित नहीं थे, उसकी विप्लवी शक्ति से साम्राज्यशाही शासन तंत्र भी आतंकित था। इसलिए सरकार पत्रों की आजादी और उदग्रता को प्रतिबंधित-नियंत्रित करने के लिए सदैव सचेत-सक्रिय रहती थी। और उस काल के कलकत्ते के हिन्दी पत्रकार साम्राज्यशाही चुनौती से सीधे पंजा लड़ाने के चारित्रिक बल से समृद्ध थे। अपने समानधर्मा पत्रकारों के मनोबल को पुष्ट बनाये रखने की चिन्ता भी उनमें भरपूर थी। वे पूरी तरह जागरूक थे इस मुद्दे पर कि प्रत्यूह-वाहिनी के आतंक से पत्रकार अपनी महत् भूमिका से स्खलित न हो जाय। 'उचितवक्ता' सम्पादक पं० दुर्गाप्रसाद मिश्र ने 12 मई, 1883 को देशी पत्रकारों को सम्बोधित किया था, "देशी सम्पादको सावधान !! कहीं जेल का नाम सुनकर कर्तव्यविमूढ़ मत हो जाना, यदि धर्म की रक्षा करते हुए, यदि गवर्नमेण्ट को सत्परामर्श देते हुए जेल जाना पड़े तो क्या चिन्ता है, इससे मानहानि नहीं होती है। हाकिमों के जिन अन्याय आचरणों से गवर्नमेन्ट पर सर्वसाधारण की अश्रद्धा हो सकती है उनका यथार्थ प्रतिवाद करने में जेल तो क्या द्वीपान्तरित भी होना पड़े तो क्या बड़ी बात है ?" वही प्रेरणा उन्हें कर्तव्य-सुमुख किये रहती थी। यद्यपि उनकी यात्रा हर प्रकार की प्रतिकूलता से घिरी थी। सर्वाधिक पीड़क थी उस हिन्दी भाषी समाज की उदासीनता, जिसे हर दृष्टि से आलोकित करने के उद्देश्य से ही उनकी साधना सक्रिय हुई थी। हिन्दी भाषी समाज की उत्साहहीनता और असहयोग से व्यथित होकर 'सारसुधानिधि'-सम्पादक ने 5 जनवरी, 1880 के अंक में लिखा था, "जैसी अवस्था हिन्दी भाषा की है, इस पर ऐसी आशा नहीं होती कि लोग शौक से हिन्दी भाषा के अनुरागी होकर हिन्दी पत्रों की सहायता की दृष्टि से लिया करें और यथासमय दाम दिया करें कि जिसमें पत्र सम्पादकों को केवल देशोपकार की चिन्ता के दूसरी चिन्ता न रहे।···देशवासियों को समाचार-पत्र का प्रयोजन, उसका उद्देश्य और उपयोगिता हृदयंगम नहीं हुई है।" 'प्रजा के प्रतिनिधि स्वरूप'-समाचार पत्र (भारत मित्र, 17 मई, 1878 ई०) की महत्ता और अपने गुरुतर जातीय दायित्व का सम्यक बोध कराने के लिए कलकत्ते के पत्रकारों ने अपने पत्रों में बार-बार प्रखर टिप्पणियाँ लिखीं, मगर हिन्दी समाज का सघन तामस अपने जागरूक रहनुमा के महत्ता-बोध में बाधक था अन्यथा कलकत्ते के तेजस्वी पत्रकार 'भारत मित्र' सम्पादक पं० रुद्रदत्त शर्मा को अभाव-आँच में झुलसकर मृत्युवरण के लिए निरुपाय न होना पड़ता, 'हिन्दी बंगवासी'-सम्पादक पं० अमृतलाल चक्रवर्ती को न्यूनतम गार्हस्थिक जिम्मेदारी पूरी करने में असमर्थ होने के कारण चरम अपमान न झेलना पड़ता, उस काल के विशिष्ट बुद्धिजीवी होते हुए सड़क पर साग

बेचने को विवश न होना पड़ता, कारावास की यातना न झेलनी पड़ती। इस पीड़क ऐतिहासिक तथ्य के साथ स्मरणीय है उनकी साधना-महत्ता कि अपने-अपने माध्यम से वे वही भूमिका अदा कर रहे थे जिस जातीय भूमिका के लिए लोकमान्य तिलक, विपिनचन्द्र पाल, श्री अरविन्द कस्तूरी रंगा आयंगर और संध्या-सम्पादक पं० ब्रह्मवान्धव उपाध्याय अपने समाज में सम्मानित थे, देवता की तरह पूजे जाते थे। हिन्दी भाषी समाज में राष्ट्रवाद की चेतना दूसरे समाज की तुलना में दुर्बल नहीं थी, मगर आधुनिक विद्या-संस्कार अपेक्षित मात्रा में विकसित नहीं था। परिणामतः हिन्दी पत्रकारों का संघर्ष औरों की अपेक्षा विकट था। प्रशासन की बाधा से सबकी मुठभेड़ थी। ये दुहरी बाधायें हिन्दी पत्रकारिता के आदि बिन्दु के साथ ही राहु-केतु के रूप में जुड़ गयी थीं, 'उदन्त मार्तण्ड' की अन्तिम सम्पादकीय टिप्पणी में इन प्रत्यूहों की खुली चर्चा है। 'उचित वक्ता' के 23 दिसम्बर 1882 के अंक में 'सम्पादक समाज की आवश्यकता' पर विचार करते हुए पं० दुर्गाप्रसाद मिश्र ने लिखा था, "हम भारतीय पत्र-सम्पादकों की जैसी हीन और मलीन दशा है वह किसी से अविदित नहीं है। ये लोग सदा अपने देश की भलाई के लिए उद्यत रहते हैं उसी से सदैव गवर्नमेण्ट के समीप राजभक्ति विहीन अधम गिने जाते हैं, क्षुद्र हाकिमों से लगाकर उच्चतर विचारपतियों तक का इन पर आक्रोश बना रहता है। ये लोग क्षुद्र हाकिमों के गुप्त रहस्य प्रकट करने के कारण अधिकांश हजूरों के चक्षुः शूल हो जाते हैं और औसर पाने पर इनको हजूर लोग भी भलीभाँति धर चपेटते हैं।" स्पष्ट है कि अंग्रेजी सरकार की दमन नीति और हिन्दी भाषी समाज की असहयोग-भावना से जूझते कलकत्ते के पुराने पत्रकारों ने अपनी भूमिका पूरी की। इस प्रकार अपनी कठोर तपस्या द्वारा उस चेतना को पुष्ट किया जो साम्राज्यशाही शिकंजे से भारत को मुक्त करने का कारण बनी।

पुनर्जागरण की संवेदना को बांग्ला औपन्यासिक बंकिमचन्द्र चटर्जी ने 'बन्देमातरम्' गीत में व्यक्त किया, जिसका देश के मानस पर गहरा असर पड़ा। उस चेतना को श्री अरविन्द ने अपनी पत्नी के नाम लिखे पत्र में स्पष्ट किया, "अन्य लोग स्वदेश को एक जड़ पदार्थ, कुछ मैदान, खेत, वन, पर्वत, नदी भर समझते हैं, मैं स्वदेश को माँ मानता हूँ। उसकी छाती पर बैठकर यदि कोई राक्षस रक्तपान करने के लिये उद्यत हो तो लड़का क्या करता है? निश्चित होकर भोजन करने, स्त्री-पुत्र के साथ आमोद-प्रमोद करने के लिए बैठ जाता है या माँ का उद्धार करने के लिए दौड़ पड़ता है? मैं जानता हूँ कि इस पतित जाति का उद्धार करने का बल मेरे अन्दर है, शारीरिक बल नहीं, तलवार या बन्दूक लेकर मैं युद्ध करने नहीं जा रहा हूँ, ज्ञान का बल है। क्षात्र तेज एकमात्र तेज नहीं है, ब्रह्म तेज भी है, वह तेज ज्ञान के ऊपर प्रतिष्ठित है।" भारतीय आजादी की

लड़ाई इसी ज्ञान-भित्तिक ब्रह्म-तेज के बल पर लड़ी गयी। भारतीय और हिन्दी पत्रकारिता इसी ब्रह्म तेज से स्फूर्त थी। और इतिहास प्रमाण है कि अखबार ने तोप को पराजित किया। आजादी की लड़ाई का प्रामाणिक इतिहास पत्रकारिता के पुराने पन्नों पर मुखर है। उसे नज़र अन्दाज़ कर तवारीख की प्रामाणिक इबारत नहीं तैयार की जा सकती।

हिन्दी पत्रकारिता के द्वितीय चरण के प्रमुख पत्र हैं भारत मित्र (1878), सारसुधानिधि (1879), और उचितवक्ता (1880), जिनका प्रकाशन हिन्दी पत्रकारिता की जन्मभूमि कलकत्ते से हुआ था। ये राष्ट्रीय अभीप्सा के प्रवक्ता पत्र थे, जो साम्राज्यशाही औद्धत्य के प्रतिरोध में क्रियाशील थे और जिनकी उदग्र चेतना पूरे हिन्दी जगत् को प्रभावित करती थी। ये हिन्दी पत्र उस युग की प्रगतिशील राजनीति-चेतना के प्रतिनिधि पत्र थे।

पुनर्जागरण के नायकों का यद्यपि व्यावहारिक राजनीति से प्रत्यक्ष सरोकार नहीं था, किन्तु मनुष्य की महत्ता और मानुष सत्य को कुंठित करने वाली राजनीति का प्रतिरोध उनके सांस्कृतिक आयोजन का एक प्रधान और प्रच्छन्न लक्ष्य था। इतना ही नहीं, राजनीति की साम्राज्यशाही मुद्रा पर उन महापुरुषों ने खुली टिप्पणी की है। जातीय अस्मिता के प्रति सचेत और सुमुख करने की कृती भूमिका पुनर्जागरण की विशिष्ट उपलब्धि है। साम्राज्यशाही अभिशाप से आक्रान्त भारत की म्लान हो रही जातीय पहचान की गहरी पीड़ा उनके प्रज्ञा-लोक को मथ रही थी। महर्षि दयानन्द सरस्वती ने खुली भाषा में कहा था कि विदेशी सरकार चाहे जितनी भी अच्छी क्यों न हो, स्वदेशी शासन से बुरी होती है। और अंगरेजों के प्रति सहानुभूति रखने वाले ब्रह्मानन्द केशवचन्द्र सेन ने अंग्रेजी सरकार के कुशासन से पीड़ित भारतीय किसानों के दैन्य से उन्मथित होकर इंग्लैंड की एक सभा में विलायती साम्राज्यवाद को प्रखर तेवर में ललकारते हुए कहा था, "तुम मैनचेस्टर के लाभ के लिए और यहाँ (इंग्लैंड) की किसी जाति की समृद्धि के लिए भारत को अधिकृत नहीं रख सकते, और न तो उन व्यापारियों के फायदे के लिए ही जो भारत में जाकर स्थान-परिवर्तन करने वाले पक्षियों की तरह रहते हैं और कभी उस देश में स्थायी अभिरुचि नहीं लेते क्योंकि ऐसा वे कर ही नहीं सकते।···वे दिन गये और अब कभी आने वाले नहीं हैं, जब लोग संगीन के बल पर भारत को अधिकृत करने की बात सोचा करते थे। यदि इंग्लैंड इस देश के लाखों व्यक्तियों की जातीयता को नष्ट कर, इसकी दिव्य पुरातनता की अग्नि और प्राचीन देशभक्ति के भावावेग को शमित कर, इसे दलित करने का उद्देश्य रखता है और यदि भारत पर शासन करने का इंग्लैंड का उद्देश्य केवल धन कमाना है तो मैं यही कहूंगा कि ब्रिटिश राज्य को इसी क्षण ध्वस्त कर दो।" (द्रष्टव्य : स्टडीज इन द बेंगाल रेनासाँ,

पृष्ठ 88-89)। वेदान्त के अप्रतिम प्रवक्ता स्वामी विवेकानन्द ने यूरोपीय जगत् की भौतिक समृद्धि को करीब से देख-समझकर और पाश्चात्य लोक को वेदान्त की महत्ता समझा कर स्वदेश लौटने पर अपने देशवासियों को जगह-जगह सम्बोधित-प्रेरित किया था, "आगामी पचास वर्ष के लिए यह जननी जन्मभूमि भारत माता ही मानो आराध्य देवी बन जाय। तब तक के लिए हमारे मस्तिष्क से व्यर्थ के देवी-देवताओं के हट जाने में कुछ भी हानि नहीं है। अपना सारा ध्यान इसी एक ईश्वर पर लगाओ, हमारा देश ही हमारा जाग्रत देवता है। सर्वत्र उसके हाथ हैं, सर्वत्र उसके पैर हैं और सर्वत्र उसके कान हैं। समझ लो कि दूसरे देवी-देवता सो रहे हैं। जिन व्यर्थ के देवी-देवताओं को हम देख नहीं पाते, उनके पीछे तो हम बेकार दौड़ें और जिस विराट देवता को हम अपने चारों ओर देख रहे हैं उसकी पूजा ही न करें? जब हम इस प्रत्यक्ष देवता की पूजा कर लेंगे, तभी हम दूसरे देव-देवियों की पूजा करने योग्य होंगे, अन्यथा नहीं।"—(विवेकानन्द साहित्य, पंचम खंड, पृष्ठ 19:)। स्वामी विवेकानन्द को भारत की उज्ज्वल विरासत की प्रामाणिक जानकारी थी, पाश्चात्य लोक की समृद्धि का रहस्य वे समझते थे, स्वदेश के वर्तमान औदास्य-धूमायित चेहरे को देखकर उनका हृदय व्यथित था; श्री सम्पन्न भारत को देखने के लिए वे हर क्षण व्याकुल रहते थे। अपने व्याख्यानों और अन्तरंग गोष्ठियों में वे देश-प्रीति और स्वतंत्रता-महत्ता की ओर प्रभावी अन्दाज में इशारा करते रहते थे। जब वे कहते थे कि 'मनुष्य भोजन की अपेक्षा स्वतंत्रता अधिक पसन्द करता है' तो स्पष्ट ही पराधीनता-अभिशाप की ओर संकेत कर रहे थे और उससे मुक्त होने के लिए प्रेरित कर रहे थे।

पुनर्जागरण के नायकों की जातीय प्रेरणा को ही उस काल की पत्रकारिता दीप्त कर रही थी। यद्यपि हिन्दी पत्रकारिता के पन्नों पर पुनर्जागरण की सांस्कृतिक गतिविधियों की चर्चा बहुत कम है और जो है वह अनुकूल ही नहीं है। 'सारसुधानिधि' जैसे तेजस्वी और प्रगतिशील पत्र का स्वर राजाराम मोहन राय, महर्षि दयानन्द सरस्वती और पं० ईश्वरचन्द्र विद्यासागर के सुधार-आन्दोलन के पूर्णतः पक्ष में नहीं था। 'सारसुधानिधि' ही नहीं 'भारतमित्र' और 'उचित वक्ता' भी भारतेन्दु हरिश्चन्द्र के समन्वयवादी दृष्टिकोण के अधिक निकट था। 'तदीय समाज' से सक्रिय रूप में जुड़े अधिकांश लोगों की जीवन-चर्या वल्लभ सम्प्रदाय द्वारा निर्दिष्ट आचार-संहिता से अनुशासित थी। स्वयं भारतेन्दु हरिश्चन्द्र बल्लभ सम्प्रदाय में दीक्षित आस्थाशील कृष्णभक्त थे। किन्तु निजी आचारविषयक उनकी आस्था उनकी प्रगतिशील चिन्तना कोकहीं से कुंठित नहीं करती थी। उत्तर उन्नीसवीं शताब्दी और बीसवीं शताब्दी के प्रथम दशक के कलकत्ते के हिन्दी पत्रकारों—सदानन्द मिश्र, दुर्गाप्रसाद मिश्र और

बालमुकुन्द गुप्त की लिखावट की उदग्र मुद्रा इस सत्य को रेखांकित करती है कि अपनी प्रगतिशीलता सिद्ध करने के लिए तथा लोकनायक की भूमिका पूरी करने के उद्देश्य से विशेष विचार-शिविर से जुड़ना अथवा मत-विशेष की निर्दिष्ट सरणि पर चलना और उसी के स्तवन में अपनी प्रज्ञा-उर्जा खर्च करना दृष्टि-मूढ़ता है। कलकत्ते की तत्कालीन हिन्दी पत्रकारिता में पुनर्जागरण के नायकों की विचारणा और मतों की प्रतिध्वनि नहीं है, बल्कि-जगह-जगह कटाक्ष और विपरीत विचार प्रकट हुए हैं जो प्रमाण हैं कि जातीय समस्याओं को अपने विवेक-कोण से देखने-परखने की उनमें बौद्धिक क्षमता थी, बड़े-से-बड़े विचार के अन्धानुगमन की हीनमन्यता से उनका मानस मुक्त था। हिन्दू धर्म के सनातन मूल्यों से सम्पन्न उन हिन्दी पत्रकारों की मनीषा अपने देश की ज्वलन्त समस्याओं के प्रति पूरी तरह जागरूक थी। अपनी सनातन मूल्य-आस्था की रक्षा करते अपने विद्या-धर्म और विवेक के आग्रह से वे साम्राज्यशाही चुनौती का सीधा मुकाबला कर रहे थे। लार्ड लिटन और लार्ड कर्जन जैसे नृशंस शासकों से उनकी सीधी टकराहट थी। 'सारसुधानिधि' के सम्पादकीय लेखों को लक्ष्य कर डॉ० रामविलास शर्मा ने बहुत सटीक टिप्पणी की है कि "हिन्दी के लेखकों ने देश के जागरण में कौन-सा भाग लिया, यह जानने के लिए ऐसे लेखों को पढ़ना आवश्यक है।" आवश्यक है, कलकत्ते की हिन्दी पत्रकारिता के द्वितीय चरण की वैचारिक जागरूकता और राजनीतिक चेतना के सन्दर्भ में इस महत्वपूर्ण बिन्दु को रेखांकित करना कि जिस स्वदेशी शासन का आग्रह स्वामी दयानन्द सरस्वती ने किया था या जिस जातीय अभीप्सा की अभिव्यक्ति लोकमान्य तिलक के वक्तव्य में दिखाई पड़ी थी कि 'स्वतंत्रता हमारा जन्मसिद्ध अधिकार है', उसी राष्ट्रवाद की हिमायत भारतमित्र, सारसुधानिधि और उचितवक्ता में दिखाई पड़ती है। स्मरणीय तथ्य है कि अर्द्धशती की यात्रा में ही हिन्दी पत्रकारिता ने इतनी उन्नति कर ली थी यानी हिन्दी के जागरूक पत्रकारों ने अपनी कठोर साधना से हिन्दी पत्रकारिता की आदि प्रतिज्ञा को सही दिशा में रूपायित और समृद्ध कर दिया था।

राजा, प्रजा, राज्य-व्यवस्था, वाणिज्य, भाषा और सबके ऊपर देश-हित की चिन्ता-चेतना जगानेवाला 'भारतमित्र' एक तेजस्वी राजनीतिक पत्र के रूप में चर्चित और विख्यात हुआ। 'भारतमित्र' का स्वदेशी के प्रति विशेष आग्रह था। समग्र जातीय चेतना का विकास इसका लक्ष्य था। प्रथम सम्पादकीय टिप्पणी में 'भारतमित्र'-सम्पादक ने लिखा था, "सुसभ्य प्रजाहितैषी लोग समाचार-पत्रों को स्वाधीनता देके उत्साहित करते हैं···क्योंकि समाचार पत्र प्रजा का प्रतिनिधि स्वरूप होता है।" स्मरणीय है, समाचार पत्र की स्वतंत्रता को प्रतिबंधित करने वाला वर्नाक्युलर प्रेस ऐक्ट 14 मार्च, 1878 ई० को लागू हुआ

था। उस सन्दर्भ में 17 मार्च, 1878 के 'भारतमित्र' की सम्पादकीय टिप्पणी की भाषा विपत्ति को आहूत करने वाली भाषा है। उस समय राजा तक प्रजा के कष्ट तथा नाना प्रकार के अभाव की जानकारी पहुंचाने वाले सशक्त अभियोग—माध्यम-पत्रों की आजादी की माँग सरकारी दृष्टि से कदाचित् सबसे बड़ा अपराध था, किन्तु राष्ट्रवाद और देश-प्रीति का यही तकाजा था। 'भारतमित्र'-सम्पादक के सामने ब्रिटिश सरकार की नीति स्पष्ट थी और उसके प्रतिरोध में जागरूक कौशल से आबोहवा तैयार करनी थी। शायद यही कारण है कि 'भारतमित्र' की सम्पादकीय टिप्पणी में राजभक्ति का मुलम्मा भी दिखाई पड़ता है। किन्तु 'भारतमित्र' की रणनीति की वह खास मुद्रा है। 'भारतमित्र' की जातीय प्रकृति को समझने के लिए दसवें अंक की सम्पादकीय टिप्पणी द्रष्टव्य है—'अपने को ठांव नहीं पीर संग चले'। लंडन टाइम्स में प्रकाशित भारत विरोधी पत्र के साम्राज्यवादी मनोभाव का भारतमित्र-सम्पादक ने प्रखर प्रतिवाद किया है।

2 जून, 1878 के अंक की सम्पादकीय टिप्पणी में पं० ईश्वरचन्द्र विद्यासागर के समाज-संस्कार मूलक आन्दोलन को उसी प्रकार विधिबद्ध करने का आग्रह किया गया है जैसा सती प्रथा के सम्बन्ध में सरकार ने कानून की रचना कर विवेक का परिचय दिया था। इंग्लैंड की पार्ल्यामिन्ट में वर्नाक्युलर प्रेस ऐक्ट के विरोध में सुरेन्द्रनाथ बनर्जी के अनुरोध से, ग्लैडस्टन ने आवाज उठायी थी और 'इंडियन एसोसिएशन' द्वारा प्रेषित प्रार्थना-पत्र प्रस्तुत किया था। भारतीय पक्ष के प्रवक्ता ग्लैडस्टन बहुसंख्यकों से पराजित हो गये थे, किन्तु उनकी उदारता और न्यायप्रियता की प्रशस्ति में बड़ा बाजार की 'ज्ञानवर्द्धिनी सभा' ने हिन्दी भाषा में अभिनन्दन पत्र तैयार कराया था जिसे सदानन्द मिश्र ने पढ़ा था और जो भारतमित्र के नौवें अंक में अविकल प्रकाशित हुआ था। स्पष्ट है 'भारतमित्र' की वह प्रगतिशील भूमिका थी।

पत्रों की शक्ति से सरकार आतंकित थी और पत्रकार पत्रों की आजादी की महत्ता को समझते थे। देश के लोगों के राजनीतिक संस्कार के लिए पत्रों की स्वतंत्रता को वे हर मूल्य पर जीवित रखना चाहते थे। 'सारसुधानिधि' के वर्ष 2, अंक 8 की सम्पादकीय टिप्पणी में सरकार से आग्रह किया गया है कि "हम लोगों का दुरवस्था जानने का मुख्य उपाय देशी समाचार पत्र है। जब तक इन पर विश्वास स्थापित करके इनको पूरी स्वाधीनता नहीं दी जायगी तब तक प्रजा की यथार्थ प्रकृत अवस्था कभी भी जानी नहीं जाएगी।" स्पष्ट है कि उस काल के पत्रकार अपने गंभीर दायित्व के प्रति पूर्ण सचेत थे। 'सारसुधानिधि'-संपादक पं० सदानन्द मिश्र का विश्वास था कि देशोन्नति का प्रमुख आधार होता है देशवासियों का राजनीतिक संस्कार और इस संस्कार की उन्नति में प्रधान भूमिका

होती है स्वाधीन पत्रकारिता की। इसलिए पं० सदानन्द मिश्र अपने समानधर्मा पत्रकार बन्धुओं को सचेत करते रहते थे, "जब हम सब संस्कारक कार्य में व्रती हुए हैं तो हम लोगों को उचित है कि यावज्जीवन हम गुरुतम कार्य के साधन में प्रवृत्त रहें।" इसी निष्ठा के बल पर देश स्वातंत्र्य-संग्राम में जयी हुआ, यह ऐतिहासिक तथ्य है।

कलकत्ते के हिन्दी पत्र देश के ज्वलन्त प्रश्नों को उपजीव्य बनाकर बेलाग टिप्पणी करने में सिद्ध थे। देश की अस्मिता को म्लान करने वाली पराधीनता से देश का उद्धार करने के लिए वे युयुत्सु मुद्रा में सक्रिय थे। विदेशी शोषण के परिणामस्वरूप देश-दशा रोज-रोज दुर्बल होती जा रही थी। इस प्रश्न पर 'इंडियन नेशनल कांग्रेस' के जन्म के पांच वर्ष पूर्व कलकत्ते के हिन्दी पत्रकार 'उचितवक्ता'-सम्पादक पं० दुर्गाप्रसाद मिश्र ने 'उचितवक्ता' के प्रथम वर्ष के 15वें अंक में जातीय प्रश्न पर विचार किया था। उक्त अंक के सम्पादकीय वक्तव्य का शीर्षक है—"भारत दिनोंदिन क्यों दरिद्र हुआ जाता है?" इस ज्वलंत प्रश्न का निर्भीक मुद्रा में उत्तर देते सम्पादकीय में लिखा था, "चाहे जिस तरह देखिए प्रजा की अपेक्षा राजा भारत की दुर्दशा के विषय कहीं ज्यादा दोषी है। एकमात्र स्वार्थ की विभिन्नता ही गवर्नमेन्ट को दोषी बनाये हुई है और इसी विभिन्नता ने भारत का रुधिर शोषण करना प्रारम्भ कर दिया है। इसी से तो 'आइन शस्त्र' सम्बन्धीय आइन इम्पीरियल आदि लहू पीने वाले टैक्स और समस्त दुखदायी कर्मों की उत्पत्ति है अतएव जब तक राजा और प्रजा के स्वार्थ का अन्तर नहीं जायेगा तब तक राजा प्रजा सब कामों में एक न होयेंगे जब तक राजा को प्रजा का विश्वास न होयगा और श्वेत कृष्ण का अन्तर तिरोहित न होयगा तब तक भारत के सुख समृद्धि और धन की वृद्धि होना सम्पूर्ण असम्भव है।" इसी मुद्रा में 11 सितम्बर, 1880 की सम्पादकीय टिप्पणी में सम्पादक ने भारत की दयनीय दशा का एकमात्र कारण ब्रिटिश सरकार की शोषण-नीति माना है, "भारतवर्ष का अंग्रेज राजपुरुषों ने शोषण कर लिया है।...वस्तुतः भारतवर्ष की न्यायी दीन देश आजकल पृथ्वी में अति विरल है। परन्तु भारतवर्ष को इस प्रकार दुर्दशापन्न कर अंग्रेज महाशय लोग महासंकट में पड़ गये हैं। अंग्रेजों को अब ऐसी आशंका हो गयी है कि भविष्य में भारतवर्ष से किसी प्रकार का लाभ तो दूर रहा, वरन् इसे घर से रुपये देकर पोषण करना होगा।

"अंगरेज लोग जिस प्रणाली से भारतवर्ष शासन करते हैं यदि और पचास बरस यही प्रणाली प्रचलित रही तो यथार्थ भारतवर्ष के साथ-ही-साथ इंग्लैंड की अतिदुरवस्था होगी। इंग्लैंड में जितनी जमींदारी हैं भारतवर्ष के न्याय लाभजनक एक भी नहीं। परन्तु राजपुरुषों की अतिरिक्त अर्थ-पिपासा और नबाबी चाल चलने के कारण ऐसी सुन्दर जमींदारी भी कुछ सहाय नहीं हो सकती। वाणिज्य,

व्यापार पर टिकस पर टिकस और मोटी-मोटी वेतन ग्रहण करके राजपुरुषगण यहाँ के सब रुपये देश देशान्तर ले गये हैं, यहाँ इतना अर्थ नहीं है कि देश के सामान्य कार्यों का खरच सम्हाल सकें, इस पर भी भारतवर्ष शासन करने में अंग्रेज जितने रुपये व्यय करते हैं ऐसा कहीं नहीं देख पड़ता।···वस्तुत: इंग्लैंड यदि भारतीय राज शासन का परिवर्वन नहीं करेंगे तो उन्हें यह परित्याग करना होगा। यदि भारतवर्ष प्रकृत कामधेनु होती तो अंग्रेज लोग अपनी इच्छानुसार भारतवर्ष के रुपये अपव्यय कर सकते थे, परन्तु भारतवर्ष तो कामधेनु नहीं है, यह अब अंग्रेजों ने जान लिया होगा।"

उक्त जातीय समस्या का 'उचितवक्ता' ने समाधान सुझाया था, "भारतवर्ष की वर्तमान शोचनीय अवस्था विमोचन करने की एकमात्र औषधि मितव्ययिता है। राजपुरुषगण यदि अभी भी मितव्ययी हों और भारतवर्ष का अर्थ यहाँ ही व्यय करें तो भारतवर्ष फिर से धनधान्य से पूर्ण हो सकता है।" स्मरणीय है कि कलकत्ते की हिन्दी पत्रकारिता उत्तर उन्नीसवीं शताब्दी के प्रगतिशील राजनीतिक संस्कार को प्रकट करने में अग्रणी थी। केशवचन्द्र सेन से लेकर दादा भाई नौरोजी तक ने अंग्रेजी सरकार को भारत के दारिद्रय का उत्तरदायी ठहराया है। अंग्रेजों के मित्र के रूप में ख्यात केशवचन्द सेन के लिए अंग्रेजों की अनुदार शासन-शैली असह्य हो गयी थी और जैसा पहले संकेत दिया गया है : इंग्लैंड की एक सभा में उन्होंने अपने देश-प्रेम के सहज आग्रह से कहा था कि भारत का शोषण उन अंग्रेज व्यवसायियों के सुख के लिए होता है जो शोषण करने अथवा ॠतु परिवर्तन के लिए भारत जाते हैं और इसलिए इस देश के विकास के लिए कभी रुचि नहीं लेते।[1]

उक्त अरुचि के कारण अंग्रेजी सरकार के लिए भारतीयों के प्रति न्याय सम्भव नहीं था। इतना ही नहीं, अपनी अंधी शोषण-नीति के चलते अंग्रेजों को अपनी शासन-प्रणाली की त्रुटियाँ दिखाई नहीं पड़ती थीं। इस कुरोग का उपचार समाधान पं० दुर्गाप्रसाद मिश्र ने सुझाया था स्वदेशी शासन अथवा शासनतंत्र में भारतीयों का प्रवेश। 25 फरवरी, 1882 के 'उचितवक्ता' की सम्पादकीय टिप्पणी की ये पंक्तियाँ कलकत्ते के हिन्दी पत्रकारों के देश-संस्कार को समझने के लिए पर्याप्त हैं, "देशियों को उच्चतर राजकार्य में नियुक्त करने से उन लोगों पर गुरुतर शासन कार्य का भार अर्पित होने से वे लोग गवर्नमेण्ट को सब विषयों में योरोपीय प्रणालियों के बरताव की अनुपयोगिता हृदयंगम करा देते। योरोपीय प्रणाली इस देश के निमित्त कहाँ तक उपयोगी है यह भली-भांति बिचारे अथवा अनभिज्ञतावशत: उनके फलाफल न समझने के कारण ही शासन कार्य में इतने

1. द्रष्टव्य : स्टडीज इन द बेंगाल रेनेसाँ, पृ० 88-89

दोष हो गये हैं। देशियों के हाथ में शासन भार न्यस्त रहने से इन सब दोषों के होने की संभावना नहीं थी।" साम्राज्यशाही दाम्भिकता को उत्तेजित करनेवाली 'उचितवक्ता' की यह टिप्पणी तत्कालीन हिन्दी पत्रकारिता की प्रकृति और पत्रकारों के जातीय संस्कार-स्फूर्त चरित्र को द्योतित करने के लिए पर्याप्त है। समय-सन्दर्भ को देखते पत्रकारों की स्वदेशी निष्ठा और उसकी विकुंठ अभिव्यक्ति जोखिम भरी भूमिका थी, जिसे पूरी करने में कलकत्ते के पत्रकारों ने अदम्य उत्साह का परिचय दिया था। उस पत्रकार-पीढ़ी के विवेक को ही पं० सदानन्द मिश्र ने प्रकट किया था जब 'सारसुधानिधि' में लिखा था कि "भारतवासियों को अब यह सूझने लगा कि उन्नति का मूल एक राजनीति की चर्चा ही है। राजनीति की चर्चा जितनी अधिक होएगी उतनी ही भावी उन्नति भी हाथ जोड़कर सम्मुख उपस्थित होएगी।" इस समझ को वे अपनी साधना से प्रखर कर रहे थे। 23 जून, 1879 को 'लार्ड लीटन और उनकी कौंसिल' की चर्चा करते हुए पं० सदानन्द मिश्र ने लिखा था, "प्रजा के आवेदन पर नजर नहीं करना अति संकीर्ण राजनीति है, ऐसी नीति अवलम्बन करके ब्रिटिश गवर्नमेण्ट स्थापित नहीं हुआ है, और इस प्रकार की नीति अवलम्बन करने से राज्य भी बहुत दिन रहने का नहीं।" इसी अन्दाज में 'भारतवर्ष में प्रतिनिधि शासन प्रणाली की आवश्यकता' के महत्व का राजनीतिक विवेचन करते 'सारसुधानिधि' सम्पादक ने लिखा था, "इतनी सुशिक्षा, इतनी उदारता पर भी अभी तक ब्रिटिश जाति के चित्त में जेता और जित भाव का तिरोधान नहीं हुआ। क्योंकि जेता का अहंकार क्रोध और द्वेष जित पर तभी तक रहता है कि जब तक दोनों असभ्य रहते हैं। जैसा कि हिंसक सिंह जंगल के सब पशुओं का राजा होकर भी अपने जेता-अभिमान से अपनी आश्रित प्रजास्वरूप जित पशुओं के प्रति अपनी जिघासा वृत्ति चरितार्थ करके उनको प्रति दिन मार-मार कर खाता है। यह पशु-व्यवहार उन्हीं के चित्त से शीघ्र दूर नहीं होता जो कि निरे जंगली असभ्य हैं।" इसी टिप्पणी में उन्होंने आगे लिखा था कि "जिस राजा के चित्त में अपने जीतने का अभिमान बहुत दिनों तक आबद्ध रहता है, वह राजा कदाचित सुशासन नहीं कर सकता और न उसके राज्य में सुख-समृद्धि की वृद्धि आदि किसी प्रकार की उन्नति होती है।" इस धारणा को और अधिक आक्रामक मुद्रा में 3 मार्च, 1879 के 'उन्नीसवीं शताब्दी और ये सभ्यता' शीर्षक सम्पादकीय निबंध में पं० सदानन्द मिश्र ने व्यक्त किया है, और वर्ष दो, अंक चौदह की सम्पादकीय टिप्पणी में 'सारसुधानिधि'-सम्पादक ने प्रतिनिधि शासन प्रणाली की आवश्यकता पर जोर देते हुए लिखा था कि "अब जब तक शासन प्रणाली का मूल संशोधन नहीं होएगा कदापि सुशासन करने में गवर्नमेण्ट समर्थ नहीं होएगी।" यह ऐतिहासिक तथ्य है कि स्वदेशी आन्दोलन परवर्ती काल में लार्ड कर्जन के कुकृत्यों के प्रतिरोध में प्रखर हुआ था,

किन्तु देश-संस्कार और स्वदेशीचेतना को हिन्दी पत्रकारिता के द्वितीय चरण ने, कलकत्ते के तेजस्वी पत्रकारों की लिखावटों और भारतेन्दु हरिश्चन्द्र के 'तदीय समाज' की गतिविधियों ने समृद्ध कर दिया था। स्वदेशी संस्कार का जागरण और उन्नयन ही 'तदीय समाज' की मूल प्रतिज्ञा थी। स्वदेशी का प्रतिज्ञा-पत्र भारतेन्दु ने अपनी पत्रिका 'कविवचन सुधा' में 26 मार्च, 1874 को प्रकाशित किया था, जिसे स्वधर्म मानकर उस काल के विद्याव्रती अपनी साधना से दीप्त कर रहे थे। देश की सारी समस्याओं का आकलन स्वदेशी के कोण से ही पत्रकार कर रहे थे। आम आदमी की त्रासद जिन्दगी, कृषि, किसान, अकाल, महँगाई, बेकारी की समस्या, प्रशासकों की अनुदारता और विलासप्रियता, जातीय शक्ति का बिखराव, व्यवसाय-वाणिज्य की श्रीहीन दशा, विलायती जीवन-शैली और मनोभाव से दबती जातीय पहचान तथा निरन्तर प्रदूषित होता राष्ट्रीय चरित्र उनकी चिन्ता और लेखन के विषय थे।

देश के अभ्युत्थान में सबसे बड़ी बाधा थी पराधीनता और जातीय संघशक्ति की दुर्बलता। कलकत्ते के हिन्दी पत्रकारों ने इसे अपेक्षित वरीयता के साथ अपने पत्रों के माध्यम से उजागर किया था। 'उचितवक्ता'-सम्पादक पं० दुर्गाप्रसाद मिश्र ने 23 जुलाई, 1881 के सम्पादकीय वक्तव्य में लिखा था कि "आज कल जो अंगरेज लोग भारतवर्षियों पर यथेच्छाचार बरत रहे हैं और सभ्यता का अभिमान कर सेखी भी मारते हैं इसका क्या कारण है ? वही 'एकता' पर हम यह नहीं कहते कि इंग्लैण्ड में एक-दूसरे का शत्रु नहीं है और उनमें आपस में मार-पीट दंगा-फिसाद नहीं होता। इसमें तो वे हमसे भी एक कांटे बढ़कर हैं। तो उनके बीच में क्या है ? 'जातीय एकता', इंग्लैण्ड का कोई साधारण शत्रु के उपस्थित होने से भारतवासियों की न्याई उन्होंने संकीर्ण हृदय के परिचय नहीं दिये हैं। इनके बीच एक दल शत्रु के पक्ष में और दूसरा दल विपक्ष में नहीं खड़े होते। उस समय वे लोग इंग्लैण्ड के शत्रु को साधारण शत्रु जान क्या शत्रु, क्या मित्र सभी एकत्रबद्ध परिकर हो इंग्लैण्ड के साधारण शत्रु के विरुद्ध में हस्तोत्तलन करते हैं और शेष में कृतकार्य भी होते हैं।" ध्वनि स्पष्ट है कि भारत में जातीय एकता का अभाव है, "इस अभाव से यह अगण्य भारतवासी-मुष्टि प्रमाण लोगों के पददलित हो रहे हैं और जिनसे वे यथेच्छा बरत रहे हैं।" पं० दुर्गाप्रसाद मिश्र ने साम्राज्यशाही औद्धत्य-अनौचित्य से त्राण पाने के लिए जातीय संघशक्ति का आग्रह किया है। जातीय ऐक्य की यह आकुल स्पृहा दिखाई पड़ती है स्वामी विवेकानन्द के वक्तव्य में, "वह कौन-सी वस्तु है, जिसके द्वारा कुल चार करोड़ अंगरेज पूरे तीस करोड़ भारतवासियों पर शासन करते हैं ? इस कारण का मनोवैज्ञानिक समाधान क्या है ? यही कि ये चार करोड़ मनुष्य अपनी-अपनी इच्छा शक्ति को समवेत कर देते हैं अर्थात् शक्ति का अनन्त भंडार बना लेते हैं

और तुम तीस करोड़ मनुष्य अपनी-अपनी इच्छाओं को एक-दूसरे से पृथक किये रहते हो। बस यही इसका रहस्य है कि वे कम होकर भी तुम्हारे ऊपर शासन करते हैं। अतः यदि भारत को महान बनाना है, उसका भविष्य उज्ज्वल बनाना है, तो इसके लिए आवश्यकता है संगठन की, शक्ति-संग्रह की और बिखरी हुई इच्छशक्ति को एकत्र कर उसमें समन्वय लाने की।" साम्प्रतिक राष्ट्रीय सन्दर्भ में, जब विच्छिन्नतावादी अंधड़ भारतीय अस्मिता को विकलांग करने के हीन उद्देश्य से सनकी राग टेरने लगा है, 'उचितवक्ता'-संपादक पं० दुर्गाप्रसाद मिश्र और स्वामी विवेकानन्द के विवेक-प्रसूत सुझाव का महत्त्व बढ़ गया है।

इसी महत् जातीय अभीप्सा की प्रेरणा से पुनर्जागरण के नायकों—राजा राममोहन राय, ब्रह्मानन्द केशवचन्द्र सेन, ऋषि बंकिमचन्द्र चटर्जी, स्वामी दयानन्द सरस्वती इत्यादि अहिन्दी भाषी महापुरुषों की तरह कलकत्ते के हिन्दी पत्रकारों ने हिन्दी भाषा और देवनागरी लिपि की राष्ट्रीय महत्ता को पुनः-पुनः रेखांकित किया। देश की जातीय संवेदना की एकसूत्रता और राष्ट्रीय संघ शक्ति को हिन्दी भाषा और देवनागरी लिपि ही शृंखलित और पुष्ट कर सकती है, यह प्रतीति हिन्दी के सेवाव्रती तत्कालीन हिन्दी पत्रकारों की ही नहीं थी, बल्कि देश के समग्र अभ्युत्थान के स्वप्नदर्शी उन महापुरुषों की थी, जिनकी मातृभाषा बांग्ला और गुजराती थी और जो अंग्रेजी और संस्कृत पर असाधारण अधिकार रखने वाले पंडित थे। स्मरणीय है कि बीसवीं शताब्दी के प्रथम दशक में न्याय-पति शारदाचरण मित्र ने देवनागरी लिपि के प्रसार के लिए आन्दोलन शुरू किया था। उनके सांस्कृतिक आन्दोलन का एकान्त उद्देश्य था प्रादेशिक इकाइयों में बिखरी-विभाजित जातीय ऊर्जा को एक सूत्र में गूंथ कर जातीय संघ शक्ति के पुष्ट धरातल की रचना। शारदाचरण मित्र बांग्लाभाषी थे जो देवनागरी लिपि के साथ ही हिन्दी भाषा की राष्ट्रीय महत्ता से भली प्रकार परिचित थे। पं० दुर्गाप्रसाद मिश्र और 'भारतमित्र'-सम्पादक बाबू बालमुकुन्द गुप्त का वैचारिक और भावात्मक सहयोग उन्हें प्राप्त था।

सन् 1890 में कलकत्ते से प्रकाशित 'हिन्दी बंग वासी' को यद्यपि बाबू बालमुकुन्द गुप्त, पं० बाबूराव विष्णु पराड़कर और पं० लक्ष्मणनारायण गर्दे का सम्पादकीय सहयोग प्राप्त था, किन्तु उसके सम्पादक थे पं० अमृतलाल चक्रवर्ती। उसकी सम्पादकीय नीति नरम थी और उग्र राष्ट्रवाद के पक्षधर पुरस्कर्ता के लिए उस नीति के साथ चलना विधर्म के साथ यात्रा करनी थी। पराड़करजी और गर्देजी के राष्ट्रीय संस्कार के मूल में पं० सखाराम गणेश देउस्कर के व्यक्तित्व की प्रेरणा थी। वे दोनों ही कलकत्ता पत्रकारिता के उद्देश्य से नहीं, ब्रिटिश सरकार प्रतिरोध में बंगाल में क्रियाशील क्रान्तिकारी आन्दोलन की तकनीक का समीपी परिचय और व्यावहारिक ज्ञान प्राप्त करने आये थे।

और पत्रकारिता उनकी राष्ट्र-निष्ठा की अभिव्यक्ति की सहज विधा बन गयी, यद्यपि परिस्थिति के आग्रह से कलकत्ता प्रवासकाल में गर्देजी, पराड़करजी और पं० अम्बिकाप्रसाद वाजपेयी ने कुछ समय के लिए अध्यापना भी की, किन्तु इतिहास उन्हें तेजस्वी पत्रकार के रूप में ही जानता है। आजीवन पत्रकारिता से जुड़े व्यक्ति का यही परिचय प्रामाणिक है। 'हिन्दी बंगवासी' से बाबू बाल मुकुन्द गुप्त, पं० बाबूराव विष्णु पराड़कर, पं० अम्बिका प्रसाद वाजपेयी और पं० लक्ष्मण नारायण गर्दे का सम्पर्क बहुत क्षीण था। स्वदेशी आन्दोलन-काल में इनकी जागृत प्रतिभा-प्रज्ञा का प्रकाश प्रकट हुआ।

बीसवीं शताब्दी का प्रथम दशक लार्ड कर्जन के कुशासन का काल है। बंग-भंग लार्ड कर्जन के कुकृत्य की पराकाष्ठा थी। इस राजनीतिक दुर्घटना पर टिप्पणी करते लोकमान्य तिलक ने लिखा था, "लार्ड कर्जन बंगालियों की संघ शक्ति को कुचलना चाहता है क्योंकि उसे डर है कि कहीं वे अंगरेजी सरकार पर हावी न हो जायें।" मगर जैसा कि डा० पट्टाभि-सीतारमैया ने लिखा है, 'सरकार की उत्तरोत्तर उग्र और नग्न रूप धारण करने वाली दमन नीति के कारण नवजाग्रत चेतना भी सचमुच व्यापक, विस्तृत और गहरी होती गयी। देश के एक कोने में जो घटना होती थी वह सारे देश में फैल जाती थी। सरकार का प्रत्येक दमन-कार्य देश में उलटा असर करता था। सम्पूर्ण भारत ने बंगाल के प्रश्न के साथ अपनी समस्याओं को जोड़ कर आन्दोलन को ज्यादा गहरा रंग दे दिया।' (कांग्रेस का इतिहास, प्रथम खण्ड, पृष्ठ-64)

बंगाल के नेतृत्व का दायित्व उस नयी पीढ़ी के हाथ में आ गया जिनकी शिक्षा और राजनीतिक संस्कार पण्डित शिवनाथ शास्त्री और राजनारायण बोस के निर्देशन में हुआ था और जिनकी आस्था भाषण में कम, कार्य में अधिक थी। स्वावलम्बन इनका मंत्र था और पूर्ण स्वराज्य इनका एकमात्र लक्ष्य था। इस प्रकार बीसवीं शताब्दी के प्रथम दशक में उस नयी राष्ट्रीय चिन्तना को क्रियान्विति मिली, जिसका निर्माण उन्नीसवीं शताब्दी के उतरार्द्ध में हुआ था।

स्वदेशी आन्दोलन के प्रमुख नायक थे लोकमान्य तिलक, विपिनचन्द्र पाल, लाला लाजपतराय, अरविन्द घोष। स्वदेशी आन्दोलन के आदर्श को स्पष्ट करते हुए 25 फरवरी 1905 ई० को 'न्यू इण्डिया' में विपिनचन्द्र पाल ने लिखा था, "हमारा आदर्श, जिसे हम स्पष्ट रूप में स्वीकार करते हैं, क्रान्तिकारी हो सकता और है भी, किन्तु इसे हम न तो क्रान्तिकारी तरीकों से पा सकते हैं और न तो इस आदर्श को प्राप्त करने की आशा ही कर सकते हैं। हमारी देश-भक्ति केवल इसी अर्थ में राजभक्ति के निकट है कि हम विधि-पालक हैं, हमारे साथ राजभक्ति का दूसरा कोई आधार नहीं।"…"बन्दे मातरम', 'संध्या', 'केसरी', 'मराठा', 'पंजाबी' और 'भारतमित्र' स्वदेशी आन्दोलन के मुख्य प्रवक्ता थे।

'युगान्तर' वारीन्द्र घोष की देख रेख में निकलने वाला बाँग्ला पत्र था जो अंग्रेजों के विरुद्ध हिंसामूलक विचार को समर्थन और प्रोत्साहन दे रहा था। अनुशीलन समिति की क्रान्ति-चेतना का समर्थक पत्र था 'युगान्तर', जिसे अरविन्द घोष का प्रच्छन्न सहयोग समृद्ध कर रहा था। 'वन्दे मातरम्' अरविन्द घोष और विपिनचन्द्र पाल के सम्पादन में प्रकाशित होता था। ब्रह्म बान्धव उपाध्याय और हेमेन्द्र प्रसाद घोष 'वन्देमातरम्' की सम्पादन-समिति के सक्रिय सहयोगी थे, जो उग्र राष्ट्रवाद और क्रान्तिकारी विचार एवं कार्य-पंथा के पोषक थे।" 'वन्दे-मातरम्' का विश्वास था कि प्रत्येक राष्ट्र को स्वेच्छया विकास करने और कायम रहने का अधिकार है और यह कि जनराज्य अथवा राजशक्ति का अभिग्रहण भारतीय पुनर्जागरण के लिये पहली शर्त है। इसलिये समग्र जातीय चेतना को इस आदर्श की ओर केन्द्रित करने का 'वन्देमातरम्' आग्रह करता था।[1]

'वन्देमातरम्' के माध्यम से 1906 में विपिनचन्द्र पाल ने घोषणा की थी कि अब समय आ गया है जब नागरिकता सम्बन्धी उन्नति तथा सत्य और व्यक्ति-स्वातंत्र्य की दृष्टि से हम अंगरेज मित्रों को बता दें कि उनके उपकार के प्रति हम आभारी हैं किन्तु अब हम अपनी राजनीतिक प्रगति और मुक्ति के प्रयत्न में उनके निर्देशन से और अधिक पीड़ित होना नहीं चाहते। उनके और हमारे दृष्टि-कोण में स्पष्ट अन्तर है। वे ब्रिटिश सरकार को कायम रख कर यश प्राप्त करना चाहते हैं। हम भारत को ब्रिटिश पराधीनता से पूर्ण स्वतंत्र करना चाहते हैं। पूर्ण स्वातंत्र्य ही स्वदेशी आन्दोलन का आदर्श था। इसी आदर्श को रूपायित करने के लिये विदेशी-बहिष्कार प्रमुख कार्य पंथा थी, जिसे वन्दे मातरम्, संध्या, युगान्तर, केसरी, मराठा, भारतमित्र, पंजाबी इत्यादि पत्र विचार-पोषण से पुष्ट कर रहे थे। स्वदेशी आन्दोलन के नायकों ने सत्याग्रह के मार्ग को अपनाया। अपने प्रसिद्ध प्रबंध 'THE DOCTRINE OF PASSIVE RESISTANCE' में श्री अरविन्द ने बड़ी साफ भाषा में कहा है कि विदेशियों के प्रति घृणा नहीं बल्कि विदेशी शोषण और कुकृत्य के प्रति सहज विरोध ही बहिष्कार की मूल भित्ति है। राजनीति में प्रेम का स्थान स्वीकार करते हुए श्री अरविन्द ने उसे समष्टि मानव-प्रेम की भूमिका से पृथक माना है। राजनीति में प्रेम और मैत्री का अर्थ हैं एक देश के देशवासियों के प्रति प्रेम अथवा देश-भक्ति का देश के प्रति प्रेम, अपनी जातीय परम्परा और अपनी धरती के प्रति प्रेम। इससे भिन्न प्रकार का प्रेम राजनीति की प्रकृति के लिये विजातीय होता है।···इसलिये जब—अंग्रेजों के प्रति भारतीयों द्वारा संचालित विदेशी-बहिष्कार आन्दोलन की निन्दा प्रेम का आग्रह करते की जाती है तो यह दोषारोपण एक निकृष्ट मनोवृत्ति

1. Bandematram and Indian Nationalism, p. 21

और गन्दी नीति है। यह प्रतिकूल जातीय हितों का संघर्ष है और वस्तुतः घृणा जाति के प्रति नहीं, बल्कि प्रतिकूल स्वत्व के प्रति है। यदि ब्रिटिश शोषण कल से बन्द हो जाये तो क्षण भर में अंग्रेजों के प्रति घृणा समाप्त हो जायेगी।[1]

लोकमान्य तिलक और लाला लाजपतराय जैसे राजनेता और देश के प्रमुख पत्र उग्र राष्ट्रवाद के पक्ष-समर्थक थे। कलकत्ते का हिन्दी पत्र 'भारत मित्र', जिसके सम्पादक बाबू बालमुकुन्द गुप्त थे, इसी स्वदेशी संवेदना को प्रखर मुद्रा में अभिव्यक्ति देने वाला देश का विशिष्ट पत्र था।

अपनी जातीय निष्ठा और उग्र राष्ट्रीय विचार के कारण बाल मुकुन्द गुप्त को कालाकांकर के राजा रामपालसिंह के 'हिन्दोस्थान' पत्र की नौकरी से हाथ धोना पड़ा था। सन् 1878 ई० में प्रकाशित 'भारतमित्र' का सम्पादन-दायित्व बाबू बाल मुकुन्द गुप्त ने 16 जनवरी, 1899 को सम्हाला और अपने विवेक के अनुसार उसे रूपान्तरित कर दिया।

अपने प्रथम शासन-काल की अवधि-समाप्त कर लार्ड कर्जन जब इंग्लैण्ड लौटने की तैयारी कर रहे थे तभी 2 सितम्बर 1905 के 'भारत मित्र' में सम्पादक बालमुकुन्द गुप्त ने उन्हें विदाई देते 'विदाई सम्भाषण' प्रकाशित किया था। कर्जन के कुकृत्यों का स्मरण दिलाते सम्पादक ने बड़े साहस के साथ प्रश्न किया था, "क्या आँख बन्द करके मनमाने हुक्म चलाना और किसी की कुछ न सुनने का नाम ही शासन है? क्या प्रजा की बात पर कभी कान न देना और उसको दबा कर उसकी मर्जी के विरुद्ध जिद्द से सब काम किए चले जाना ही शासन-कहलाता है? एक काम तो ऐसा बत्ताइए जिसमें आपने जिद्द छोड़कर प्रजा की बात पर ध्यान दिया हो। कैसर और जार भी घेरने-घोटने से प्रजा की बात सुन लेते थे, पर आप एक मौका तो ऐसी बताइए जिसमें किसी अनुरोध या प्रार्थना सुनने के लिए प्रजा के लोगों को आपने अपने निकट फटकने दिया हो और उनकी बात सुनी हो। नादिरशाह ने जब दिल्ली में कत्लेआम किया तो आसिफ-जाह के तलवार गले में डालकर प्रार्थना करने पर उसने कत्लेआम उसी दम रोक दिया। पर आठ करोड़ प्रजा के गिड़गिड़ा कर बंगविच्छेद न करने की प्रार्थना पर आपने जरा भी ध्यान नहीं दिया। इस समय आपकी शासन-अवधि पूरी हो गयी है, तथापि बंगविच्छेद किये बिना घर जाना आपको पसन्द नहीं है। नादिर से भी बढ़कर आपकी जिद्द है।" और इस जिद्द के चलते 16 अक्टूबर 1905 को बंग विच्छेद होकर रहा, जिसकी देशव्यापी प्रतिक्रिया हुई और भारतीय राजनीति ने एक नया मोड़ लिया।

21 अक्टूबर, 1905 को 'भारतमित्र' में 'बंगविच्छेद' शीर्षक लेख प्रकाशित

1. The Doctrine of Passive Resistance., p. 84

हुआ। कर्जन को उग्र मुद्रा में बालमुकुन्द गुप्त ने सम्बोधित किया, "आपके शासन-काल में बंगविच्छेद इस देश के लिये अन्तिम विषाद और आपके लिये अन्तिम हर्ष है।...यह बंगविच्छेद बंग का विच्छेद नहीं। बंग निवासी इससे विच्छिन्न नहीं हुए, वरंच युक्त हो गये। जिन्होंने गत 16 अक्टूबर का दृश्य देखा है, वह समझ सकते हैं कि बंग देश और भारतवर्ष में नहीं, पृथिवी भर में यह अपूर्व दृश्य था।...बंगाल के टुकड़े नहीं हुए, वरंच भारत के अन्यान्य टुकड़े भी बंग देश से आकर चिमटे जाते हैं।" इसका उपसंहार करते सम्पादक ने घोषणा की थी कि "भारतवासियों के जी में यह बात जम गई कि अंग्रेजों से भक्तिभाव करना वृथा है, प्रार्थना करना वृथा है और उनके आगे रोना गाना वृथा है। दुर्बल की वह नहीं सुनते।"[1] और 'भारतमित्र' सम्पादक ने विभिन्न मुद्राओं में शक्ति-उपासना

1. ध्यातव्य है ये पंक्तियाँ वैष्णव आस्था और स्वदेशी धार्मिक जीवन-चर्या में जीने वाले बालमुकुन्द गुप्त की हैं। यही ओजस्वी मुद्रा थी वेदान्त के अप्रतिम प्रवक्ता स्वामी विवेकानन्द की। स्वदेशवासियों को सम्बोधित करते विवेकानन्द ने स्वदेशी और शक्ति की प्रेरणा दी थी, "आजकल हम पाश्चात्य शिक्षा में शिक्षित जितने लोगों को देखते हैं उनमें से एक का भी जीवन आशाप्रद नहीं है।...विलायती रंग में रंगे सर्वथा मेरुदण्ड विहीन बाबू लोग अपरिपक्व, श्रृंखलाशून्य, बेमेल विभिन्न भावों से भरे होते हैं।...
अपने पैरों पर वे खड़े नहीं हो सकते—उनका सिर हमेशा चक्कर खाया करता है। वे लोग जो कुछ कहते हैं, उसका कारण जानते हो? अंग्रेजों से थोड़ी शावासी पा जाना ही उनके सब कार्यों का मूल कारण है। वे लोग जो समाज-संस्कार करने के लिये अग्रसर होते हैं, हमारी कितनी ही सामाजिक प्रथाओं के विरुद्ध तीव्र आक्रमण करते हैं, उसका कारण केवल यह है कि हमारे ये सब आचार साहबों की प्रथा के विरुद्ध हैं। हमारी कितनी ही प्रथायें केवल इसलिए दोषपूर्ण हैं कि साहब लोग उन्हें दोषपूर्ण कहते हैं। मुझे ऐसे विचार पसन्द नहीं। बल्कि जो कुछ तुम्हारा अपना है, उसे लेकर अपने बल पर खड़े रहो और मर जाओ। यदि जगत् में कोई पाप है, तो वह दुर्बलता है। दुर्बलता ही मृत्यु है।"

"शक्ति, पौरुष, क्षात्र-वीर्य और ब्रह्म तेज—इनके समन्वय से भारत की नयी मानवता का निर्माण होना चाहिए।" स्वामीजी का विश्वास था कि "उन्नति की पहली शर्त है स्वाधीनता। मनुष्य को जिस प्रकार विचार और वाणी में स्वाधीनता मिलनी चाहिए, वैसे ही उसे खान-पान, रहन-सहन विवाह आदि हर एक बात में स्वाधीनता मिलनी चाहिए—जब तक कि उसके द्वारा दूसरों को कोई हानि नहीं पहुँचती।" इस स्वाधीनता को पाने

की प्रेरणा दी। वैष्णव आस्था को जो दैन्य भाव का पर्याय मानते हैं वे तुलसी, भारतेन्दु और बालमुकुन्द गुप्त के साहित्य की क्रान्ति-चेतना और आग्नेय वाणी को देखकर अपनी धारणा की विवेचना करें। वैष्णव आस्था शक्ति और क्रान्ति की चेतना से सम्पन्न होती है, बालमुकुन्द गुप्त की लिखावट इसका ज्वलन्त सबूत है। 'शाइस्ता खाँ का खत' और 'शिवशम्भु के चिट्ठे' भारतमित्र के प्रमुख स्तम्भ थे, जिनमें बालमुकुन्द गुप्त का क्रान्तिकांक्षी मानस मुखर है। विज्ञप्त तथ्य है, बाबू बालमुकुन्द गुप्त भारतेन्दु हरिश्चन्द्र की तरह आस्थाशील वैष्णव गृहस्थ थे, जिन्होंने अपने समय की चुनौती का सव्यसाची की मुद्रा में पूरी शक्तिमत्ता से मुकाबला किया। उनकी दृष्टि लार्ड कर्जन के कुकृत्यों के प्रति जितनी सचेत थी उतने ही जागरूक थे गुप्तजी भाषा, साहित्य और संस्कृति के क्षेत्र के प्रति। ऐतिहासिक तथ्य है कि लार्ड कर्जन और आचार्य महावीर प्रसाद द्विवेदी से वे समान-शक्ति से जूझते रहे। उनका भारतीय वैष्णव संस्कार आचार्य महावीर प्रसाद द्विवेदी के चरण स्पर्श करने को सहज ही प्रेरित करता था, किन्तु उनकी प्रज्ञा अपने समय के सर्वश्रेष्ठ आचार्य के व्याकरण-स्खलन को लक्ष्य कर विद्या-धरातल से चुनौती देने में सकुचाती नहीं थी। विवेक और धर्म के आग्रह से जैसे अर्जुन ने भीष्म पर प्रहार किया था, लगभग उसी मुद्रा में बालमुकुन्द गुप्त ने द्विवेदी जी पर आक्रमण किया था, जिससे सारा हिन्दी जगत् उद्वेलित और संसक्त हो गया था। 'भारतमित्र'-सम्पादक बाबू बालमुकुन्द की जागरूक दृष्टि समग्र जातीय परिदृश्य पर निबद्ध थी। 'भारत-मित्र' के माध्यम से उनकी साधना ने हिन्दी और भारत को समृद्ध किया।

बीसवीं शताब्दी के प्रथम दशक में कलकत्ते से, सन् 1907 में, दो विशिष्ट पत्रिकाओं का प्रकाशन हुआ। 'नृसिंह' शुद्ध राजनीतिक पत्रिका थी, जिसके संचालक-संपादक पं० अम्बिका प्रसाद वाजपेयी थे और जिसे आचार्य पं० गोविन्द नारायण मिश्र और पं० दुर्गाप्रसाद मिश्र का आनुकूल्य-सक्रिय सहयोग प्राप्त था। मगर आरम्भिक अंक को छोड़कर पूरी पत्रिका के रूपायन की जिम्मेदारी वाजपेयी जी पर थी। लोकमान्य तिलक वाजपेयीजी के आदर्श और आराध्य थे। वाजपेयी जी का वही राजनीतिक संस्कार था, जिस संस्कार के आधार पर

के लिए स्वामीजी दौर्बल्य-निरसन और शक्ति की उपासना का आग्रह करते थे, "मृत्यु का ध्यान करो, प्रलय को अपनी समाधि में देखो तथा महा-भैरव रुद्र को अपनी पूजा से प्रसन्न करो। जो भयानक है उसी की अर्चना से भय बस में आयेगा।...सम्भव हो तो जीवन की कामना छोड़कर मृत्यु की कामना करो। तलवार की धार पर अपना शरीर लगा दो और रुद्र शिव से एकाकार हो जाओ।"

बालगंगाधर तिलक 'लोकमान्य' और 'भगवान' के विरुद से देश द्वारा सम्मानित हुए थे। अल्पजीवी पत्रिका 'नृसिंह' उग्र राष्ट्रवाद की प्रभावी अभिव्यक्ति का सशक्त माध्यम थी।

सन् 1905 में स्थापित 'एक लिपि विस्तार परिषद' के उद्योक्ता न्यायपति शारदाचरण मित्र ने अपने सांस्कृतिक आन्दोलन को अपेक्षित शक्ति और गति देने के लिये अपनी संस्था के मुख पत्र के रूप सन् 1907 में 'देवनागर' नामक पत्रिका का प्रकाशन किया। पं० उमापति दत्त शर्मा और यशोदानन्दन अखौरी इसके सम्पादक थे। भारतीय पत्रकारिता में 'देवनागर' अपूर्व और अप्रतिम प्रयोग था। विभिन्न भाषाओं की साहित्य-सामग्री को देवनागरी लिपि में रूपान्तरित कर 'देवनागर' प्रस्तुत करता था। शारदाचरण मित्र का विश्वास था कि भारतीय भाषाओं में लिपि-भेद के चलते दूरी है। प्रादेशिक भाषा-भित्तिक दूरी के सम्बन्ध में न्यायपति मित्र महाशय की धारणा थी कि भाषा-भेद की धारणा निराधार है, मूल बाधा लिपि की है और भारतीय भाषाओं के भेद का आधार लिपि है। बंग साहित्य परिषद् के अध्यक्ष पद से दिया गया शारदाचरण मित्र का महत्त्वपूर्ण वक्तव्य—'देवनागर' ने प्रकाशित किया था। उन्होंने अपने महत् सांस्कृतिक आदर्श की ओर इशारा करते कहा था, "आमादेर परस्परेर लिपिर पार्थक्य आछे, किन्तु आमी भाषार पार्थक्य देखिते पाइना।" इतना ही नहीं, अपने विवेक के आग्रह से उन्होंने बाँग्ला साहित्य के सर्वाधिक महत्त्वपूर्ण मंच से घोषणा की थी, "वर्तमान हिन्दी अनेक परिमाणेइ आमादेर राष्ट्र भाषार अभाव पूरण करिते पारे, हिन्दी सहजेइ शिक्षा करा जाय, सुतराँ सहजेइ आर्य्यावर्त्तेर राष्ट्रभाषा हइते पारे।" अपने उदात्त चरित्र से न्यायपति शारदाचरण मित्र लार्ड कर्जन की साम्राज्यशाही दुर्नीति और विच्छिन्नतावादी अंधड़ का सांस्कृतिक सरणि से प्रतिरोध कर अपने कृती आयोजन द्वारा जातीय संघ शक्ति को अपेक्षित पोषण दे रहे थे। उनके आयोजन की राष्ट्रीय महत्ता को लक्ष्य कर पं० दुर्गाप्रसाद मिश्र, बाबू बालमुकुन्द गुप्त जैसे शीर्षस्थ बुद्धिजीवी बहुविध सहयोग दे रहे थे। 'देवनागर' के सहयोगी लेखकों में महामहोपाध्याय पं० रामअवतार शर्मा जैसे मनीषी थे। 'हितवार्ता' इस काल की पत्रिका है, जो पं० सखाराम गणेश देउस्कर के निर्देशन में पं० बाबूराव विष्णु पराड़कर के सम्पादन में कलकत्ते से प्रकाशित हुई थी। तिलक युग का जातीय संस्कार इस पत्रिका के प्रत्येक अक्षर में मुखर है। पं० अम्बिकाप्रसाद वाजपेयी और पं० दुर्गाप्रसाद मिश्र इसके सहयोगी लेखक थे।

पं० झावरमल्ल शर्मा और पं० लक्ष्मणनारायण गर्दे तिलक युग के विशिष्ट हिन्दी पत्रकार थे, जिनका कर्म-क्षेत्र कलकत्ता था।

यद्यपि हिन्दी पत्रकारिता की जन्मभूमि कलकत्ते से स्तरीय हिन्दी पत्र-

पत्रिकाओं के प्रकाशन का क्रम दीर्घकाल तक कुंठित नहीं हुआ किन्तु समन्वय, मतवाला, हिन्दूपंच, विशाल भारत और सेनापति की विशिष्ट पहचान है। पुनर्जागरण-आन्दोलन से उत्थित स्वातंत्र्यस्पृहा और साँस्कृतिक बोध समन्वय', 'मतवाला' और 'विशाल भारत' में दीप्त है। राजनीतिक क्षेत्र में गांधीजी और साहित्यिक-सांस्कृतिक क्षेत्र में रवीन्द्रनाथ इस युग के सम्मानित नायक थे, पुनर्जागरण की स्फूर्त आबोहवा में इनकी मानस-मनीषा का निर्माण हुआ था। मतवाला और विशालभारत में विविध विधाओं में प्रकाशित संस्कृति-बोध, स्वातंत्र्य-स्पृहा, स्वदेशी का आग्रह और स्वच्छन्द चेतना को पुनर्जागरण की संवेदना का ही विकास और समृद्धि माना जाना चाहिए। यह निराधार नहीं है कि अपने समय की सर्वश्रेष्ठ पत्रिका के रूप में इन पत्रिकाओं का पूरे हिन्दी जगत् में सम्मान था। इन्हें शीर्ष प्रातिभ शक्ति का सम्पादन-स्पर्श मिला था। 'मतवाला' आचार्य शिवपूजन सहाय, पाण्डेय बेचन शर्मा 'उग्र', सूर्यकान्त त्रिपाठी 'निराला' और मुंशी नवजादिक लाल श्रीवास्तव के विचक्षण सम्पादन में निकलती थी। 'विशाल भारत' के सम्पादक थे पं० बनारसीदास चतुर्वेदी, अज्ञेय, श्रीराम शर्मा जैसे विख्यात सम्पादक।

आजादी के बाद यद्यपि कुछ समय तक कलकत्ते की हिन्दी पत्रकारिता आदि प्रतिज्ञा के प्रति एक अंश तक सजग थी, किन्तु परवर्ती काल का परिदृश्य श्रीहीन हो गया और हिन्दी पत्रकारिता की जन्मभूमि ही नहीं, हिन्दी-साधना का प्रधान केन्द्र कलकत्ता को बाहर की दुनिया अन्यथा दृष्टि से देखने लगी और समृद्ध अतीत के आधार पर ही कलकत्ते की विशिष्टता-महत्ता को रेखांकित करने के लिये अध्येता और इतिहास-लेखक निरूपाय हो गये। उज्ज्वल विरासत की संवेदना को, स्वाधीन भारत में, लघु पत्र-पत्रिकाओं को उद्योक्ताओं की निष्ठा ने समृद्ध किया, जो उल्लेखनीय है।

हिन्दी पत्रकारिता में सव्यसाची की भूमिका

कलकत्ते की हिन्दी पत्रकारिता के तीसरे दौर का नेतृत्व बालमुकुन्द गुप्त के हाथ में था, जिन्हें अपनी जातीय निष्ठा और उग्र राष्ट्रीयता के कारण कालाकांकर के राजा रामपाल सिंह के 'हिन्दोस्थान' पत्र की नौकरी से हाथ धोना पड़ा था। राजा साहब की शिकायत थी कि गुप्तजी 'गवर्नमेंट' के विरुद्ध बहुत कड़ा लिखते हैं, अतएव इस स्थान के योग्य नहीं हैं, च्युत कर दिये जायं। इस पर टिप्पणी करते हुए पंडित बनारसीदास चतुर्वेदी ने लिखा है कि—"हिन्दी पत्रकार कला के इतिहास में यह शायद पहला ही मौका था जबकि 'गवर्नमेंट' के विरुद्ध बहुत कड़ा लेख लिखने के कारण किसी पत्रकार को 'च्युत' किया गया हो।" अपनी कड़ी नीति और जातीय निष्ठा के आग्रह से गुप्तजी सदैव अन्याय और अनौचित्य से लड़ते रहे। वे एक सचेत पत्रकार थे, जिन्हें युगीन चेतना की नब्ज़ की हर धड़कन की सही पहचान थी।

'हिन्दी अखबार' का इतिहास लिखते हुए 'भारतमित्र' के वैशिष्ट्य के प्रसंग में उन्होंने एक विशेष स्थिति का संकेत दिया है, "जिसकी जो चाल है, उसी पर चलने से उसकी उन्नति होती है। उसके बिगड़ने से बहुत भारी हानि होती है। यह एक अटल सिद्धान्त है। पर दुःख है कि हिन्दुओं में कुछ लोग इस सिद्धान्त से विचलित होकर अपने को कमजोर बना रहे हैं। क्या मुसलमान, क्या कृस्तान सब अपनी-अपनी चाल पर चलते हैं, अपने-अपने धर्म का आदर करते हैं, अपनी-अपनी धर्म की बातों पर दृढ़ हैं, केवल हिन्दू ही भटकते हैं। यह कैसे दुःख की बात है।" गुप्तजी के पूरे कार्यकाल में यह जातीय पीड़ा उनके मन में जमी रही। कदाचित् यही कारण है कि वे सदैव सचेत-सक्रिय रहे। उनकी जागृति का ही परिणाम था कि औचित्य के पक्ष-समर्थन में उनसे कभी चूक नहीं हुई। इस प्रकार "स्व० गुप्तजी ने जीवन भर सचाई, ईमानदारी और साफगोई की धूनी रमाकर गुटबंदी, ढोंग, अत्याचार और अनैतिकता के विरुद्ध अनवरत सफल संग्राम किया। अपने स्वाभिमान तथा अपने आदर्श की खातिर उन्होंने यह कभी नहीं किया कि 'हिन्दी-बंगवासी' अथवा 'भारतमित्र' के कार्यालय में पहुँचने से

पहले अपने विचार-स्वातंत्र्य तथा आदर्श को खूँटी पर टाँगा हो और संचालकों की खातिर जैसी आज्ञा हुई, वैसा लिखा हो। 'बंगवासी' में जब एक बार ऐसी नौबत आई तब वे अपने कान में कलम खोंसे, इस्तीफा देकर, चले आये।"

'हिन्दी बंगवासी' में मित्रों के विशेष आग्रह-अनुरोध पर वे पचास रुपये वेतन पर आये थे। पं० अमृतलाल चक्रवर्ती ने लिखा है कि "जिस समय गुप्तजी ने हिन्दी बंगवासी में आकर हिन्दी लिखने में परिश्रम करना आरम्भ किया था, उस समय की हिन्दी से वर्तमान हिन्दी की तुलना करने वाले निःसंकोच कह देंगे कि हिन्दी-भाषा के लिए मानो युगांतर उपस्थित हुआ है।" छह वर्षों तक गुप्तजी ने 'हिन्दी बंगवासी के माध्यम से हिन्दी की जो सेवा की, उसका मूल्यांकन स्वतंत्र अनुशीलन की अपेक्षा रखता है।

'भारतमित्र' के संपादक के रूप में गुप्तजी का दूसरी बार कलकत्ता आगमन जनवरी, 1899 के दूसरे सप्ताह में हुआ और 16 जनवरी 1899ई० से 1907ई० तक का 'भारतमित्र' उनके द्वारा संपादित होकर प्रकाशित हुआ। इस काल में गुप्तजी ही 'भारतमित्र' के सर्वेसर्वा थे। उनकी सम्पादना-दक्षता और बौद्धिक "भारतमित्र' की ख्याति शीर्ष पर पहुँच गयी थी।

यह राष्ट्रीय जाग्रति का काल था। स्वदेशी के प्रति आग्रह बढ़ रहा था। स्वराज्य का अर्थ प्रगतिशील राष्ट्रीय नेताओं के सामने स्पष्टतर होता जा रहा था और जातीय उन्नयन के बहुविध प्रयत्न आरम्भ हो गये थे। बंगाल नेतृत्व कर क्षमता से रहा था और विदेशी शासन के प्रति असन्तोष बढ़ता जा रहा था।

बीसवीं शताब्दी के आरम्भिक वर्ष लार्ड कर्जन के कुकृत्यों के लिए काफी र्चचित रहे। भारतीय राष्ट्रीय शक्ति को विघटित करने के लिए कर्जन ने नाना प्रकार के कुकृत्यों का आश्रय लिया था। निःसंदेह बंग-विच्छेद बीसवीं शताब्दी के प्रथम दशक की सबसे बड़ी दुर्घटना थी, जिस पर टिप्पणी करते हुए लोकमान्य तिलक ने लिखा था कि "लार्ड कर्जन बंगालियों की संघशक्ति को कुचलना चाहता है क्योंकि उसे डर है कि कहीं वे अंग्रेजी सरकार पर हावी न हो जायं।" स्मरणीय है कि बंगीय जातीय चेतना इतनी बलवती और उग्र थी कि उससे कर्जन आतंकित हो गया था, किन्तु इस आतंक से त्राण पाने के लिए उसने जिस मार्ग का अवलम्बन किया वह उसके उद्देश्य के सर्वथा प्रतिकूल पड़ा। इस प्रकार "सरकार की उत्तरोत्तर उग्र रूप धारण करने वाली दमन-नीति के कारण नव जाग्रत चेतना भी सचमुच व्यापक, विस्तृत और गहरी होती गयी। देश के एक कोने में जो घटना होती थी, वह सारे देश में फैल जाती थी। सरकार का प्रत्येक दमन-कार्य देश में उलटा असर पैदा करता था। संपूर्ण भारत ने बंगाल के प्रश्न के साथ अपनी समस्याओं को और जोड़कर आंदोलन को ज्यादा गहरा रंग दे दिया।"

बंगाल के नेतृत्व का दायित्व उस नयी पीढ़ी के हाथ में आ गया था, जिसकी

शिक्षा और राजनीतिक संस्कार पं० विश्वनाथ शास्त्री और राजनारायण बोस के निर्देशन में हुआ था और जिसकी आस्था भाषण में कम और कार्य में अधिक थी। स्वावलंबन इनका मंत्र था और पूर्ण स्वराज्य इनका एकमात्र लक्ष्य था। इस प्रकार बीसवीं शताब्दी के प्रथम दशक में उस नयी राष्ट्रीय भूमिका को क्रियान्विति मिली, जिसका निर्माण उन्नीसवीं शताब्दी के उत्तरार्ध में हुआ।

स्वदेशी आंदोलन की गति निरन्तर तेज होती गयी। उक्त आंदोलन को वैचारिक अवलम्ब देने वालों में विपिनचन्द्र पाल, अरविन्द घोष और रवीन्द्रनाथ ठाकुर के नाम विशेष उल्लेखनीय हैं। सुरेन्द्रनाथ बनर्जी का नेतृत्व कायम ही था। विपिनचन्द्रपाल, अरविन्द और रवीन्द्र की वृहतत्रयी मात्र राजनीतिक स्वातंत्र्य-आंदोलन के पक्ष में नहीं थी, बल्कि इनका महान उद्देश्य था—राष्ट्र का आध्यात्मिक-पुनर्जागरण। इनके सक्रिय सहयोगियों में, बंगाल में ब्रह्मबान्धव उपाध्याय, अश्विनीकुमार दत्त, मनोरंजन गुहा थाकुर्ता और भगिनी निवेदिता थीं। अन्य बंगाली समर्थकों में आशुतोष चौधरी, अब्दुल रसूल, हीरेन्द्रनाथ दत्त और चित्तरंजन दास थे। स्वदेशी आंदोलन के आदर्श की चर्चा करते हुए—'न्यूइंडिया' में विपिनचंद्र पाल ने 25 फरवरी 1905 ई० को लिखा था : "हमारा आदर्श, जिसे हम स्पष्ट रूप से स्वीकार करते हैं, क्रान्तिकारी हो सकता है और है भी।···हमारी देश भक्ति केवल इसी अर्थ में राजभक्ति के निकट है कि हम विधि-पालक हैं, हमारे साथ राजभक्ति का दूसरा कोई आधार नहीं।" इसी प्रकार 'वन्दे मातरम' के माध्यम से 1909 में विपिनचन्द्र पाल ने घोषणा की थी कि "अब समय आ गया है जब नागरिकता संबंधी उन्नति तथा सत्य और व्यक्ति-स्वातंत्र्य की दृष्टि से अपने अंग्रेज मित्रों को बता दें कि उनके उपकार के प्रति हम आभारी हैं, किन्तु अब हम अपनी राजनीतिक प्रगति और मुक्ति के प्रयत्न में उनके निर्देशन से और अधिक पीड़ित होना नहीं चाहते। उनके और हमारे दृष्टि-कोण में स्पष्ट अंतर है। वे ब्रिटिश सरकार को कायम रखकर यश प्राप्त करना चाहते हैं। हम भारत को ब्रिटिश पराधीनता से पूर्ण स्वतंत्र करना चाहते हैं।"

देश-भक्ति की एक नयी धारणा मूर्त हुई कि "स्वदेश माता है, स्वदेश भगवान है, यही वेदान्त शिक्षान्तर्गत महती शिक्षा जातीय अभ्युत्थान का बीज है। जैसे जीव भगवान का अंश है, उसकी शक्ति भगवान की शक्ति का अंश है, वैसे ही यह सात कोटि बंग-वासियों का, तीस कोटि भारत-वासियों का समुदाय सर्वव्यापी वासुदेव का अंश है, इन तीस कोटि मनुष्यों की आश्रयदायिनी-शक्ति-स्वरूपिणी बहुभुजान्विता बहुबलधारिणी भारत जननी भगवान की एक शक्ति है, माता, जगज्जननी काली की देह विशेष है।" उक्त धारणा को जरा और स्पष्ट करते हुए श्री अरविन्द ने अपनी पत्नी के नाम लिखे पत्र में कहा था कि "अन्य लोग स्वदेश को एक जड़ पदार्थ, कुछ मैदान, खेत, वन, पर्वत नदी भर समझते हैं, मैं

स्वदेश को माँ मानता हूँ। उसकी छाती पर बैठकर यदि कोई राक्षस रक्तपान करने के लिये उद्यत हो तो लड़का क्या करता है? निश्चिंत होकर भोजन करने, स्त्री-पुत्र के साथ आमोद-प्रमोद करने के लिए बैठ जाता है या माँ का उद्धार करने के लिए दौड़ पड़ता है? मैं जानता हूँ कि इस पतित जाति का उद्धार करने का बल मेरे अंदर है, शारीरिक बल नहीं, तलवार या बंदूक लेकर मैं युद्ध करने नहीं जा रहा हूँ, ज्ञान का बल है। क्षात्र तेज एकमात्र तेज नहीं है, ब्रह्मतेज भी है। वह तेज ज्ञान के ऊपर प्रतिष्ठित होता है।" स्मरणीय है कि अरविन्द का झुकाव क्षात्र धर्म की ओर भी कम न था और शक्ति की उपासना में उनकी पूरी आस्था थी। प्रत्यक्ष राजनीतिक गतिविधियों के साथ ही प्रच्छन्न हिंसापरक संगठनों में भी उनकी रुचि थी। अस्तु।

रवीन्द्र विश्वविख्यात साहित्यिक थे। राजनीति उनका विषय नहीं था, तथापि स्वदेशी आंदोलन में उन्होंने सक्रिय भाग लिया। उन्होंने अपने भतीजे बालेन्द्रनाथ टैगोर के सहयोग से कलकत्ते में एक स्वदेशी वस्त्र भंडार खोला था। राष्ट्रीय शिक्षा पद्धति को प्रायोगिक रूप देने के लिए सतत प्रयत्न किया था।

इस युग के बंगीय पत्रों में 'युगान्तर', 'संध्या' और 'वंदेमातरम' तेजस्वी पत्र थे, जो युग चेतना के अधिक समीप थे, जातीय अभीप्सा के सच्चे प्रवक्ता थे। 'वंदेमातरम' अरविन्द घोष और विपिनचन्द्र पाल के संपादकत्व में प्रकाशित होता था। इसका आदर्श था कि प्रत्येक राष्ट्र को स्वेच्छया विकास करने और कायम रहने का अधिकार है और यह कि जन राज्य अथवा—राजशक्ति का अभिग्रहण भारतीय पुनर्जागरण के लिए पहली शर्त है और इसलिए समग्र जातीय चेतना को इस आदर्श की ओर केन्द्रित करने का 'वन्देमातरम् आग्रह करता था।

यही बंगीय और भारतीय परिवेश था बीसवीं शताब्दी के आरंभिक वर्षों का जिसने हिन्दी पत्रकारिता को बहुत प्रभावित किया था। यों कहना चाहिए कि हिन्दी पत्रकारिता इस जातीय आंदोलन के प्रति पूरी तरह सचेत रही और उसने अपने दायित्व का पालन किया।

भारतीय राष्ट्रीय महासभा ने 1906 के कलकत्ता अधिवेशन में पहले पहल स्वराज्य शब्द का प्रयोग किया था। कलकत्ता कांग्रेस (1906) के सभापति दादा भाई नौराजी ने 'औपनिवेशिक शासन' के स्थान पर स्वराज्य शब्द की घोषणा की थी। बंगभंग ने समग्र राजनीतिक परिवेश की आबोहवा को उद्वेलित कर दिया था, जिसकी चर्चा ऊपर की गयी है और जिससे हिन्दी पत्रकारिता को नयी गति और नया स्वर दिया था।

लार्ड कर्जन के दिल्ली दरबार में अंग्रेजी समाचार पत्र-सम्पादकों के साथ भारतमित्र संपादक बाबू बालमुकुन्द गुप्त भी सम्मिलित हुए थे। 11 अप्रैल 1903 ई० के भारतमित्र में 'शिववशम्भु के चिट्ठे' और 'खत' की पहली किस्त

(बनाम लार्ड कर्जन) प्रकाशित हुई। संपादक गुप्तजी ने मानो लार्ड कर्जन को ललकारते हुए बड़ी साफ भाषा में उसके कुकृत्यों का उद्‌घाटन किया, "आपने माई लार्ड ! जब से भारतवर्ष में पधारे हैं, बुलबुलों का स्वप्न ही देखा या सचमुच कोई करने योग्य काम भी किया है ? खाली अपना खयाल ही पूरा किया है या यहाँ की प्रजा के लिए भी कुछ कर्तव्य पालन किया। एक बार यह बातें बड़ी धीरता से मन में विचारिये। आपकी भारत में स्थिति की अवधि के पाँच वर्ष पूरे हो गये अब यदि आप कुछ दिन रहेंगे तो सूद में, मूलधन समाप्त हो चुका। हिसाब कीजिये नुमायशी कामों के सिवा काम की बात आप कौन सी कर चले हैं और भड़कबाजी के सिवा ड्यूटी और कर्तव्य की और आपका इस देश में आकर कब ध्यान रहा है ? इस बार के बजट की वक्तृता ही आपके कर्तव्य-काल की अंतिम वक्तृता थी जरा उसे पढ़ तो जाइये फिर उसमें आपकी पाँच साल की किस अच्छी करतूत का वर्णन है ? आप बार-बार अपने दो अति तुमतराक से भरे कामों का वर्णन करते हैं। एक विक्टोरिया मेमोरियल हॉल और दूसरा दिल्ली दरबार। पर जरा विचारिये तो यह दोनों काम 'शो' हुए या 'ड्यूटी' ? विक्टोरिया मेमोरियल हाल चंद पेट भरे अमीरों के एक दो बार देख आने की चीज होगा। उससे दरिद्रों का कुछ दुःख घट जावेगा या भारतीय प्रजा की कुछ दशा उन्नत हो जायेगी, ऐसा तो आप भी न समझते होंगे।"

कर्जन के दायित्व की ओर संकेत करते हुए गुप्तजी ने बड़ी कड़ी भाषा में कहा था, "जिस पद पर आप आरूढ़ हुए, वह आपका मौरुसी नहीं—नदी नाव संयोग की बात है। आगे भी कुछ आशा नहीं कि इस बार छोड़ने के बाद आपका इससे कुछ संबंध रहे। किन्तु जितने दिन आपके हाथ में शक्ति है, उतने दिन कुछ करने की भी शक्ति है। जो कुछ आपने दिल्ली आदि में कर दिखाया उसमें आपका कुछ भी न था, पर वह सब कर दिखाने की शक्ति आप में थी। इसी प्रकार जाने से पहले, इस देश के लिये कोई असली काम कर जाने की शक्ति आप में है। इस देश की प्रजा के हृदय में कोई स्मृतिमंदिर बना जाने की शक्ति आप में है। पर यह सब तब हो सकता है कि वैसी स्मृति की कुछ कदर आपके हृदय में भी हो। स्मरण रहे धातु की मूर्तियों के स्मृतिचिह्न से एक दिन किले का मैदान भर जाएगा। महारानी का स्मृतिमंदिर मैदान की हवा रोकता था या न रोकता था, पर दूसरों की मूर्तियाँ इतनी हो जावेंगी कि पचास-पचास हाथ पर हवा को टकरा कर चलना पड़ेगा। जिस देश में लार्ड लैंसडोन की मूर्ति बन सकती है उनमें और किस किसकी मूर्ति नहीं बन सकती। माई लार्ड, क्या आप भी चाहते हैं कि उसके आसपास आपकी एक वैसी ही मूर्ति खड़ी हो ? यह मूर्तियाँ किस प्रकार की स्मृति चिह्न हैं ? इस दरिद्र देश के बहुत से धन की एक ढेरी है, जो किसी काम नहीं आ सकती···खलासा बात यह है कि एक बार 'शो' और

'ड्यूटी' का मुकाबला कीजिये। 'शो' को 'शो' समझिये। 'शो' 'ड्यूटी' नहीं है। माई लार्ड आपकी दिल्ली दरबार की याद कुछ दिनों बाद उतनी ही रह जावेगी जितनी शिवशंभु शर्मा के सिर में बालकपन के उस सुख स्वप्न की है।" इसी क्रम में 'भारत मित्र' के 11 सितम्बर 1904 के अंक में 'वायसराय के कर्तव्य' शीर्षक से 'शिवशंभु के चिट्ठे और खत' की तीसरी किस्त प्रकाशित हुई जब कर्जन दूसरी बार भारत के गवर्नर जनरल होकर आये। उनके कार्यों का समुचित मूल्यांकन करते हुए गुप्तजी ने लिखा था कि "आपने गरीब प्रजा की ओर न कभी दृष्टि खोलकर देखा न गरीबों ने आपको जाना। अब भी आपकी बातों से आपकी वह चेष्टा नहीं पाई जाती। इससे स्मरण रहे कि जब अपने पद को त्याग कर आप फिर स्वदेश में जावेंगे तो चाहे आपको अपने कितने ही गुणकीर्तन करने का अवसर मिले, यह तो कभी न कर सकेंगे कि कभी भारत की प्रजा का मन भी अपने हाथ में किया था।" इतिहास इस बात का साक्षी है कि जो शासक प्रजा के धरातल पर पूरी सहानुभूति के साथ उतर कर उसके दुःख-दर्द के समीप नहीं पहुँचता, उसकी समझ में आनेवाली सहज और विश्वसनीय भाषा में उसे आश्वास-बोध नहीं देता और उसे सक्रिय सहानुभूति नहीं देता तो चाहे वह कितना भी पराक्रमी क्यों न हो, शासित वर्ग के चित्त पर विजय नहीं प्राप्त कर पाता। लार्ड कर्जन इस दृष्टि से बहुत ही असफल शासक था। उसे शासित वर्ग की चिंता नहीं थी, उस वर्ग के लोगों के मनोभाव का जरा भी ध्यान नहीं था और अक्सर उनके मर्मबिन्दुओं पर प्रहार किया करता था। कलकत्ता विश्वविद्यालय के अपने भाषण में कर्जन ने पूर्व के लोगों को मिथ्यावादी तथा सत्य का अनादर करने वाला कहा था। यह भारत की नैतिकता पर सीधा प्रहार था जिसका उत्तर 'भारत मित्र' के माध्यम से गुप्तजी ने दिया था, "जिस देश को श्रीमान ने आदर्श सत्य का देश कहा है और वहाँ के लोगों को सत्यवादी कहा है, उसका आला नमूना क्या श्रीमान ही हैं?...

"अपनी सत्यवादिता प्रकाश करने के लिए दूसरे को मिथ्यावादी कहना ही क्या सत्यवादिता का सबूत है?"

बड़ी पीड़ा के साथ गुप्तजी ने अपनी बात पूरी की है, "यह देश भी यदि विलायत की भाँति स्वाधीन होता और यहाँ के लोग ही यहाँ के राजा होते तब यदि अपने देश के लोगों को यहाँ के लोगों से अधिक सच्चा साबित कर सकते तो आपकी अवश्य कुछ बहादुरी होती।...

"भारत आपके लिए भोग्य भूमि है। किन्तु इस देश के लाखों आदमी इसी देश में पैदा होकर आवारा कुतों की भांति भटक-भटक कर मरते हैं। उनको दो हाथ भूमि बैठने को नहीं, पेट भर खाने को नहीं, मैले-चिथड़े पहन कर उमरें बिता देते हैं और एक दिन यहीं पड़कर चुपचाप प्राण दे देते हैं।

कभी इस देश में आकर आपने गरीबों की ओर ध्यान नहीं दिया। कभी यहाँ की दीन-भूखी प्रजा की दशा का विचार न किया। कभी दस मीठे शब्द सुनाकर यहाँ लोगों को उत्साहित नहीं किया। फिर विचारिए तो गालियाँ यहाँ के लोगों को आपने किस कृपा के बदले में दी···? पराधीनता की सबके जी में बड़ी भारी चोट होती है।···माई लार्ड ! इस देश की प्रजा को आप नहीं चाहते और वह प्रजा आपको नहीं चाहती, फिर भी आप इस देश के शासक हैं और एक बार नहीं दूसरी बार शासक हुए हैं, यही विचार कर इस अधबूढ़े भंगड़ ब्राह्मण का नशा किर-किरा हो-हो जाता है।" कहना न होगा कि साम्राज्यशाही के विरुद्ध इतनी बड़ी बात केवल वही कह सकता है जो देश के लिए, देशोत्थान के लिए प्राणोत्सर्ग करने को हर क्षण उद्यत रहता हो। उस युग के हिन्दी पत्रकार जो कुछ लिखते थे, वह सुविचारित होता था और देश के लिए भारी से भारी यंत्रणा झेलने-सहने की सदैव उनकी मानसिक तैयारी रहती थी। पं० माखनलाल चतुर्वेदी के शब्दों में कहें कि परतंत्र देशों का सच्चा पत्र-संपादन विदेशी राजकर्ताओं से सीधा लोहा लेना, उनके स्वार्थों पर बिना झिझके पैर रखना होता है।" बाबू बालमुकुन्द गुप्त का पत्र-संपादन इसी कोटि का था। उनकी कथनी और करनी में कहीं खाई नहीं थी। जिस दरिद्र भारतीय जनता का गुप्तजी ने उल्लेख किया है उसके दुःख-दर्द में गुप्तजी सक्रिय रुचि लेते थे। द्विवेदी युग के प्रमुख साहित्यकार पं० लोचन प्रसाद पाण्डेय ने एक ऐसे प्रसंग की चर्चा की है, "उनके संपादन काल में 'भारतमित्र' का प्रचार मध्यप्रदेश जैसे सुदूर प्रान्त के ग्रामों में भी था। इसका कारण था ग्रामीण जनता के दुःख-दर्द, अभाव-अभियोग के समाचार गुप्तजी बड़ी सहानुभूतिपूर्वक प्रकाशित करते थे।

"देहात के गाँवों में इधर उस समय कुएँ कहीं नहीं थे। सर्वत्र तालाब, पोखर तथा नदी या नाले के पानी से लोगों का निर्वाह हुआ करता था। जलकष्ट का समाचार पं० दक्षिणधर ने 'भारतमित्र' में प्रकाशनार्थ भेजा था। वे 'भारतमित्र' के ग्राहक थे। देहात से आए हुए समाचारों पर गुप्तजी विशेष ध्यान रखा करते थे। समाचार छपकर आया तो उसके साथ-साथ संपादक द्वारा लिखित एक टिप्पणी भी छपी हुई देखने में आयी। टिप्पणी में संपादक ने लिखा था कि रियासत सरकार ऐसे गाँवों में कुआँ खुदवा कर जल-कष्ट निवारण क्यों नहीं करती ? कहने का अभिप्राय यह कि वे भारत के नगरों और ग्रामों के सुधार एवं उत्थान के हेतु एक सच्चे मित्र की भाँति अपने कर्तव्य-पालन में निरंतर तत्पर रहा करते थे।" इस प्रकार स्पष्ट है कि गुप्तजी की दृष्टि एकांगी नहीं थी, वे देश के एक छोटे वर्ग को दृष्टि में रखकर जातीय व्यवस्था देने वाले पत्रकार नहीं थे और न तो उनके मन में कभी सुविधावाद से समझौता करने की दुर्बल प्रवृत्ति ही जगी। इन्हीं चारित्रिक विशेषताओं का परिणाम था उनकी निर्भीक वाणी।

1 सितम्बर 1905 के भारतमित्र में जो 'विदाई संभाषण' लिखा था उसमें कई महत्वपूर्ण प्रश्न उठाए थे, जिनकी अर्थवत्ता आज स्वाधीन भारत में भी ज्यों की त्यों बनी हुई है, "क्या आँख बंद करके मनमाने हुक्म चलाना और किसी की कुछ न सुनने का नाम ही शासन है ? क्या प्रजा की बात पर कभी कान न देना और उसको दबाकर उसकी मर्जी के विरुद्ध जिद्द से सब काम किए चले जाना ही शासन कहलाता है ? एक काम तो ऐसा बताइए जिसमें आपने जिद्द छोड़कर प्रजा की बात पर ध्यान दिया हो । कैसर और जार भी घेरने-घोटने से प्रजा की बात सुन लेते हैं, पर आप एक मौका तो ऐसा बताइए जिसमें किसी अनुरोध या प्रार्थना सुनने के लिए प्रजा के लोगों को आपने अपने निकट फटकने दिया हो और उसकी बात सुनी हो । नादिरशाह ने जब दिल्ली में कत्लेआम किया तो आसिफजाह के तलवार गले में डालकर प्रार्थना करने पर उसने कत्लेआम उसी दम रोक दिया । पर आठ करोड़ प्रजा के गिड़गिड़ाकर बंग-विच्छेद न करने की प्रार्थना पर आपने जरा भी ध्यान नहीं दिया ।···नादिर से भी बढ़कर आपकी जिद्द है ।" कर्जन की इस जिद्द के चलते 16 अक्टूबर 1905 ई० को बंग-विच्छेद होकर रहा, जिसकी देशव्यापी गहरी प्रतिक्रिया हुई और जिस पर 'भारतमित्र' के माध्यम से 21 अक्टूबर 1905ई० को बालमुकुन्द गुप्त ने टिप्पणी की थी कि "भारतवासियों के जी में यह बात जम गई कि अंग्रेजों से भक्तिभाव करना वृथा है, प्रार्थना करना वृथा है और उनके आगे रोना-गाना वृथा है । दुर्बल की वह नहीं सुनते ।" वाणी की यह निर्भीकता आज के पत्रकारों में दुर्लभ है ।

दौर्बल्य-निवारण के लिए भारतवासियों ने शक्ति की उपासना शुरू की थी, जिसका संकेत पहले किया जा चुका है । सरकार की दमन-नीति की प्रतिक्रिया कितनी गहरी होती थी और जातीय-जागृति को उससे कैसे नया संचार मिलता था, इसका उल्लेख किया गया है । पूर्वी बंगाल के गवर्नर सर फुलर ने विशिष्ट नागरिकों को धमकी दी थी कि "संभव है खून-खराबी करनी पड़े ।" फुलर साहब की धमकी का जवाब देने के लिए बालमुकुन्द गुप्त ने "साइस्ता खाँ का खत-फुलर साहब के नाम" लिखा था, जिसके द्वारा फुलर की आत्यन्तिक असहिष्णुता और अत्याचार पर करारा व्यंग्य-प्रहार किया गया था । और आखिर में फुलर को एक दोस्ताना सलाह देते हुए संपादक ने लिखा था, "रैयत के दिल में इन्साफ का सिक्का बैठता है, जुल्म का नहीं ।···

"अपने कामों से साबित कर दो कि तुम इन्सान हो, खुदातर्स हो, वहाँ की रैयत को पालने आये हो, लोगों को गिरी हालत से उठाने आये हो । लोग यह न समझें कि मतलबी हो, ना खुदातर्स हो, अपने मतलब के लिए इस मुल्क के लड़कों को 'वंदेमातरम्' कहने से भी बंद करते हो ।" खत की दूसरी किस्त 18 अगस्त 1906 को 'भारतमित्र' में छपी थी, जिसकी अंतिम पंक्तियाँ इस प्रकार हैं,

"तुम चले, अब कहने से ही क्या है ? पर जो तुम्हारे जानशीन होते हैं। वह सुन रखे कि जमाने के बहते दरया को लाठी मार के कोई नहीं रोक सकता। दूसरों को तंग करके कोई खुश नहीं रह सकता। अपने मुल्क को जाओ और खुदा तौकीफ दे तो हिन्दुस्तान के लोगों को कभी-कभी दुआये खैर से याद करना।" जमाने को देखते हुए यह एक बहुत बड़ी बात थी। सत्य का समर्थन करते समय कड़ी बात का निकलना नितांत स्वाभाविक है। सत्याग्रही पत्रकार बालमुकुन्द गुप्त ने विवेक के आग्रह और चारित्रिक शक्तिमत्ता से अपना महत् दायित्व पूरा किया।

गुप्तजी की प्रातिभ शक्ति इतनी पुष्ट थी कि अनेक विधाओं में वे अपनी वैचारिक ऊष्मा की सहज अभिव्यक्ति करते थे। 'भारतमित्र' में प्रकाशित 'शिवशंभु के चिट्ठे' और 'शाइस्ता खाँ के खत' जैसी ही चर्चा गुप्तजी द्वारा लिखित और 'भारतमित्र' प्रकाशित 'टेसू' की भी होती थी।

निःसन्देह 'भारतमित्र' में राजनीतिक पत्र था, किन्तु गुप्तजी ने उसे एकांगिता से बचाया और स्वयं भाषा, साहित्य, व्याकरण, साहित्यिक संस्मरण, धर्म इत्यादि विषयों पर लेख लिखकर 'भारतमित्र' में प्रकाशित किये और उसे अपेक्षित पूर्णता दी। संप्रदाय-सहिष्णुता का ढिंढोरा पीटने वाले और अपने को साफ पाक और संप्रदायातीत पुरुष सिद्ध करने के लिये सत्य से कतराने वालों से सर्वथा भिन्न स्थिति थी 'भारतमित्र'-संपादक बालमुकुन्द गुप्त की। आज अधिकांश पत्रकार अपनी छवि की शोभा समृद्ध करने के उद्देश्य से सत्य से कतरा कर निरापद राह से चलने के अभ्यस्त हो गये हैं, उनकी अर्थलिप्सा उन्हें विवश करती है सनसनीखेज प्रसंगों की रचना करने के लिये। आज खोजी पत्रकारिता का बड़ा हल्ला है। मनगढ़ंत बातों की रंगीन प्रस्तुति द्वारा दूसरों की छवि धूमिल करने की आकर्षक कला आज की पत्रकारिता की मुख्य कला बनती जा रही है। पीत पत्रकारिता का ही यह परिष्कृत रूप जान पड़ता है। वर्गों और संप्रदायों के बीच सौमनस्य जगाने की जगह, वर्गीय ग्रंथि को उत्तेजित करने और सोये विद्वेष को जगाने का काम वे पत्रकार कर रहे हैं, जिन्हें अपने दायित्व की गुरुता का ज्ञान नहीं है। साम्प्रतिक देश की अपराधविद्ध आबोहवा यदि क्रमशः पुष्ट होती जा रही है तो स्पष्ट है कि आज का पत्रकार अपनी वास्तविक भूमिका कायदे से पूरी नहीं कर पा रहा है। सत्य के समर्थन में बालमुकुन्द गुप्त जैसे पत्रकार ही निःसंकोच आवाज़ उठा सकते हैं, जिन्हें अपनी छवि और समृद्धि की चिंता कम और राष्ट्रीय अस्मिता के उन्नयन की चिंता अधिक होती है। वर्ग-विशेष या संप्रदाय-विशेष के अनौचित्य पर पर्दा डालकर अपनी निष्पक्षता का इजहार करना पत्रकार का धर्म नहीं है। बालमुकुन्द गुप्त अपने धर्म को ठीक से समझते थे, उसकी रक्षा और उसके अनुरूप आचरण की कला भी उन्हें आती थी और धर्म के आग्रह से विपत्ति को नेवता देने का साहस भी उनमें भरपूर था। उनकी लिखावट उनकी

देश-प्रीति, संप्रदाय-सहिष्णुता और उदार दृष्टि का परिचय देती है। रोजा रखने का श्रेय भी पालें और डूबकर पानी भी पी लें, आज की यह विज्ञप्त चालाकी बालमुकुन्द गुप्त और उनके समानधर्मा पत्रकारों में नहीं थी। परिणामतः यातना ही उनकी नियति बन गयी थी। सुविधा-सुख उन्हें कम ही उपलब्ध होता था, सत्याग्रह-सुख का आस्वाद उनके लिये सर्वोपरि था। अपनी उदारता का विज्ञापन करते एक बार 'आर्यावर्त' ने 'भारतमित्र' के नाम और उद्देश्य में असंगति दिखलाते हुए गलत आरोप लगाया था जिसके उत्तर में बाबू बालमुकुन्द गुप्त ने एक लम्बी कैफियत दी थी, 'भारतमित्र' भारतवर्ष का कागज है। भारतवर्ष हिन्दुओं का देश है—हिन्दुओं की इसमें प्रधानता है। हिन्दुओं ने ही भारतमित्र को जन्म दिया है, जिन लोगों ने इसे चलाया है, वह हिन्दू हैं और जो इसको लिखते हैं, वह भी हिन्दू हैं। इसी से 'भारतमित्र' हिन्दुओं का तरफदार है और वह तरफदारी किसी मज़हब वाले से लड़ाई करके नहीं, दूसरे मज़हब को अपने मज़हब में मिलाने के लिये नहीं, केवल हिन्दूओं की मुल्की, माली और राजनीतिक तरफदारी है।···हिन्दुस्तान में ही 'पायनियर' और 'इंगलिशमैन' आदि पत्रों को देखिए वह अंग्रेज जाति के किस प्रकार तरफदार हैं। पोलिटिकल रीति से जो कुछ तरफदारी स्वजाति की करनी चाहिए सो वह करते हैं।···स्वजाति प्रेम, स्वदेशानुराग मनुष्य का धर्म है। हम एक बात अपने सहयोगी 'आर्यावर्त' से कहते हैं। वह यह है कि यदि आपके भी कोई धर्म हो और उस धर्म में कुछ भी श्रद्धा भक्ति का बान हो तो उसका पालन कीजिए, उसकी तरफदारी कीजिए हम उसकी प्रशंसा करेंगे और हमारे लिये भी आशीर्वाद कीजिये कि अपने धर्म में सदा पक्के रहें।" ऐसी साफ़गोई और विचार-दृढ़ता साम्प्रतिक पत्रकारों में विरल है। इस तरह की लिखा-पढ़ी और कहा-सुनी प्रायः भारतमित्र के माध्यम से होती रही।

'भारतमित्र' के माध्यम से भाषा और व्याकरण संबंधी जो विवाद शुरू हुआ था, उसका भी ऐतिहासिक महत्त्व है। यद्यपि इस विवाद में व्यक्तिगत आक्रोश भी दिखाई पड़ता है और एक ने दूसरे के व्यक्तित्व पर भी आक्रमण किया था, किन्तु आचार्य पंडित महावीर प्रसाद द्विवेदी और बाबू बालमुकुन्द गुप्त के इस संघर्ष की सबसे बड़ी उपलब्धि यह है कि व्याकरण-व्यवस्था को एक नया आयाम मिला। इस संघर्ष का ऐतिहासिक महत्त्व इससे भी द्योतित होता है कि इसमें उस युग के सभी मूर्धन्य हिन्दी वैयाकरण, आचार्य और पंडितों ने सक्रिय भाग लिया था।—स्मरणीय है कि इसका प्रवर्तन गुप्तजी ने ही 'भारतमित्र' के माध्यम से किया था। 'भारतमित्र' ने लिपि के प्रश्न को भी बड़े वैचारिक ढंग से उठाया था, और भारतवर्ष की सामान्य लिपि के रूप में देवनागरी लिपि की प्रतिष्ठा के आकांक्षी और सतत उद्योगी स्व० जस्टिस शारदाचरण मित्र के महत् उपक्रम की बालमुकुन्द गुप्त ने अपने लेखों द्वारा प्रशंसा और पूर्ण संपुष्टि की थी।

इस संबंध में गुप्तजी ने अलग से भी 'जमाना' के अप्रैल-मई 1907 ई० के अंक में एक कड़ा लेख लिखा था। दिवंगत साहित्यकारों का श्राद्ध-अनुष्ठान भी गुप्तजी द्वारा 'भारतमित्र' के माध्यम से सम्पन्न हुआ था। अपने समकालीन अनेक देशी-विदेशी हिन्दी के उन्नायकों और हिन्दी-हित-चिंतकों के बारे में 'भारतमित्र'-संपादक बाबू बालमुकुन्द गुप्त ने लेख लिखे थे। ये निबन्ध इस बात के प्रमाण हैं कि हिन्दी का उन्नायक पत्रकार अपने दायित्व के प्रति कितना सचेत था। अपने समय की विकट चुनौतियों का पूरी शक्तिमत्ता से मुकाबता करती उनकी प्रज्ञा अपनी विरासत और देश की भावी पीढ़ी के प्रति सचेत थी। पत्रकार के बहु-आयामी दायित्व को भली प्रकार समझने वाले बालमुकुन्द गुप्त ने अपनी विशिष्ट भूमिका विधिवत पूरी की।

भारतमित्र में सन् 1905 में उर्दू अखबारों का इतिहास और 1906 ई० में हिन्दी संवाद पत्रों का इतिहास प्रकाशित हुआ था। लेखक 'भारतमित्र'-संपादक बाबू बालमुकुन्द गुप्त ही थे जो हिन्दी के साथ ही उर्दू के भी पत्रकार रह चुके थे और जिनका उर्दू और हिन्दी भाषा पर समान अधिकार था। हिन्दी-संवाद पत्रों का इतिहास-प्रकाशन वस्तुतः 'भारतमित्र' का एक महत्त्वपूर्ण साहित्यिक अवदान है, जिसका संपूर्ण श्रेय गुप्तजी को है।

गुप्तजी को जब हम श्रेष्ठ पत्रकार कहते हैं तो इसका स्पष्ट अर्थ यह है कि उन्हें राजनीति की नब्ज़ की सही पहचान थी, भाषा पर असाधारण अधिकार था। वे हिन्दी के अप्रतिम शैलीकार और विशिष्ट साहित्यकार थे। इतनी विशेषताओं को लेकर वे क्रान्त-द्रष्टा पत्रकार बन सके थे। इस प्रकार पं० श्रीराम शर्मा के शब्दों में "वे अपने युग के सफल और युग निर्माता पत्रकार थे। उनकी पत्रकारिता में चार चाँद इसलिए और लग रहे थे कि वे उस समय की उग्र राजनीति के पोषक थे। वे कोरे कलमतोड़ पत्रकार न थे, जो टकों की खातिर अपने विचारों को बेचते हैं। जीवन का मूल्यांकन गुप्तजी रुपये-पैसे से न करते थे, चरित्रगठन, कर्तव्यपरायणता, सचाई और सक्रिय ईमामानदारी से, उनकी लेखनी द्वारा देश की आत्मा की अन्तर्ध्वनि—आजादी की पुकार—लिपिबद्ध होती थी। अहंकार, ढोंग और गुलामी के गढ़ों पर उनके लेख गोले उगला करते थे। जिस दिशा में उन्होंने लिखा उसमें एक नवीन जीवन और नई स्फूर्ति स्पन्दित होती थी।" हिंदी पत्रकारिका में गुप्तजी की भूमिका 'सव्यसाची' की भूमिका थी। अपने समय के सर्वश्रेष्ठ आचार्य के सामने वैदुष्य के धरातल से उदग्र शैली में उन्होंने विद्या-चुनौती खड़ी की थी, दूसरी ओर उसी शक्तिमत्ता से साम्राज्यशाही के नृशंस प्रतिनिधि लार्ड कर्जन की दुर्नीतियों पर आक्रमण किया था। और बहुत बाद में रायकृष्ण दास ने आचार्य महावीर प्रसाद द्विवेदी से पूछा था, "आपकी राय में सबसे अच्छी हिन्दी कौन लिखता है ?" द्विवेदी जी का उत्तर था, "अच्छी हिन्दी

बस एक आदमी लिखता था—बालमुकुन्द गुप्त"। यह धारणा उस आचार्य की है जिनके भाषा-स्खलन पर गुप्तजी ने कड़ा आक्रमण किया था। उर्दू-हिन्दी पर समान अधिकार रखने वाले बालमुकुन्द गुप्त जितनी अच्छी हिन्दी लिखते थे उतनी ही सुलझी और व्यापक दृष्टि थी उनकी हिन्दी भाषा के स्वरूप के संबंध में। इस विषय में उन लोगों से उनकी धारणा सर्वथा भिन्न थी, जो प्रगतिशीलता के अनावश्यक आग्रह याकि राजनीति-शासित संगठनों के अनुशासन-निर्देश से हिंदी के परिनिष्ठित स्वरूप-स्तर की, उर्दू की छौंक से चटक बनाकर आम तक पहुँचाने की आवाज उठाते रहते हैं। हिन्दुस्तानी को तरजीह देने वालों से कम प्रगतिशील दृष्टि बालमुकुन्द गुप्त, राहुल सांकृत्यायन और निराला की नहीं थी। किन्तु हिन्दी की राष्ट्रीय महत्ता भी उनकी दृष्टि में स्पष्ट थी। उसी कोण से उन्होंने हिन्दी के स्वरूप पर विचार किया था, कड़ी चुनौतियों से मोर्चा लिया था। 'भारतमित्र'-संपादक ने बड़ी साफ भाषा में हिन्दी के स्वरूप के संबंध में अपनी धारणा प्रकट की थी, जो किसी भी सच्चे भारत-मित्र की दृष्टि हो सकती है, "हमारे लिए इस समय वही हिन्दी अधिक उपकारी है, जिसे हिन्दी बोलनेवाले तो समझ ही सकें, उसके सिवा उन प्रान्तों के लोग भी उसे कुछ न कुछ समझ सकें, जिनमें वह नहीं बोली जाती। हिन्दी में संस्कृत के सरल-सरल शब्द अवश्य अधिक होने चाहिए, इससे हमारी मूल भाषा संस्कृत का उपकार होगा और गुजराती, बंगाली, मराठे आदि भी हमारी भाषा को समझने के योग्य होंगे। किसी देश की भाषा उस समय तक काम की नहीं होती, जब तक उसमें देश की मूल भाषा के शब्द बहुतायत के साथ शामिल नहीं होंते।' इसी सारस्वत चिंता और सहज देश-प्रीति की प्रेरणा से भारतेन्दु, प्रतापनारायण मिश्र, बालकृष्ण भट्ट बालमुकुन्द गुप्त, दुर्गाप्रसाद मिश्र और आचार्य महावीर प्रसाद द्विवेदी ने पत्रकारिता और साहित्य की दूसरी सरणियों से विद्या-साधना की थी। उनकी आलोकवर्षी परंपरा को परवर्ती काल में अंबिकाप्रसाद वाजपेयी, बाबूराम विष्णु पराड़कर, आचार्य शिवपूजन सहाय और अज्ञेय की पत्रकारिता ने विशिष्ट समृद्धि दी। पत्रकारिता के माध्यम से भाषा-संस्कार के उन्नयन में पुरानी पीढ़ी के बाद अज्ञेय की भूमिका सबसे महत्त्वपूर्ण रही है। भाषा-संबंधी अज्ञेय की दृष्टि बालमुकुन्द गुप्त के आदर्श के बहुत निकट थी। साहित्यिक पत्रकारिता ही नहीं, समाचार पत्रिका 'दिनमान' का भाषा-स्वरूप भी संपादक अज्ञेय की भाषा-दृष्टि का संकेत देता है। भाषा के विषय में 'दिनमान'-संपादक अज्ञेय उतने ही जागरूक थे जितने 'भारतमित्र'-संपादक बालमुकुन्द गुप्त। इन्हीं पत्रकारों और कृती गद्य-शिल्पियों की साधना की उपलब्धि है हिन्दी गद्य की साम्प्रतिक समृद्धि। बालमुकुन्द गुप्त के गद्य के प्रशंसक आचार्य महावीर प्रसाद द्विवेदी गुप्तजी की गद्य-परम्परा की समृद्धि देख पाते तो गर्व-स्फूर्त हो उठते कि पुष्ट भित्ति के अनुरूप ही शोभा और शक्ति में विकास हुआ है। हिन्दी गद्य के भित्ति निर्माताओं में गुप्तजी का अप्रतिम स्थान है, विशिष्ट शैलीकार के रूप में भी 'भारतमित्र-संपादक' की महत्ता को इतिहास में अंकित किया गया है।

पं० अम्बिकाप्रसाद वाजपेयी की पत्र-कारिता : तिलक युग की जातीय अभीप्सा की अभिव्यक्ति

अपनी प्रसिद्ध पुस्तक 'समाचार पत्रों का इतिहास' में 'हिन्दी केसरी' पर टिप्पणी करते पं० अम्बिकाप्रसाद वाजपेयी ने लिखा है कि "हिन्दी के पाठक सदा उग्र विचार रखते हैं और पसन्द करते हैं। इसीलिए 'हिन्दी केसरी' कुछ ही महीनों के अन्दर कई हजार छपने लगा। उस समय गर्म दल का हिन्दी में यही प्रामाणिक पत्र था।" तिलक युग की उदग्र चेतना के अप्रतिम पुरस्कर्ता पं० अम्बिकाप्रसाद वाजपेयी की यह टिप्पणी हिन्दी पाठकों की रुचि के साथ ही वाजपेयीजी की मानसिकता का भी संकेत देती है कि उग्र विचार-विधा उनकी अभिव्यक्ति की सहज राह थी। अनेकमुखी प्रतिकूलता से घिरी पत्रकार-जीवन की उनकी लम्बी साधना साक्ष्य देती है कि साझे-समझौते का रास्ता उनकी मनोवृत्ति के सर्वथा प्रतिकूल था।

30 दिसम्बर 1880 ई० कानपुर में हिन्दी पत्रकारिता के आलोक-स्तम्भ पं० अम्बिकाप्रसाद वाजपेयी का जन्म हुआ था। मुख्यतः कलकत्ता उनका कर्म-क्षेत्र रहा है, और पत्रकारिता उनकी देश-सेवा की सहज और आत्मीय विधा रही है। सामाजिक अन्याय-अंधकार से अपनी विद्या-शक्ति द्वारा दीर्घ काल तक लड़ते जब वाजपेयी जी का शरीर सर्वथा थक गया तो अवध की अपनी प्रिय भूमि लखनऊ में उन्होंने 21 मार्च 1968 को अपनी लोक-यात्रा का उपसंहार किया।

विज्ञप्त तथ्य है कि जातीय चरित्र और चिन्ता की पराधीनता से उबारने की एक महत् प्रेरणा उत्तर उन्नीसवी शताब्दी में जागृत हुई थी। अनौचित्य-निरसन का एक जोखिम-भरा उपक्रम पत्रकारिता के माध्यम से सक्रिय हुआ था। उस वैचारिक क्रान्ति में सक्रिय भूमिका उसी की हो सकती थी जिसकी दृष्टि में व्यक्ति-सुख की स्पृहा से राष्ट्रहित की चिन्ता बड़ी थी या कि व्यक्ति-सुख के लिए भी जो जातीय अस्मिता का उद्धार-उन्नयन जरूरी समझता था। पं० अम्बिका

प्रसाद वाजपेयी इसी चिंताधारा से संपृक्त उस आलोकवर्षी परम्परा के पत्रकार थे जो लोकमान्य तिलक, विपिनचन्द्र पाल, ब्रह्मबांधव उपाध्याय, अरविन्द घोष तथा लाला लाजपत राय जैसे मनीषी पत्रकारों की परम्परा थी—उग्र राष्ट्रीय स्वर के साधकों की परम्परा। तिलक-युग के हिन्दी पत्रकारों में वाजपेयीजी का स्थान बहुत ऊँचा है। बीसवीं सदी के आरम्भिक दो दशकों की हिन्दी पत्रकारिता के उन्नायकों में वे अप्रतिम थे।

पत्रकारिता सम्बन्धी अपने अनुभव बताते हुए उन्होंने सितम्बर 1931 के 'विशाल-भारत' में लिखा था, 'बंग-भंग' के आन्दोलन के समय पं० शिवबिहारी लाल वाजपेयी के द्वारा मैंने 'हिन्दी बंगवासी' के संपादकीय विभाग में प्रवेश किया और उसी समय से मैं पत्र-संपादक क्षेत्र में आ गया।" उस समय उन्हें तीस रुपये वेतन मिलता था। 20 नवम्बर 1905 से 31 जुलाई 1906 तक वे 'हिन्दी बंगवासी' में रहे। स्मरणीय है, बंग-भंग के प्रतिरोध में इसी समय बंगाल में स्वदेशी आन्दोलन की लहर तीव्र हुई थी। कलकत्ता का प्रसिद्ध हिन्दी पत्र 'भारत मित्र' बालमुकुन्द गुप्त की प्रातिभ प्रखरता से समृद्ध था। भाषा और व्याकरण के प्रश्न को लेकर 'भारत मित्र'-संपादक बाबू बालमुकुन्द गुप्त और 'सरस्वती'-संपादक आचार्य महावीर प्रसाद द्विवेदी के बीच वैचारिक संघर्ष हुआ था, जिससे हिन्दी के कई पत्र जुड़ गये थे। 'हिन्दी-बंगवासी' में उस समय के प्रसिद्ध भाषा-शास्त्री पं० गोविन्द नारायण मिश्र ने 'आत्माराम की टें-टें' शीर्षक लेखमाला प्रकाशित कराकर आचार्य महावीर प्रसाद द्विवेदी का पक्ष-समर्थन किया था। वाजपेयी जी इस संघर्ष से उदासीन तो नहीं थे, पर उनकी सक्रिय भूमिका नहीं थी, अविज्ञप्त रूप से वे गुप्तजी के पक्ष में थे।

'हिन्दी बंगवासी' से अलग होकर वाजपेयी जी ने एक अमेरिकी सेंडल कम्पनी में नौकरी कर ली और कुछ धन एकत्र कर सन् 1907 में अपना स्वतंत्र पत्र 'नृसिंह' प्रकाशित किया था। 'नृसिंह' राजनीतिक पत्र के अभाव की पूर्ति के उद्देश्य से प्रकाशित किया गया था। 'नृसिंह' मासिक पत्र था, जिसके संपादक-संचालक वाजपेयी जी ही थे। दायित्व के अनुरूप ही कठिनाई थी। प्रकाशन संबंधी कठिनाइयों का उल्लेख करते हुए वाजपेयीजी ने लिखा है, "रुपये का प्रबन्ध करना, पत्र के लिए कागज लाना, छापना, प्रूफ देखना और डिस्पैच करना मेरा ही काम था। इन सब कार्यों से मुझे जितना कष्ट नहीं हुआ उससे कहीं अधिक आर्थिक चिन्ता से रहा और आफत की मार कि आगे भी इस चिन्ता ने मेरा पिंड नहीं छोड़ा। पूंजी तो नहीं के बराबर ही थी, इसलिए यह दो-तीन अंकों के लिए भी यथेष्ट नहीं हुई।" असंख्य कठिनाइयों को झेलते अपनी बलवती निष्ठा के बल पर वाजपेयीजी ने इस पत्रिका को एक वर्ष तक प्रकाशित किया। यह वह समय था जब पत्रकारिता को पेशा नहीं, देशोद्धार की प्रेरणा से लोग

धर्म के रूप में अपनाते थे। उत्तर उन्नीसवीं शताब्दी के तेजस्वी हिन्दी पत्रकार 'उचित वक्ता'-संपादक पं० दुर्गाप्रसाद मिश्र के अवदान का मूल्यांकन करते हुए पं० अम्बिकाप्रसाद वाजपेयी ने लिखा है, "पं० दुर्गाप्रसाद मिश्र ने समाचार पत्र प्रकाशन से कुछ कमाया नहीं, उलटे घर के धन, पुआल में मिलाये। परन्तु उनको इस काम का शौक था, नशा था, इसलिए कुछ ऊटक-नाटक किया ही करते थे।" उस युग के लगभग सभी पत्रकारों की एक ही दशा थी। पं० दुर्गाप्रसाद मिश्र को 'उचित वक्ता' के संपादन-प्रकाशन तक ही सीमित नहीं रहना पड़ता था, अपने पत्र-ग्राहकों के यहाँ जा-जाकर पत्र पढ़कर सुनाना-समझाना भी पड़ता था। पं० अम्बिकाप्रसाद वाजपेयी और पं० दुर्गाप्रसाद मिश्र को ही केवल पत्र-प्रकाशन की कठिनाइयों का सामना नहीं करना पड़ा था, यह उस काल की एक सामान्य दशा थी। उस काल के अपने समय के सबसे सम्मानित व्यक्ति लोकमान्य बाल गंगाधर तिलक को 'आर्यभूषण प्रेस', जहाँ से 'केसरी' छपता था, की टाइप की पेटियाँ अपने कंधे पर ढोनी पड़ी थीं; 'केसरी' के उग्र स्वर के चलते उन्हें कठोर यातना झेलनी पड़ी थी। यह ऐतिहासिक तथ्य है। बीसवीं शताब्दी के प्रथम दशक में कलकत्ता में तिलक की उदग्र चेतना से सक्रिय रूप में जुड़े हिन्दी पत्रकार थे पं० दुर्गाप्रसाद मिश्र, बाबू बालमुकुन्द गुप्त, पं० बाबूराव विष्णु पराड़कर और पं० अम्बिकाप्रसाद वाजपेयी, जिनकी प्रातिभ शक्ति का प्रकाशन-माध्यम था 'भारत मित्र', 'मारवाड़ी बन्धु' और 'नृसिह'। पं० लक्ष्मण नारायण गर्दे भी तिलक के हिमायती पत्रकार थे जिनका कार्यक्षेत्र कलकत्ता रहा है।

पं० अम्बिका प्रसाद वाजपेयी की पत्रिका 'नृसिह' में तिलक युग की जातीय अभीप्सा मुखर है। 'नृसिह' एक विशिष्ट अर्थवाची शब्द है। नृसिहावतार का एक बड़ा प्रयोजन था। असत्य, अन्याय और अनौचित्य के निरसन तथा सत्य की प्रतिष्ठा के महत् उद्देश्य से नृसिहावतार संभव हुआ था। नृसिहावतार दुराग्रह के विरोध तथा युवा सत्याग्रह के पक्ष में हुआ था। लोकमान्य तिलक की विचार-यात्रा अपने समय की पुरानी राजनीतिक समझौता पंथी के प्रतिरोध में, साम्राज्यशाही के प्रति युयुत्सु-मुद्रा लेकर गत्वर हुई थी। इसी विशिष्टता के बल पर तिलक अपने समय के युवा मानस को अपनी ओर आकृष्ट कर सके थे। 'नृसिह' तिलक-राह का पंथी था।

लोकमान्य तिलक ने स्वराज्य को जन्मसिद्ध अधिकार घोषित किया था और पूरे देश में जागृति तथा स्वराज्य-स्पृहा को उत्तेजना दी थी। 'नृसिह' के अंक 4 की संपादकीय टिप्पणी का शीर्षक है 'स्वराज्य की आवश्यकता'। बड़ी साफ भाषा में स्वराज्य की महत्ता का विवेचन करते हुए संपादक ने लिखा है, "जिस प्रकार रोगी को औषधि की, भूखे को अन्न की और दरिद्र को धन की आवश्यकता होती है, उसी प्रकार भारत को स्वराज्य की आवश्यकता है। भारतवासियों के

लिए दो ही मार्ग हैं। चाहे वे स्वराज्य लाभ कर अपना मनुष्यत्व बनाये रखें अथवा जंगली मनुष्यों की भाँति पशुओं की श्रेणी में सम्मिलित हो जायें। दोनों बातें भारतवासियों के अधीन हैं।" इसी अंक की 'परदेशी भारतवासी' शीर्षक दूसरी टिप्पणी में पं० अम्बिका प्रसाद वाजपेयी ने भारतीयों को राष्ट्रीय प्रेरणा देते हुए लिखा है, "आओ समस्त देशवासियों, हम लोग उपनिवेश और उसके पिट्ठू इंग्लैंड की वस्तुओं का बहिष्कार करें, जिससे उन्हें जान पड़े कि हिन्दुस्तानी निरे मुर्दे नहीं है। हम लोग दिखा दें कि हम आत्माभिमानी हैं और तुम्हें तुम्हारे पाप कर्मों का फल चखाने को बद्धपरिकर हैं। मद्रास ने इस विषय का श्रीगणेश किया है। जो प्रान्त वा प्रदेश इस समय अपने कर्तव्य से च्युत होगा, इसका नाम सदा के लिए कलंकित हो जाएगा।" सन् 1907 में इस कोटि की उग्र भाषा लिखना असाधारण बात थी। ऐसी भाषा-मुद्रा आजाद देश की स्वदेशी सरकार के लिए भी असह्य है। कदाचित् सत्य के ऐसे ही ताप के आभास से आतंकित होकर स्वदेशी सरकार पत्रों की प्रतिबद्धता और वाक्-स्वातंत्र्य को प्रतिबंधित करने का गुमानी आग्रह प्रकट करती है। पं० अम्बिकाप्रसाद वाजपेयी वाणी की स्वाधीनता का महत्त्व समझते थे। 'नृसिंह' में उन्होंने साम्राज्यशाही निरंकुशता पर टिप्पणी करते हुए लिखा था, "जिस देश में लिखने और बोलने की स्वतंत्रता नहीं है, जहाँ देशभक्त राजद्रोही समझे जाते हैं और बिना अपराध ही निर्वासित कर दिए जाते हैं, जहाँ भलेमानस देशनायक चोर-डाकुओं से भी गए-बीते समझे जाते हैं, वहाँ जो न हो वही आश्चर्य है।" स्मरणीय ऐतिहासिक सचाई है कि अपने युग के सर्वश्रेष्ठ राजनेता लोकमान्य तिलक को 'केसरी' में प्रकाशित जातीय चिन्ता से स्फूर्त अपनी उदग्र लिखावटों के लिए विदेशी सरकार द्वारा दंडित होकर राजद्रोही के रूप में मांडले जेल की यातना झेलनी पड़ी थी, ठीक उसी नृशंस शैली में स्वदेशी सरकार ने जयप्रकाश नारायण की आकुल देशभक्ति से आतंकित होकर उन पर वैसा ही लाँछन लगाकर वैसी ही यातना दी थी। सत्य को प्रतिबंधित करने का परिणाम भी इतिहास के पृष्ठों पर अंकित है। चाहे वह तिलक का सत्य हो, चाहे जयप्रकाश का।

यद्यपि 'नृसिंह' शुद्ध राजनीतिक पत्रिका थी, किन्तु वाजपेयीजी ने समाजचर्या की विविध सरणियों को अपने विचार का उपजीव्य बनाया और 'नृसिंह' के माध्यम से उसे प्रकाशित किया। राष्ट्रभाषा का प्रश्न जातीय उन्नयन से जुड़ा एक बड़ा प्रश्न था। 'राष्ट्रभाषा' शीर्षक से लगातार चार लेख 'नृसिंह' में प्रकाशित कर हिन्दी की राष्ट्रीय महत्ता का उन्होंने विवेचन किया और हिन्दी भाषियों के कर्तव्य का संकेत दिया। कहना न होगा कि उस समय की स्वदेशी राजनीति हिन्दी के पक्ष में थी और इस विषय में बंगीय मनीषियों और राजनेताओं की अग्रणी भूमिका थी।

आर्थिक प्रतिकूलता के कारण वाजपेयीजी ने 'नृसिंह' का प्रकाशन एक वर्ष के बाद बन्द कर दिया। किन्तु जैसा कि उन्होंने लिखा "मैंने 'हिन्दी बंगवासी' में प्रवेश करने के समय ही स्थिर कर लिया था कि यही काम करूँगा," वे जब तक सक्षम रहे, पत्रकारिता से सक्रिय रूप से जुड़े रहे। 'नृसिंह' का प्रकाशन बन्द होने के बाद रुढ़मल्ल गोयनका के अनुरोध से 'श्री सनातन धर्म' का संपादन-भार उन्होंने सम्हाला, किन्तु आठ अंकों के बाद ही वे उस पत्र से अलग हो गए, क्योंकि कट्टरतावादी संकीर्ण सनातनी नीति उनके विचार के सर्वथा प्रतिकूल थी।

'श्री सनातन धर्म' से अलग होकर वाजपेयी जी ने कुछ दिनों अध्यापन-कार्य किया। नेशनल कालेज, जिसके प्रधानाचार्य अरविन्द घोष थे, उग्र राष्ट्रवादियों और क्रान्तिकारियों का केन्द्र था। पराड़करजी के मामा, उस समय के प्रसिद्ध मराठी-बाँग्ला के लेखक सखाराम गणेश देउस्कर वहाँ अध्यापक थे। उन्हीं के प्रेरणा-प्रयत्न से पराड़करजी और पं० अम्बिकाप्रसाद वाजपेयी उस कालेज में अध्यापक नियुक्त हुए। अध्यापन के साथ ही वाजपेयी जी पराड़करजी की अनुपस्थिति में तेजस्वी[1] पत्र 'हितवार्ता' का संपादक-कार्य भी पूरी रुचि से करते थे। अपने पुष्ट राष्ट्रीय संस्कार के प्रतिकूल वाजपेयी जी कोई काम नहीं कर सकते थे। आनुकूल्य-सुख के लिए समझौता उनके स्वभाव के प्रतिकूल था। नेशनल कालेज के अध्यापन-कार्य से मुक्त होने के कारण का उल्लेख करते हुए वाजपेयीजी ने लिखा है, "1910 में कालेज के अधिकारियों की नयी नीति हम लोगों को पसन्द न थी, इसलिए देउस्करजी, पराड़करजी और मैंने बिना कारण-निर्देश किये हुए एक साथ पदत्याग कर दिया।···गवर्नमेन्ट का दबाव नेशनल कालेज पर भी हो गया। अस्तु हम लोग नेशनल कालेज से चले आए।"

1911 की जनवरी में वाजपेयी जी 'भारत मित्र' के संपादक नियुक्त हुए। उसे उन्नत करने के लिए वाजपेयी जी को कितना कठोर परिश्रम करना पड़ता था, इसका जिक्र करते उन्होंने लिखा है, "दिन-रात में अठारह घंटे काम करके जब मैं 'भारत मित्र' आफिस से निकला तब मेरे पैर काँपते थे। इसी समय से शरीर अस्वस्थ रहने लगा। जिसके प्रभाव से जल्द बुढ़ापा आ गया।" इस कठोर साधना का पुरस्कार मानसिक खिन्नता के रूप में भी मिला जब पत्र-संचालक ने अपने नितान्त छोटे आर्थिक लाभ के आग्रह से उनकी तपस्या की ओर से आँख मूंद ली। इस आघात को वाजपेयीजी सह न सके और गर्देजी को संपादन-भार सौंप कर उन्होंने 7 अगस्त 1919 को 'भारत-मित्र' से नाता तोड़ लिया।

इसके बाद वाजपेयी जी ने 4 अगस्त 1920 को दैनिक 'स्वतंत्र' का प्रकाशन

1. 'हितवार्ता' में निन्नानबे फी सदी लेख वाजपेयी जी के हैं।'—आचार्य शिव-पूजन रचनावली, चौथा खण्ड, पृष्ठ, 186

शुरू किया। देश की तत्कालीन प्रगतिशील राजनीति के समर्थन में वह अगुआ पत्र था।

इस प्रकार दीर्घकाल तक पं० अम्बिका प्रसाद वाजपेयी ने विभिन्न पत्रों के संपादन द्वारा हिन्दी पत्रकारिता का स्तर उन्नत किया। पत्रकारिता के माध्यम से देश-सेवा की। अपनी साधना का अनुभव बताते हुए उन्होंने लिखा है, "यह काम बड़ी पित्तमारी का है। धन तो नहीं के बराबर मिलता है और परिश्रम और जोखिम बहुत है। प्रायः बीस वर्ष तक दैनिक पत्र-संपादन के अपने अनुभव से मैं कह सकता हूँ कि योग्य सहकारी प्रायः नहीं मिलते। जो मिलते हैं वे बेगारी की तरह काम करते हैं। उत्तरदायित्व समझने वालों का अभाव-सा ही है। जो लोग राजनीतिक विषयों से अनुराग नहीं रखते वे अच्छे पत्रकार नहीं हो सकते।" यह चर्चा पीड़क है कि साम्प्रतिक हिन्दी पत्रकारिता से वाजपेयीजी असंतुष्ट थे। यद्यपि अपने समय के जिन अभावों की उन्होंने दुखी मन से चर्चा की है, आज लगभग वे सारे अभाव दूर हो गए हैं। विविध विषयों के अभिज्ञ, राजनीतिक विषयों की सूझ-बूझ रखने वाले सहकारी, विकसित मुद्रण कला, धन की सुलभता, समाचार-समितियों की दक्षता-क्षमता तथा अन्य अपेक्षित उपकरण आज सुलभ हैं। किन्तु वह उन्नत मनोबल जो पत्रकारों की पुरा पीढ़ी, तिलक और गांधी युग की पत्रकारिता की मूल विशेषता थी आज दुर्लभ हो गयी है। पत्रकारिता को व्यावसायिकता की मार खाते और पत्रकारों की ढहती निष्ठा को देखकर पं० अम्बिका प्रसाद वाजपेयी उदास और कभी-कभी निराश भी होते थे। किन्तु उनकी आस्था बड़ी पुष्ट थी और मनोबल बड़ा उन्नत था। अपनी आस्था के ही बल पर वे बुढ़ौती में बंगलूर से हिन्दी दैनिक निकालने की योजना बना रहे थे।

वाजपेयी ने हिन्दी भाषा और देश की सेवा अनेक कोणों से की है। विविध विषयों पर उनकी अनेक पुस्तकें हैं। उनकी प्रसिद्ध पुस्तक 'समाचार पत्रों का इतिहास' है जो पत्रकारिता की आलोकवर्षी परम्परा का साक्ष्य प्रस्तुत करती है। वाजपेयीजी की अनेक प्रकाशित पुस्तकों में वह विपुल सामग्री नहीं आ सकी है जो विभिन्न पत्रों के माध्यम से उन्होंने प्रस्तुत की है। वाजपेयी जी की लिखावट को व्यवस्थित ढंग से संकलित और पुस्तक रूप में प्रकाशन-व्यवस्था की जा सके तो परवर्ती विद्या-पीढ़ी को एक विशिष्ट विचार-सम्पदा हम दे सकेंगे। अपनी विरासत के उज्जवल पक्ष के संरक्षण की सही सारस्वत विधि यही है।

मूल्यों के सजग प्रहरी—'प्रताप'-सम्पादक गणेश शंकर विद्यार्थी

पं० विष्णुदत्त शुक्ल की पुस्तक 'पत्रकार कला' की संस्तुति में 'दो शब्द' लिखते हुए सन् 1930 में 'प्रताप'-सम्पादक गणेश शंकर विद्यार्थी ने पत्रकारिता के कुछ महत्त्वपूर्ण मुद्दों की ओर इशारा किया था। गहरी पीड़ा के साथ उन्होंने लिखा था कि "अब बहुत से समाचार-पत्र सर्व-साधारण के कल्याण के लिए नहीं रहे, सर्वसाधारण उनके प्रयोग की वस्तु बनते जा रहे हैं।" इस आदर्श-च्युति का मुख्य कारण यह है कि "अधिकांश बड़े समाचार-पत्र धनी मानी लोगों द्वारा संचालित होते हैं। इसी प्रकार के संचालन या किसी दल विशेष की प्रेरणा ही से उनका निकलना संभव है। अपने संचालकों या अपने दल के विरुद्ध सत्य बात कहना तो बहुत दूर की वस्तु है, उनके पक्ष-समर्थन के लिये ये हर तरह के हथकण्डों से काम लेना अपनी नित्य का आवश्यक काम समझते हैं।" विद्यार्थी जी की दृष्टि में गिरावट का दूसरा बड़ा कारण था पत्रकार का दुर्बल व्यक्तित्व, उसकी दायित्व-विमुखता और धन-लिप्सा। स्खलन पर टिप्पणी करते 58 वर्षों पूर्व गणेशशंकर विद्यार्थी ने लिखा था, "उन्नति समाचार पत्रों के आकारों-प्रकारों में हुई है। खेद की बात है कि उन्नति आचरणों की नहीं हुई।" अपनी धारणा स्पष्ट करते उन्होंने लिखा था कि "जिन लोगों ने पत्रकार कला को अपना काम बना रखा है, उनमें बहुत कम ऐसे लोग हैं जो अपने चित्त को इस बात पर विचार करने का कष्ट उठाने का अवसर देते हैं कि हमें सचाई की भी लाज रखना चाहिये, केवल अपनी मक्खन रोटी के लिये दिन भर में कई रंग बदलना ठीक नहीं है।" मूल्यों के सजग प्रहरी गणेशशंकर विद्यार्थी ने अर्द्धशती पूर्व यह कामना की थी "पैसे का मोह और बल की तृष्णा भारतवर्ष के किसी भी नये पत्रकार को ऊँचे आचरण के पवित्र आदर्श से बहकने न दे।" दुर्भाग्यवश विद्यार्थी जी की मनःकामना पूरी न हुई और भारतीय पत्रकारिता आदर्श के ऊँचे धरातल को छोड़कर व्यावसायिकता के चटक प्रलोभनों की गिरफ्त में आ गयी। इस

प्रकार अपने मूल धर्म और मुख्य भूमिका-लोक सेवा-संस्कार की भूमिका से विच्छिन हो गयी।

इतिहास प्रमाण है कि जिन मूल्यों की पक्षधरता गणेशशंकर विद्यार्थी की लिखावटों में दिखाई पड़ती है और जिन आदर्शों का वे आग्रह करते हैं, उनके संरक्षण में आजीवन सक्रिय विद्यार्थी जी को विकट प्रत्यूह अपनी आस्था से विचलित नहीं कर सके। उनके वक्तव्य की प्रामाणिकता इसीलिए असंदिग्ध है कि उनके आचार और विचार में वैसी ही एकरूपता थी जैसी उस युग के लोकनायक महात्मा गांधी में थी।

इलाहाबाद से सन् 1909 में प्रकाशित पं० सुन्दरलाल का 'कर्मयोगी' उदग्र जातीय प्रेरणा से सम्पन्न युवक गणेशशंकर के संस्कार के अनुरूप हिन्दी पत्र था। 'कर्मयोगी' श्री अरविन्द घोष के 'कर्मयोगिन' का स्वर प्रतिम था। उसका जातीय स्वर इतना उग्र था उसमें लिखना तो दूर उसे पढ़ना तक अपराध समझा जाता था। 'कर्मयोगी' का पाठक होने के अपराध में गणेशशंकर को अपनी नौकरी से हाथ धोना पड़ा था। और उसी मुहूर्त से वे अंगरेजी राज के अन्याय, अनौचित्य और भारत की अस्मिता को धूमायित करने वाले साम्राज्यशाही अभिशाप के के विरुद्ध युयुत्सु-मुद्रा में खड़े हो गये। जीवन के अन्तिम क्षण तक उनकी युयुत्सा क्रियाशील रही। 'कर्मयोगी' को सक्रिय सहयोग देते उन्होंने स्तरीय पत्रकारिता का सही अर्थ समझा था। उसी समय उन्होंने यह प्रतीति अर्जित की थी कि पत्रकार की भूमिका एक सच्चे लोकनायक की भूमिका होती है। इतना ही नहीं, एक मनीषी साहित्यकार की तरह दिशाहारा समाज को अपेक्षित दिशा-निर्देश देना पत्रकार का दायित्व होता है। इस महत् दायित्व को गणेशशंकर विद्यार्थी ने 'प्रताप' के माध्यम से पूरा किया। 'प्रताप' बीसवीं शताब्दी के पूर्वार्द्ध का कदाचित् अकेला हिन्दी पत्र था जिसे 'बन्देमातरम्', 'युगान्तर', 'संध्या', 'मराठा', 'केसरी', और 'भारतमित्र' की उदग्र चेतना का उन्नायक पत्र कहा जा सकता है।

'प्रताप' की प्रथम सम्पादकीय टिप्पणी (9 नवम्बर, 1913 ई०) में अपनी सम्पादकीय नीति और आदर्श-उद्देश्य की विज्ञप्ति देते विद्यार्थी जी ने लिखा था, "समस्त मानव जाति का उद्देश्य हमारा परमोद्देश्य है और इस उद्देश्य की प्राप्ति का एक बहुत बड़ा और बहुत जरूरी साधन हम भारतवर्ष की उन्नति को समझते हैं।···किसी की प्रशंसा या अप्रशंसा, किसी की प्रसन्नता या अप्रसन्नता, किसी की घुड़की या धमकी हमें अपने सुमार्ग से विचलित नहीं कर सकेगी। साम्प्रदायिक और व्यक्तिगत झगड़ों से 'प्रताप' सदा अलग रहने की कोशिश करेगा। उसका जन्म किसी विशेष सभा, संस्था व्यक्ति या मत के पालन-पोषण रक्षण या विरोध के लिये नहीं हुआ है, किन्तु उसका मत स्वातंत्र्य विचार और उसका धर्म सत्य होगा।···मनुष्य की उन्नति भी सत्य की जीत के साथ बंधी है। इसीलिये सत्य

को दबाना हम महापाप समझेंगे और उनके प्रचार और प्रकाश को महापुण्य।" अपने इस सम्पादकीय वक्तव्य का उपसंहार करते विद्यार्थी जी ने महत् स्पृहा प्रकट की थी कि 'जिस दिन हमारी आत्मा इतनी निर्बल हो जाय कि अपने प्यारे आदर्श से डिग जावे, जानबूझकर असत्य के पक्षपाती बनने की बेशरमी करें और उदारता, स्वतंत्रता और निष्पक्षता को छोड़ देने की भीरुता दिखावें, वह दिन हमारे जीवन का सबसे अभागा दिन होगा और हम चाहते हैं कि हमारी उस नैतिक मृत्यु के साथ-ही-साथ हमारे जीवन का भी अन्त हो जाय।" ऐतिहासिक साक्ष्य है कि वह अभागा दिन 'प्रताप'-सम्पादक गणेशशंकर विद्यार्थी के जीवन में नहीं आया, जीवन की अन्तिम घड़ी तक वे अपने आदर्श से स्खलित नहीं हुए। असत्य के विरुद्ध उदग्र वाणी-मुद्रा की रचना करते उन्हें प्रत्यूहवाहिनी से बराबर जूझना पड़ा। बड़े-बड़े प्रलोभनों से उन्हें संकल्प-च्युत करने की नाना दिशाओं से चेष्टा की गयी, दायित्व-विरति का आधार रचा गया, किन्तु अन्ततः प्रताप'-संपादक की सत्याश्रित रौद्र भंगिमा को कुंठित करने की देशी राज्यों और विलायती साम्राज्यशाही के दुष्चक्र विफल होते रहे।

गणेशशंकर विद्यार्थी की मनीषा 'प्रताप' के माध्यम से उस विकलांग मानवीय संवेदना-छंद को सही रूप देने में सक्रिय थी, जिसके चलते मनुष्य बाहर-भीतर से विरूप हो रहा था। गणेशशंकर विद्यार्थी के पत्रकार का मुख्य लक्ष्य था जातीय अस्मिता को साम्राज्यशाही शिकंजे से मुक्त कर राष्ट्रीय स्वाभिमान को उन्नत करना और संस्कृति-सचेत स्वस्थ मानस की रचना करना, इसलिये बाहरी समस्याओं तक को ही उन्होंने अपनी चिन्ता और लेखन का उपजीव्य नहीं बनाया। उन्होंने जातीय समस्याओं पर प्रगतिशील दृष्टि से विचार किया और साम्राज्यशाही के घिनौने रूप पर तिलक, विपिनचन्द्र पाल, अरविन्द घोष, बाल मुकुन्द गुप्त और महात्मा गांधी की निर्भीक शैली में कठोर टिप्पणी की। उसी आक्रामक मुद्रा में उन्होंने देशी रियासतों की दुर्नीतियों और कलुष पर प्रहार किया। गणेशशंकर विद्यार्थी के अग्रलेखों ने बेलाग टिप्पणी की भारतीय विश्वास और संस्कृति के नाम पर चलने वाली असंख्य रूढ़ियों, वर्जना-विकृतियों पर, धर्म की आड़ में क्रियाशील कठमुल्लापन पर, राष्ट्रवाद के आग्रह से जन्मी असहिष्णुता और हिंसा की राह से सरपट दौड़नेवाली राष्ट्रद्रोही अंधी लहर पर। विश्व के सन्दर्भ में वे देश की समस्या को रखकर विचार करते थे। यद्यपि विद्यार्थी जी निःसंकोच अपना विश्वास प्रकट करते थे कि ' हमको अपने देश से पहले सरोकार है, उसके बाद दूसरे देशों से।" 'प्रताप' के माध्यम से उन्होंने घोषणा की थी कि "विदेशी इतिहास लेखकों द्वारा लिखा हुआ इतिहास देश का सच्चा इतिहास नहीं हो सकता।···विदेशियों का लिखा हुआ भारतवर्ष का इतिहास ढूंढ़-ढूंढ़ कर निकाली हुई सच्ची या झूठी भारत की समस्त त्रुटियों, निर्बलताओं और दोषावली

का संग्रह मात्र है। उससे देश की सच्ची स्थिति का पता नहीं चलता। उसमें हम अपने देश के यथार्थ रूप से दर्शन नहीं कर पाते।···हमारे आत्मविश्वास और प्राचीन गौरवाभिमान को नष्ट कर सिंह-शावक को गीदड़ बनाये रखना इनका उद्देश्य है।" अपने देश को स्वत्व-सचेत करने के लिये 'प्रताप'-सम्पादक ने अपने अग्रलेखों द्वारा 'राष्ट्रीयता' का अर्थ समझाया, 'अंग्रेजी डींग' पर प्रज्ञा-कटाक्ष किया, साम्राज्यशाही अभिशाप के नीचे दबी बहुआयामी जातीय ऊर्जा की ओर प्रभावी संकेत किया। स्वत्व के प्रश्न को उठाते गणेशशंकर विद्यार्थी को बराबर ध्यान रहता था कि अंग्रेज-सचेत जाति है, जो भारतीय स्वत्व का अपहरण कर उसकी अस्मिता को निष्प्रतिभ बना रही है, उसके सहज विकास की सारी संभावना कुंठित कर रही है। इसी साम्राज्यवादी विडंबना पर गणेशशंकर विद्यार्थी ने निर्मम चोट की। मानव-स्वत्व' शीर्षक अग्रलेख में 'प्रताप'-सम्पादक ने अपनी विचारणा प्रकट की है, "धन्य हैं वे देश और वे जातियाँ जिन्हें स्वेच्छाचारिता के विरुद्ध घोर संग्राम करना पड़ा और जिन्हें इस प्रकार की स्वाधीनता के विकास के क्षितिज को अधिक बढ़ाने का अवसर प्राप्त हुआ।···स्वत्व की बेदी पर सिर चढ़ाने का साहस उन्हीं को हुआ जिनमें कर्तव्य का भाव था, जिन्हें निरंकुशता से घृणा थी, और उसका मूलोच्छेदन करना अपना धर्म समझते थे और जिनमें इस काम के लिये प्राणों का तनिक भी मोह न था।" स्वत्व का प्रश्न गणेशशंकर विद्यार्थी विश्वमानुष के सन्दर्भ में उठाते थे, किसी संकुचित मन्तव्य से नहीं। यह जरूर है कि देश और दुनिया के ज्वलन्त प्रश्नों पर उन्होंने शुद्ध भारतीय दृष्टि से विचार किया। दुनिया के विभिन्न देशों में उद्धत रूप में सक्रिय उस राष्ट्रीय महत्वाकांक्षा को उन्होंने कड़ी भाषा में धिक्कारा, जो दूसरे के भूगोल को हड़प कर अपने को समृद्ध करना चाहती थी। राष्ट्रवाद की वह संकीर्ण सरणि गांधीवादी गणेशशंकर विद्यार्थी के संस्कार के सर्वथा प्रतिकूल थी। 'मानव हृदय का उन्माद' शीर्षक उनका अग्रलेख उनकी मानस-मनीषा का सही परिचय देता है। हिंसामूलक राजनीतिक अंधड़ के प्रतिरोध में विद्यार्थी जी ने उदग्र वाणी की रचना की थी। राजनीतिक 'सुगमता की माया' की विभीषिका पर उन्होंने निर्भीक टिप्पणी की थी, "कूटनीति की सुगमता और मन के स्वास्थ्य की अवहेलना ने किस प्रश्न को आज तक हल किया और किस देश और किस जाति के स्वास्थ्य को ऊँचा और बलवान बनाया। मृगतृष्णा के प्रलोभनों से संसार में अनेक हिरणों ने बड़ी-बड़ी उछालें मारीं, परन्तु प्यासे के प्यासे ही रहे। राजनीतिक शरीरों में विष के प्रयोगों ने विष का ही प्रचार किया, रोग कभी नहीं हटा। कूटनीति, छल, प्रपंच, धोखाधड़ी लूटमार के फल कभी मीठे नहीं हुए और भूमि पर पड़कर वे सदा रक्तबीज ही सिद्ध होते रहे।" रक्तबीज का संग्रह करने वालों को गणेशशंकर विद्यार्थी ने अपनी कृति लेखनी द्वारा बार-बार टोका। टोका आदर्श-च्युत होकर समझौते की राह पर

सरपट दौड़नेवालों को, "समझौते का उपासक व्यावहारिक कठिनता की दुर्दमनीयता का विकराल रूप देखकर घबड़ाता है, वह अपने को चतुर और नीतिकुशल के नाम से पुकारता है, वह मरना नहीं जानता। वैयक्तिक जीवन में तथा राष्ट्रीय जीवन में जिस समय आदर्श की पूजा होती है उस समय वह व्यक्ति या राष्ट्र संसार को नव-जीवन का संदेश देता है। उस समय का उसका जीवन या मरण आगामी अनन्तकाल के संसार की अमूल्य सम्पत्ति बन जाता है।" 'प्रताप'-संपादक ने अपने आदर्शभित्तिक जीवन और स्पृहणीय मृत्यु द्वारा मानव जाति के लिये उसी अमूल्य सम्पत्ति की रचना की। गणेशशंकर विद्यार्थी के आदर्श की राह गांधी की रात थी —अहिंसा और सत्याग्रह की राह। अपने पत्र के माध्यम से इस राह का विविध रूपों में वे परिचय देते रहे, अपने पाठकों को अपने आदर्श का मर्म समझाते रहे, स्वत्व-सचेत करते रहे।

'सामाजिक सदाचार' के लिये विद्यार्थी जी गांधीजी की तरह वैयक्तिक जीवन का निष्कलुष होना अनिवार्य मानते थे। अपनी धारणा को विद्यार्थी जी जिस भाषा में प्रस्तुत करते थे वह लल्लो-चप्पो की भाषा नहीं 'सुगमता की माया' में उलझे मानस को कँपा देने वाली भाषा थी। पं० सुन्दरलाल को उन्होंने एक बार लिखा था कि, "मैं 'प्रताप' को ऐसी मक्खन की गोली नहीं बनाना चाहता जिसे जो चाहे मुँह में रख ले।" साम्राज्यशाही और सामंतशाही के लिए 'प्रताप' यों ही नहीं चक्षु-शूल बन गया था। किसी भी प्रकार के पापाचार पर सीधे अंगुलि-संकेत करना 'प्रताप'-सम्पादक की स्वकीय विशेषता थी। बड़े-बड़े प्रलोभन और आतंक-मुद्रा ने गणेशशंकर विद्यार्थी को सत्याग्रह की राह से विलग करना चाहा। मगर आदर्श के लिए मर मिटने की जिसमें धुन हो उसे बाहरी परिस्थिति कर्तव्य-विरत नहीं कर पाती। हुतात्मा गणेशशंकर विद्यार्थी और महात्मा गांधी की प्राणाहुति इसी का प्रमाण है।

जब खोजी पत्रकारिता का हल्ला नहीं था तब 'प्रताप' के माध्यम से गणेशशंकर विद्यार्थी ने आम आदमी की छोटी-छोटी समस्याओं और राजशाही नकाब में छिपे देशी रियासतों के पापाचार को उजागर किया। देश के चिन्तनशील जगत् का ध्यान उस ओर आकृष्ट किया जिससे राष्ट्र की धुरी कमजोर हो रही थी। इस प्रकार पाप-प्रवीण वर्ग के विरुद्ध देश के आम आदमी के बड़े वर्ग की उन्होंने रहनुमाई की, उनकी पीड़ा और समस्या की ओर लोगों को प्रवृत्त किया। 'धर्म की आड़' में सक्रिय-हीन मनोवृत्ति से प्रदूषित होने वाली मानव सत्ता, मानवीय धरातल की मनणोन्मुख ऊष्मा, राष्ट्रीय और सांस्कृतिक क्षेत्र की 'हमारी विश्रृंखलता', 'हमारे जातीय जीवन के दोष', सुगमता की भाषा के दुष्परिणाम, राष्ट्र की नींव कमजोर करने वाले प्रत्यक्ष कारणों और 'नगर-जीवन' की अनात्मीयताजनित विकृति का उद्घाटन करते 'प्रताप'-सम्पादक गणेशशंकर

विद्यार्थी ने राष्ट्र की अस्मिता के उद्धार के लिए समग्र 'जातीय सुधार' और 'मानव-स्वत्व' पर जोर दिया। 'सत्याग्रह', 'राष्ट्रीय-शिक्षा', 'शिक्षा का माध्यम' जैसे ज्वलन्त जातीय प्रश्नों को अपनी विचारणा का विषय बनाया। समाज और 'राष्ट्र की आशा' की ओर संकेत करते 'नवयुवकों से दो बातें' की और आग्रह किया कि 'चलिये गाँव की ओर'।

भविष्यद्रष्टा मनीषी की तरह सन् 1930 में भावी पत्रकारिता के प्रति गणेशशंकर विद्यार्थी ने आशंका प्रकट की थी, "व्यक्तित्व को भुलाने की चाह न रहेगी, रह जाएगा केवल खींची हुई लकीर पर चलना।" दुर्भाग्यवश विद्यार्थीजी की आशंका सच सिद्ध हुई। पत्रकारिता का रूप-विन्यास समृद्ध हुआ है, विक्रय स्तर उन्नत हुआ है, आज का पत्रकार आर्थिक दृष्टि से समाज का सुखी और विशिष्ट स्तर का व्यक्ति माना जाता है और बहुत सारे लोग आर्थिक प्रलोभन से पत्रकारिता से जुड़ रहे हैं। किन्तु इतने बड़े देश में, इतनी साधन समृद्धि के बावजूद, आज एक भी ऐसा पत्रकार नज़र नहीं आता जिसे तिलक, विपिनचन्द्र पाल, ब्रह्म बांधव उपाध्याय, रुद्रदत्त शर्मा, अरविन्द घोष, बालमुकुन्द गुप्त, रामानन्द चटर्जी, बाबूराव विष्णु पराड़कर, महात्मा गांधी और गणेशशंकर विद्यार्थी की जाति का पत्रकार कहा जा सके। इस दीन दशा का अनुमान कर विद्यार्थी जी ने टिप्पणी की थी, मैं तो उस अवस्था को अच्छा नहीं कह सकता। ऐसे बड़े होने की अपेक्षा छोटे और छोटे से भी छोटे, किन्तु कुछ सिद्धान्तों वाले होना कहीं अच्छा। पत्रकार कैसा हो, इस सम्बन्ध में दो राय हैं। एक तो यह कि उसे सत्य या असत्य, न्याय या अन्याय के झगड़े में नहीं पड़ना चाहिए। एक पत्र में वह नरम बात कहे तो बिना हिचक दूसरे में वह गरम कह सकता है, जैसा वातावरण देखे, वैसा करे, अपने लिखने की शक्ति से हटकर पैसा कमावे, धर्म और अधर्म के झगड़े में न अपना समय खर्च करे और न अपना दिमाग ही। दूसरी राय यह है कि पत्रकार की समाज के प्रति बड़ी जिम्मेदारी है, वह अपने विवेक के अनुसार अपने पाठकों को ठीक मार्ग पर ले जाता है, वह जो कुछ लिखे, प्रमाण और परिणाम का विचार रखकर लिखे और अपनी गति-मति में सदैव शुद्ध और विवेकशील रहे। पैसा कमाना उसका ध्येय नहीं है, लोक सेवा उसका ध्येय है।" इसी विचार के पोषक गणेशशंकर विद्यार्थी थे और उन्हें अपने गुरुतर दायित्व का सही बोध था। अपने समान धर्मा पत्रकारों से उन्होंने आग्रह किया था, 'कम-से-कम आचरण के क्षेत्र में पीछे न हटे।' आचरण की उच्चता ही गणेशशंकर विद्यार्थी की पत्रकारिता और जीवन की प्रमुख विशेषता है, जिसके सामने साम्प्रतिक पत्रकारिता, चाकचिक्य के बावजूद, प्रकाशहीन लगती है।

'प्रताप' में गणेशशंकर विद्यार्थी ने लिखा था, "काम करने के दो मार्ग हैं। एक तो यह कि आगे बढ़ा जाय, लेकिन आदि से लेकर अंत तक नैतिक आधार न

छोड़ा जाय। दूसरा यह कि काम हो, और फिर चाहे जिस तरह, नैतिक आधारों के बल से या उन्हें छोड़कर। पहले ढंग से काम करनेवाले अपनी दृष्टि से अपने नैतिक सिद्धान्तों को रखते हैं। वे उन उसूलों के बल पर जीते हैं और उन्हीं पर मरने के लिए तैयार रहते हैं। वे उसूलों पर शहीद होकर अपनी लाशों का जीना तैयार करते हैं। और ऊपर चढ़ने की लालसा रखनेवाले पथिक को इस जीने पर कदम रखते हुए आकाशचुंबी चोटी पर पहुँच जाने का प्रबल संदेश देते हैं।...पहला ढंग मन को ऊपर चढ़ने के लिये मार्ग देता है, दूसरा अंत में उसे नीचे उतरने के लिये विवश करता है। पहला समाज में विश्वास और निर्भयता का साम्राज्य स्थापित करता है, दूसरा मनुष्य को मनुष्य पर बिल्कुल अविश्वास करना सिखाता है और समाज में भय और कायरता का संचार करता है।...आदर्शों पर मरना और उसके लिये जीना उन लोगों की दृष्टि में केवल मूर्खता है जिन्हें सुगमता प्रिय है, और जो हाथ के पास का लाभ ही देख सकते हैं, और जिनकी संख्या अब दिन-दिन बढ़ती ही जाती है।" सुगमताप्रिय भीड़ में गणेशशंकर विद्यार्थी विरल व्यक्ति थे, जो काम करने की पहली राह के राही थे, और जो निजी स्वार्थ से विरल होकर साम्राज्यशाही जुल्म को निछोह धक्का मारने वाली वाणी की रचना करते रहे। नैतिक मूल्यों से आलोकित आदर्श की वह राह उन्हें प्रिय थी, जो सिद्धान्त-रक्षा के निमित्त प्राणाहुति करने की प्रेरणा और शक्ति देती है। मजहबी दायरे में सिमट रहे और हिंसा-औद्धत्य के प्रहार से टूट रहे मानवीय संवेदना-द्वंद की रक्षा करते प्राणाहुति देकर गणेशशंकर विद्यार्थी ने मानवीय मूल्यों के पक्षधर और अपने वारिस पत्रकारों को दायित्वनिष्ठा तथा मरने की कला सिखायी; महात्मा गांधी जैसे लोकनायक के मन में इस मृत्यु-राह से गुजरने की स्पृहा जगायी। और इतिहास के पन्ने पर यह तथ्य टाँका गया कि गांधीजी की स्पृहा पूरी हुई कि अपनी लोकयात्रा के अन्तिम बिन्दु पर उन्हें उस नियति का साक्षात्कार हुआ जो गणेशशंकर विद्यार्थी जैसे मानव-स्वत्व की रक्षा में समर्पित दुनिया के हर मनुष्य को आखिरी क्षण उपलब्ध होती है।

मूल्य भितिक पत्रकारिता के अन्यतम पुरस्कर्ता : माखनलाल चतुर्वेदी

आज से करीब सात दशक पूर्व देश को आगाह करते पं० माखनलाल चतुर्वेदी ने 'कर्मवीर' की प्रथम सम्पादकीय टिप्पणी में लिखा था, "यह अकेले रहने और टुकड़े-टुकड़े होने का युग नहीं है"। विच्छिन्नतावादी अंधड़ से आक्रान्त साम्प्रतिक भारत के लिए यह चेतावनी अधिक प्रासंगिक है। माखनलाल चतुर्वेदी तथा और भी अनेक विद्या-विशिष्ट एवं प्रातिभ पुरुष—तिलक और अरविन्द जैसे लोगों ने पत्रकारिता को देश-सेवा का सशक्त माध्यम मानकर उसे अपनी साधना-सरणि के रूप में चुना था। तब साम्राज्यशाही शिकंजे से देश को मुक्त करने की चिन्ता प्रधान चिन्ता थी।

देशोद्धार की उपयुक्त पंथा के रूप में ही तब पत्रकारिता को सक्षम लोगों ने अपनाया था जैसे मनीषी, कवि और विद्या-साधकों ने पराधीनता-काल में राजनीतिक सक्रियता को आपद्धर्म के रूप में शीर्ष महत्त्व का दायित्व समझा था। देश-प्रीति की प्रेरणा और जातीय संकट के आग्रह से ही लोकमान्य तिलक, श्री अरविन्द और पं० माखनलाल चतुर्वेदी राजनीति और पत्रकारिता से जुड़े थे।

माखनलालजी के आदर्श थे लोकमान्य तिलक। उन्हें उग्र राष्ट्रवाद की दीक्षा दी थी बंगप्रवासी और बांग्ला के प्रख्यात लेखक-पत्रकार मराठी भाषी पं० सखाराम गणेश देउस्कर ने। देउस्करजी न केवल पं० माखनलाल चतुर्वेदी बल्कि अपने भांजे पं० बाबूराव विष्णु पराड़कर, पं० लक्ष्मण नारायण गर्दे और पं० अम्बिका प्रसाद वाजपेयी जैसे शीर्षस्थ हिन्दी पत्रकारों के प्रेरणा-पुरुष थे।

पं० माधवराव सप्रे को चतुर्वेदी जी अपना गुरु मानते थे। राष्ट्रवाद ही पं० माखनलाल चतुर्वेदी का सजातीय भाव था, जो उनकी पत्रकारिता और साहित्य में विविध मुद्राओं में अभिव्यक्त हुआ है। यह ऐतिहासिक सच्चाई है कि लोकमान्य तिलक को अपना उपास्य मानने वाले पं० माखनलालजी की वैष्णव

निष्ठा और प्रगतिशील दृष्टि उन्हें गांधीजी की राह पर सहज ही खींच ले गयी। तिलकपंथी चतुर्वेदी जी की प्रतिभा महात्मा गांधी और उत्तरकाल में विनोबा भावे की हिमायत में मुखर हुई। स्मरणीय है कि वार्द्धक्यकाल में भी 'भारतीय आत्मा' की उदग्र मुद्रा म्लान नहीं हुई थी। विनोबा को समय का रहनुमा मानने वाले हिन्दी के बूढ़े कवि भारतीय आत्मा ने साठ के दशक में, जब देश के स्वाभिमान पर बाहरी शक्ति ने आघात किया था, देश की तरुणाई को अपनी ओजस्वी मुद्रा में हाँक लगायी थी, देश के लिए प्राणाहुति देने के उपयुक्त मूहूर्त की घोषणा की थी। और 'कर्मवीर' की युवा ऊर्जा की याद ताजा हो गयी थी। 'कर्मवीर' का डिक्लरेशन लेते समय उन्होंने जिस चारित्रिक दृढ़ता का प्रमाण दिया था वह शेष तक अशिथिल रही।

तिलकपंथी युवा माखनलालजी ने आयरिश मजिस्ट्रेट को उदग्र अंदाज में मुँहतोड़ जवाब दिया था, वही उदग्रता उनकी वाणी में तब जागृत हुई थी जब मित्र राष्ट्र के विश्वासघात का वे 1962 में यानी अपनी बुढ़ौती में पूरी शक्ति-मत्ता के साथ प्रतिवाद कर रहे थे :

बूढ़ों की क्या बात युगों की तरुणाई के दिन आये हैं,
चट्टानों, सन्दकों, पहाड़ों की खाई के दिन आये हैं।
गंगा माँग रही है मस्तक, जमना माँग रही है सपने,
आज जवानी स्वयं टटोले सिर हथेलियाँ अपने-अपने।

× × ×

चलो सजाओ सैन्य, समय की भरपाई के दिन आये हैं।
आज प्राण देने के, युग की तरुणाई के दिन आये हैं।

सन् 1930 का युवा तेवर स्मरणीय है। 'कर्मवीर' के प्रादुर्भाव-प्रसंग को स्मरण करते पं० माखनलाल चतुर्वेदी ने अपने जीवनी-लेखक से कहा था, "जिला मजिस्ट्रेट मि० मिथाइस से मिलने पर जब मुझसे पूछा गया कि एक अंग्रेजी (वीकली) के होते हुए मैं हिन्दी साप्ताहिक क्यों निकालना चाहता हूँ, तब मैंने उनसे निवेदन किया कि—"आपका अंग्रेजी साप्ताहिक तो दब्बू है। मैं वैसा पत्र नहीं निकालना चाहता। मैं ऐसा पत्र निकालना चाहूँगा कि ब्रिटिश शासन चलते-चलते रुक जाय'।"

यही चारित्रिक बल और देशमाता के उद्धार के लिए कठोर चुनौतियों से पंजा लड़ाने तथा खतरों से खेलने का सहज उत्साह पूर्व स्वातंत्र्य-काल की पत्र-कारिता की ज्वलन्त पहचान है। और दुर्भाग्यवश आजाद देश की चारित्रिक धुरी ही शिथिल हो गयी। इस दुर्भाग्यपूर्ण स्थिति को, पुरानी पीढ़ी की चारित्रिक ऊष्मा और साम्प्रतिक काल के चारित्रिक स्खलन को रेखांकित करते अज्ञेय ने लिखा है, "हिन्दी पत्रकारिता के आरम्भ के युग में हमारे पत्रकारों की जो प्रतिष्ठा

थी, वह आज नहीं है। साधारण रूप से तो यह बात कही जा ही सकती है, अपवाद खोजने चलें तो भी पावेंगे कि आज का एक भी पत्रकार या संपादक, वह सम्मान नहीं पाता जो कि पचास-पचहत्तर वर्ष पहले के अधिकतर पत्रकारों को प्राप्त था।…"

आज के सम्पादक-पत्रकार अगर इस अन्तर पर विचार करें तो स्वीकार करने को बाध्य होंगे कि वे न केवल कम सम्मान पाते हैं बल्कि कम सम्मान के पात्र हैं—या कदाचित् सम्मान के पात्र बिलकुल नहीं है, जो पाते हैं वह पात्रता से नहीं दूसरे कारणों से।

"पत्रकार, सम्पादक, आलोचक की अप्रतिष्ठा का प्रमुख कारण यह है कि उसके पास मानदंड नहीं है। यही हरिश्चन्द्र कालीन सम्पादक-पत्रकार—या उतनी दूर न जावें तो महावीर प्रसाद द्विवेदी का समकालीन भी हमसे अच्छा था। उसके पास मानदंड थे, नैतिक आधार थे और स्पष्ट नैतिक उद्देश्य भी। उनमें से अगर कोई ऐसे भी थे जिनके विचारों को हम दकियानूसी कहते, तो भी उनका सम्मान करने को हम बाध्य होते थे। क्योंकि स्पष्ट नैतिक आधार पाकर वे उन पर अमल भी करते थे—वे चरित्रवान थे। आज—विचार-क्षेत्र में हम अग्रगामी भी कहला लें तो कर्म के नैतिक आधारों की अनुपस्थिति में निजी रूप से हम चरित्रहीन ही हैं और सम्मान के पात्र नहीं हैं…।" यह धारणा आजादी के पूर्व और पश्चात् की हिन्दी पत्रकारिता को अपनी कृती भूमिका से विशिष्ट समृद्धि देने वाले व्यक्ति की धारणा है, जो सुविधाजीवी पत्रकारों को आघात दे सकती है। किन्तु पीड़क तथ्य है कि वह दायित्व-सजगता और बोध आज म्लान पड़ गया है कि पत्रकार की भूमिका एक सच्चे लोक-नायक की भूमिका होती है। इस दायित्व-बोध के चलते पूर्ववर्ती पीढ़ी के पत्रकारों को द्वीपान्तरित होना पड़ा, जेल की असह्य यातना झेलनी पड़ी, प्राणाहुति देनी पड़ी।

उन्हीं पत्रकारों के सगोत्री थे 'कर्मवीर'-सम्पादक पं० माखनलाल चतुर्वेदी। पीड़क तथ्य है कि 'भारतीय आत्मा' की अनेकमुखी साधना से दीप्त खंडवा का जो 'कर्मवीर'-कार्यालय-भवन हिन्दी और जातीय चेतना का प्रमुख तीर्थ बन गया था वहाँ से 'कर्मवीर'-सम्पादक को वार्द्धक्य काल में हटाने के लिए, उसके जातीय अवदान को नज़रअन्दाज़ कर, आजाद देश की व्यवसाय-बुद्धि ने कानूनी कार्रवाई की थी, और पं० माखनलालजी की सत्याग्रही सेना के छुटभइये सरकारी प्रासाद के विलास में लीलारत थे! 'कर्मवीर'-सम्पादक की जागरूक दृष्टि में तप और भोग का असंतुलन स्पष्ट था। महान प्रयोजन से अपनी हड्डियाँ गलाकर साधन-शक्ति और मुक्त आबोहवा की रचना करने वाले तथा अपनी तिकड़म बुद्धि से उसका लाभ लूटने वाले के अन्तर को माखनलालजी की जागरूक प्रज्ञा समझती थी।

25 सितम्बर 1925 की 'कर्मवीर' की सम्पादकीय टिप्पणी का शीर्षक है—'किसानों का सवाल'। भारतीय किसानों की महत्ता और दुर्दशा को उजागर करते पं० माखनलालजी ने किसानों की तपस्या का फल भोगने वाले साधन-सम्पन्न लोगों को प्रकारांतर से चेतावनी दी थी, "उसे पता नहीं कि संसार में जन्म लेकर आने के बाद उसका काम संकट उठाना और कुत्ते बिल्लियों की तरह जीवन बिताना और अनाज पैदा करके संसार के राक्षसों का पोषण करना ही नहीं है। उसे नहीं मालूम कि धनिक तब तक जिन्दा है, राज्य तब तक कायम है, ये सारी कौंसिले तब तक हैं, जब तक वह अनाज उपजाता है और मालगुजारी देता है। जिस दिन वह इन्कार कर दे उस दिन समस्त संसार में महाप्रलय मच जायेगा। उसे नहीं मालूम कि संसार का ज्ञान, संसार के अधिकार और संसार की ताकत उससे किसने छीनकर रखी है और क्यों छीन रखी है। वह नहीं जानता कि जिस दिन वह अज्ञान इन्कार कर उठेगा उस दिन ज्ञान के ठेकेदार स्कूल फिसल पड़ेंगे। कालेज नष्ट हो जावेंगे और विश्वविद्यालय धूल में मिल जायेंगे। उसे नहीं मालूम कि जिस दिन उसका खून चूसने के लिए न होगा, उस दिन देश में यह उजाला, यह चहल-पहल, यह कोलाहल न होगा।" चहल-पहल और विलास में डूबे आजाद देश के राजनेताओं को, आजादी की आबोहवा रचने वाले तपस्वियों के बलिदान को, बोध कराने वाले पत्रकार आज विरल हो गये हैं। मूल्यों के पहरुए अपनी भूमिका से स्खलित हो गये हैं।

इतिहास के पन्नों पर यह तथ्य अंकित है कि पराधीनता काल के पत्रकारों को देश के दुर्भाग्य-मोचन के लिए कई मोर्चों पर कठोर संघर्ष करना पड़ा था। हिन्दी पत्रकारिता ही नहीं, उत्तर उन्नीसवीं और बीसवीं शताब्दी के आरम्भिक दशकों की सम्पूर्ण भारतीय पत्रकारिता का आदर्श उद्देश्य एक था। उनके पीछे एक ही प्रेरणा थी—शुद्ध राष्ट्रीय प्रेरणा। 'बन्देमातरम्' के सम्बन्ध में श्री अरविन्द ने लिखा है, "इसका जन्म एक सामाजिक आवश्यकता की पूर्ति और समष्टिहित के उद्देश्य से हुआ था, न कि किसी व्यक्तिगत महत्वाकांक्षा से प्रेरित होकर व्यक्ति-सुख के लिए। इसका आविर्भाव उस विशेषकाल में हुआ था जो जातीय संक्रान्ति का काल था।" उस संक्रान्ति-काल में भारतीय पत्रकारों ने—लोकमान्य तिलक, विपिनचन्द्र पाल, लाला लाजपत राय, श्री अरविन्द घोष, ब्रह्मबान्धव उपाध्याय, कस्तूरी रंगा आयंगर, सुरेन्द्रनाथ बनर्जी, मोतीलाल घोष, महामना मदनमोहन मालवीय, महात्मा गांधी, दुर्गाप्रसाद मिश्र, सदानन्द मिश्र, बालमुकुन्द गुप्त, सखाराम गणेष देउस्कर, रुद्रदत्त शर्मा, अमृतलाल चक्रवर्ती, माधवराव सप्रे, बाबूराव विष्णु पराड़कर, रामानन्द चटर्जी, अम्बिका प्रसाद वाजपेयी, लक्ष्मण नारायण गर्दे, माखनलाल चतुर्वेदी तथा गणेशशंकर विद्यार्थी जैसे मनीषी पत्रकारों ने—जोखिमभरी जातीय जिम्मेदारी विधिवत् पूरी

की और स्वातंत्र्य-संग्राम के इतिहास में उनकी अग्रणी भूमिका को टाँका गया।

'सुबोध-सिन्धु' पं० माखनलाल चतुर्वेदी के लिए पत्रकारिता का प्रवेश द्वार था। मराठी साप्ताहिक-'सुबोध सिन्धु' का हिन्दी संस्करण 1910 के आसपास माणिकचन्द जैन के संरक्षण में प्रकाशित हुआ था। उसके बाद 'प्रभा', 'कर्मवीर' और 'प्रताप' प्रमुख पत्र हैं जिसके सम्पादक के रूप में पं० माखनलाल चतुर्वेदी पूरे हिन्दी जगत् में ख्यात और सम्मानित हुए। 7 अप्रैल 1913 को 'प्रभा' का प्रथम अंक प्रकाशित हुआ था। 'प्रभा' सचित्र मासिक पत्रिका थी, जिसकी विविध विषयों की अधिकांश सामग्री माखनलालजी को स्वयं तैयार करनी पड़ती थी, यद्यपि लेखकों का सहयोग उसे मिलने लग गया था। आचार्य महावीर प्रसाद द्विवेदी ने अपनी 'सरस्वती' में 'प्रभा' की प्रशंसा की थी। पं० माखनलालजी की युवा प्रतिभा की अभिव्यक्ति 'प्रभा' के पृष्ठों पर मुखर है। 'प्रभा' उनके सम्पादन में दो वर्षों तक निकली और उसकी ज्योति ने सम्पूर्ण हिन्दी संसार को स्पर्श किया। 'प्रताप'-संपादक गणेश शंकर विद्यार्थी के जेल जाने पर श्री कृष्ण दत्त पालीवाल के आग्रह पर पं० माखनलाल चतुर्वेदी ने अक्टूबर 1923 से मार्च, 1924 तक 'प्रताप' का सम्पादन किया।

16 जनवरी 1920 को जबलपुर से पं० माखनलाल चतुर्वेदी के संपादन में 'कर्मवीर' प्रकाशित हुआ। पं० माखनलालजी की गिरफ्तारी के चलते 'कर्मवीर' का प्रकाशन कुछ समय के लिए अवरुद्ध हो गया। पुनः 4 अप्रैल 1925 से इसका प्रकाशन खंडवा से शुरू हुआ और चतुर्वेदी जी के सम्पादन में 11 जुलाई, 1959 तक निकलता रहा। 'कर्मवीर' की प्रथम संपादकीय टिप्पणी में माखनलालजी ने लिखा था "यह अकेले रहने और टुकड़े-टुकड़े होने का युग नहीं है।" आज से सत्तर वर्ष पूर्व देश को सचेत करते 'कर्मवीर'-सम्पादक ने जो बात कही थी, भारत के सन्दर्भ में आज उसका महत्त्व बढ़ गया है, जब विच्छिन्नतावादी शक्तियाँ देश की जातीय धुरी को क्षत करने के लिए सनकी मुद्रा में उठ रही हैं। जातीय आबोहवा की वर्तमान हिंसा-मुद्रा को देखते 'कर्मवीर' की भूमिका सहज ही स्मरण हो आती है जो आज के पत्रकारों और राजनेताओं को सही दिशा-निर्देश दे सकती है। 'राष्ट्रीय हलचल' पर टिप्पणी करते 20 मार्च 1920 को 'कर्मवीर' संपादक ने लिखा था, "शस्त्र लेना, यह पथ कमजोरों का है। इस पथ के पापियों ने सभ्यताओं का संहार किया है और मैदिनी के शरीर के खून के झरने बहाये हैं।" स्मरणीय है, गांधीजी का सत्याग्रह आन्दोलन उठान पर था। सत्याग्रह में अपनी आस्था प्रकट करते, तिलकपंथी पं० माखनलाल चतुर्वेदी ने सत्याग्रह की महत्ता को रेखांकित करते, 'कर्मवीर' में 24 जनवरी, 1920 को लिखा था—"सत्याग्रह वहाँ भी विजयी होता है जहाँ कमान्डरों की क्रूरता मनुष्यता को रक्त-स्नान करा रही हो।" इस प्रकार गांधीजी के सत्याग्रह-आन्दोलन के प्रति

'कर्मवीर' देश में अनुकूल आबोहवा तैयार करने में क्रियाशील था। इसी वर्ष यानी 5 सितम्बर 1920 को काशी से पं० बाबूराव विष्णु पराड़कर के सम्पादन में दैनिक 'आज' का प्रकाशन हुआ। लोकमान्य तिलक को श्रद्धांजलि देते 'आज' की प्रथम सम्पादकीय टिप्पणी में पराड़करजी ने तिलक के निर्देश को स्मरण किया था, "सबसे प्रधान उपदेश यही था कि स्वराज्य प्राप्त करने का प्रयत्न करो, लोगों को उनके स्वाभाविक अधिकार समझा दो तथा धर्मत: कर्तव्य पालन करते हुए भी यदि विघ्न उपस्थित हो तो उसकी परवाह मत करो और ईश्वर के न्याय पर विश्वास रखो। यह उपदेश पालन करना हमारे जीवन का उद्देश्य होगा।" न केवल पराड़करजी, बल्कि उस युग की पत्रकारिता इसी उद्देश्य से प्रेरित थी। लोकमान्य तिलक, श्री अरविन्द, बाबूराव विष्णु पराड़कर, माखनलाल चतुर्वेदी, गणेश शंकर विद्यार्थी एक ही संवेदना के पत्रकार संपादक थे, जिनके व्यक्तित्व में जातीय अभीप्सा स्फूर्त थी और लोक-शिक्षण जिनका धर्म था। अपने धर्म की महत्ता से वे भली प्रकार परिचित थे, उसकी रक्षा और समृद्धि के लिए पूरी तरह सचेत-सक्रिय थे। स्वाभाविक था कि उस काल की युवा ऊर्जा को 'प्रताप', 'कर्मवीर' और 'आज' से भरपूर पोषण मिलता था। हिन्दी भाषी क्षेत्र की जागरूक युवा-पीढ़ी के आदर्श थे बाबूराव विष्णु पराड़कर, माखनलाल चतुर्वेदी और गणेशशंकर विद्यार्थी। उर्दू के महान शायर फिराक ने स्वीकार किया है कि 'कर्मवीर' में पं० माखनलाल चतुर्वेदी के लेख मेरे और मेरे जैसे लाखों देश-निवासियों में गुलामी के खिलाफ ऐसा जोश पैदा कर देते थे जिसे भुलाया नहीं जा सकता। इनके लेखों को पढ़ने से ऐसा मालूम होता था कि आदि शक्ति शब्दों के रूप में उतर रही है। यह शैली हिन्दी में ही नहीं, भारत की दूसरी भाषाओं में भी बिरले ही लोगों को नसीब हुई। मुझ जैसे हजारों लोगों ने अपनी भाषा और लिखने की कला माखनलालजी से सीखी।" वह पीढ़ी थी जिसके चरित्र के धवल धरातल को पैसे और प्रभुता का प्रलोभन प्रदूषित नहीं कर सकता था। लोकनायक की गुरुतर भूमिका पूरी करने के लिए चारित्रिक दृढ़ता और धवलता पहली शर्त है। इसी बल पर पराड़करजी, माखनलालजी, गणेशशंकर विद्यार्थी, और उनके गोत्र के दूसरे पत्रकारों ने अपने गुरुतर दायित्व को, नाना विपत्तियों और प्रत्यूहों से जूझते हुए, पूरा किया और अपनी धर्म-साधना से तुष्ट रहे, यद्यपि अपने आदर्श की रक्षा करते हुए जागतिक अभावजनित दंश की आँच में उन्हें झुलसना पड़ा। अपनी भूमिका को स्मरण करते गर्व-स्फूर्त मुद्रा में पं० माखनलाल चतुर्वेदी ने कहा है, "मैंने तो जर्नलिज्म में साहित्य को स्थान दिया है। बुद्धि के ऐरावत पर म्युनिसिपल का कूड़ा ढोने का जो अभ्यास किया जा रहा है अथवा ऐसे प्रयोग से जो सफलता प्राप्त की जा रही है उसे मैं पत्रकारिता नहीं मानता। निन्दा और स्तुति के ग्राहकों को छोड़कर केवल गुणग्राहकों का समूह रह जाता

है जिस पर पत्र चलाना पड़ता है। इतनी धीरज और पाबंदी स्वीकार करनी पड़ती है—तब भी केवल साप्ताहिक पत्र पर जीवन-यापन का उदाहरण केवल 'कर्मवीर' है···मैंने उसके द्वारा सरकार की कठोर से कठोर आलोचना की है। जब राजाओं और प्रजाओं की लड़ाई रियासतों में चलती थी तब प्रजा का सहायक था, पर ब्रिटिश सरकार और राजाओं की लड़ाई में राजाओं का सहायक रहा हूँ।"

पं० माखनलाल जी मूलत: कवि थे। वे अपने मूल धर्म के प्रति पूर्ण सचेत थे। उनकी पत्रिका 'प्रभा' और 'कर्मवीर' साहित्यिक-सांस्कृतिक सामग्री से सम्पन्न थी। माखनलालजी की और परवर्ती काल में अज्ञेय की कविता और पत्रकारिता के प्रति समान निष्ठा थी। अपने मूल धर्म की विधिवत् रक्षा करते पत्रकारिता के सांस्कृतिक आयाम को समृद्ध करने वाली वैसी प्रातिभ सजगता विरल हो गयी। कवि माखनलाल चतुर्वेदी और अज्ञेय विशिष्ट गद्यशिल्पी भी थे, इसलिए पत्रकारिता की भाषा को उन्होंने नयी मुद्रा से समृद्ध किया, भाषा के चालू शिल्प को तोड़ा और उसे साहित्य-भाषा के धरातल के करीब पहुँचाया। भाषा संस्कार-चेष्टा के मूल में स्वभाषा-प्रीति ही नहीं, हिन्दी भाषी समाज के भाषा-संस्कार के उन्नयन की सहज चिन्ता थी। आज हिन्दी में असंख्य पत्र-पत्रिकायें समृद्ध साज-सज्जा के साथ निकल रही हैं, किन्तु एक भी ऐसी पत्रिका नहीं है जो हिन्दी के विवेक और प्रतिभा का समग्रता में प्रतिनिधित्व कर रही हो। इस गुरुतर दायित्व को 'सरस्वती' की तरह 'प्रभा' और 'कर्मवीर' ने पूरा किया था। आजाद देश में वही कृती भूमिका थी 'प्रतीक' और 'कल्पना' की।

'कर्मवीर'-संपादक का और उनकी उज्ज्वल विरासत का विधिवत् स्मरण आज अधिक प्रासंगिक है, क्योंकि रंगीन प्रलोभनों में फँसी साम्प्रतिक पत्रकारिता मूल प्रतिज्ञा को छोड़कर सनकी मुद्रा में सामाजिक मूल्यों का संहार करने लगी है। इस अधोगामी दशा का अन्दाज पुराने पत्रकारों को था। वृन्दावन साहित्य सम्मेलन के अवसर पर, सुविधाजीवी और विलासप्रिय पत्रकारों के हीन आचरण पर टिप्पणी करते, पराड़करजी ने कहा था, "पत्र बेचने के लोभ से अश्लील समाचारों को महत्व देकर तथा दुराचरण मूलक अपराधों का चित्ताकर्षक वर्णन कर हम परमात्मा की दृष्टि में अपराधियों से भी बड़े अपराधी ठहर रहे हैं, इस बात को कभी न भूलना चाहिये। अपराधी एकाध पर अत्याचार करके दण्ड पाता है और हम सारे समाज की रुचि बिगाड़कर आदर पाना चाहते हैं।" इसी विडम्बना और दुर्भाग्य से ग्रस्त है साम्प्रतिक पत्रकारिता। मगर आज के नामावर पत्रकारों को पुराने तत्वज्ञान से कुछ भी सरोकार नहीं है। उन्हें आधुनिकता का और तकनीकी विकास से चमकती पत्रकारिता की चटक मुद्रा का गुमान है। भोग-भूख के कायल पत्रकार सामाजिक औचित्य के पक्षधर और लोक-मंगल के

आग्रहीं न हों तो अचरज की बात नहीं है। इस स्खलन पर व्यथित चित्त हो पं० माखनलाल चतुर्वेदी ने टिप्पणी की थी, "दुख है कि सारे क्रान्तिवाद, प्रगतिवाद और न जाने किन-किन वादों के रहते हुए हमने अपनी इस महान कला को प्रायः पूंजीपतियों के चरणों में अर्पित कर दिया है।" आश्वासन यह है कि युवा पीढ़ी समझने लगी है कि पत्रकारिता भोग की माया में, आज के राजनीतिकों की तरह, फँसकर अपनी विधायक भूमिका से च्युत हो गयी है। युवा पीढ़ी में ऊँचे आदर्श की भूख होती है। साम्प्रतिक राजनीति और पत्रकारिता उसे अपेक्षित पोषण देने में विफल सिद्ध हो रही है। और युवा पीढ़ी तवारीख के पन्नों के प्रति सुमुख हो रही है। विकल्प-संधान की व्याकुल स्पृहा विरासत के आलोक-स्तम्भों को स्पर्श करने लगी है। यह शुभ सम्भावना का संकेत है। कदाचित् युवा ऊर्जा को विधायक दिशा की राह विरासत ही दिखावे, वही अपेक्षित विचार-पोषण दे और नयी प्रज्ञा का उदय हो, जो वर्तमान प्रदूषण-अंधकार को पराजित करने वाली ज्योति की रचना कर सके और जिन मूल्यों-आदर्शों के लिये पं० माखनलाल चतुर्वेदी की पीढ़ी कृती भूमिका रचती रही उनकी सुरक्षा-सम्वर्द्धन का आश्वास-बोध जग सके।

प्रेमचन्द की पत्रकारिता : 'पागल साधना-प्रेम' की एक दिशा और आज की पत्रकारिता

कथा शिल्पी प्रेमचन्द सामान्य अर्थ में पत्रकार नहीं थे, किन्तु पत्रकारिता से उनका उतना ही निकट सम्बन्ध था जितना भारतेन्दु से लेकर भारती तक हिन्दी के प्रायः सभी अग्रणी कृती लेखकों का रहा है। प्रेमचन्द की अग्रज-पीढ़ी और अनुज-पीढ़ी के साहित्यकारों ने लघु पत्रिका आन्दोलन का हल्ला भले ही न किया हो, किन्तु उनका आदर्श और प्रेरणा वही थी, प्रतिकूल परिस्थिति से लड़ाई भी उतनी ही कठोर थी। प्रेमचन्द और हिन्दी के तमाम साहित्यकार पत्रकारिता के उसी पक्ष और आदर्श से सक्रिय रूप में जुड़े थे जिसका इनकलाबी मुद्रा में आज ढोल अधिक पीटा जाता है, इस हठीले दावे के साथ कि लघु पत्रिका की चेतना अभी-अभी जन्मी है, और इसके जनक हम हैं। ऐसा दम्भ विचार-जगत् को प्रकाशहीन बनाता है।

वैचारिक प्रकाश की रक्षा और समृद्धि के लिये ही प्रेमचन्द को पत्रकारिता की असुविधाजनक राह से यात्रा करनी पड़ी थी। 23-5-33 को उन्होंने रामचन्द्र टंडन को लिखा था कि "मैं तो एक हरकारा मात्र हूँ और सदा ऐसे कामों में हाथ डालने की चेष्टा करता रहता हूँ जिसके लिये मैं नहीं बनाया गया। पत्रकार-कला से मेरा स्वभावगत विरोध है पर परिस्थितियों से विवश होने के कारण उसे स्वीकार करने को बाध्य हुआ हूँ।" यह बाध्यता प्रेमचन्द के साथ कदाचित् इसलिये जुड़ी हुई थी कि उस विशिष्ट रोशनी की रचना की प्रेरणा उन्हें अशांत-उद्वेलित किये हुए थी, जो अंधकार में डूबे दिशाहारा समाज के उद्धार की राह दिखाने वाली रोशनी थी। महात्मा गांधी राजनीति की राह से उसी प्रकाश को जगाने में लगे हुए थे। प्रेमचन्द का कथा-संसार दिशाहारा समाज को उचित दिशा दिखाकर स्वत्व-सचेत बना रहा था, नयी शक्ति जगा रहा था। अपने इस जागरण-अभियान को अधिक खुलासा और तीव्र बनाने के लिए प्रेमचन्द को पत्रकारिता की राह

माफिक जान पड़ी। प्रेमचन्द के मन में एक विशेष आग्रह-आकांक्षा थी। मनुष्य जाति के प्रति अपनी विशेष भूमिका द्वारा मनुष्य के हृदय में अपना स्थायी चिह्न बनाने की आकुल साध प्रेमचन्द के हृदय में थी, कहानी रचकर वे कहानी बनना चाहते थे। मगर उन्हें बराबर आशंका रहती थी कि "मैं किसी क्षेत्र में कोई स्थायी चिह्न अंकित करने में असमर्थ हूँ।" रामचन्द्र टंडन के नाम उसी पत्र में उन्होंने लिखा था, "मेरी यह भावना…मुझे मूर्खतापूर्ण कामों के लिए उकसाती रहती है। 'हंस' से जूझते बड़े खिन्न मन से प्रेमचन्द ने यह वाक्य लिखा था। पत्रकारिता को प्रेमचन्द मूर्खतापूर्ण काम नहीं मानते थे। यह वाक्य उनकी नाना कठिनाइयों की मार से जन्मी लाचारी का संकेत भर देता है। निःसंदेह प्रेमचन्द जैसे महान कथाशिल्पी के लिए पत्रकारिता के व्यवहारिक पक्ष की कठिनाइयों को हल करना आसान नहीं था। यद्यपि उन्होंने कठिनाइयों को हल करने की भरपूर कोशिश की। यहाँ तक समझौता किया अपनी विपरीत परिस्थिति से कि जिन्हें वे समाज का शत्रु मानते थे, 'हंस' की अस्तित्व रक्षा के लिए, उनकी सहायता की कामना की।[1] इस प्रकार संतान प्रतिभ प्रिय अपनी पत्रिका 'हंस' को जीवित और गत्वर रखने के लिए प्रेमचन्द को अनेक भूमिकाओं पर उतरना पड़ा, नाना समस्याओं से घिरना पड़ा। उस समय की उनकी मनोदशा उनके व्यक्तिगत पत्रों में दिखायी पड़ती है। प्रतिकूल परिस्थिति की कठोर मार को झेलते, खीझते और अपने मिशन के लिए जूझते प्रेमचन्द की उस समय की मनोदशा पराजय का भ्रम पैदा करती है, मगर सजग दृष्टि से देखने पर वहाँ आस्था की रोशनी का साक्षात्कार होता है, जो नयी साहित्य-पीढ़ी के लिए प्रेरणा और शक्ति का अप्रतिम आधार है।

आर्थिक निश्चितता, पूरी स्वाधीनता और इत्मीनान के साथ साहित्य-रचना की स्पृहा से प्रेमचन्द ने प्रेस खोला था। पत्रकार बनने की साध पुरानी थी। मगर प्रेस खोलकर प्रेमचन्द ने अनजाने में असंख्य समस्याओं को नेवता दे दिया था। आर्थिक निश्चिन्तता की परिकल्पना आर्थिक तंगी का कारण बन गयी थी। अपने आत्मीय जैनेन्द्र कुमार को 14 फरवरी, 1934 को बड़े उदास मन से प्रेमचन्द ने लिखा था, "सारी विपत्ति की जड़ तो यह प्रेस है। न जाने किस बुरी साइत में उसकी बुनियाद पड़ी थी। 10 हजार रुपये, 11 साल की मेहनत और परेशानियाँ अकारथ गयीं। इसी प्रेस के पीछे कितने मित्रों से बुरा बना, कितनों से वायदा खिलाफी की, कितना बहुमूल्य समय जो लिखने-पढ़ने में कटता, बेकार प्रूफ देखने में कटा। मेरी जिन्दगी की यह सबसे बड़ी गलती है।" इस गलती को सुधारने के लिए प्रेमचन्द ने जितने उपक्रम किये सब प्रतिकूल सिद्ध हुए। अपने प्रेस स प्रेमचन्द

1. द्रष्टव्य—कलम का सिपाही, पृ० 538-39

ने अपना पत्र 'हंस' मार्च, 1930 में निकाला। 'माधुरी' से पत्रकारिता का अनुभव प्राप्त कर लिया। स्वतंत्र पत्र, यानी जिसमें पूरा अभिव्यक्ति-स्वातंत्र्य हो, निकालने की स्पृहा और अपने सरस्वती प्रेस को एक सहारा देने की चिन्ता ने 'हंस' के प्रकाशन की प्रेरणा दी। प्रेमचन्द की एक और आकांक्षा थी जिसका संकेत श्रीराम शर्मा को लिखे अपने पत्र में दिया है, "मेरी बड़ी से बड़ी आकांक्षा है—देहात में बैठकर शान्तिमय जीवन बिताऊँ। आप जानते हैं मैं स्वयं देहाती हूँ और मैंने अपनी कृतियों के माध्यम से अपने देहाती भाइयों के ऋण को उतारने का प्रयत्न किया है। 'हंस' के निकालने का यही उद्देश्य रहा है—देहात में रहना, कुछ साहित्य-सेवा सम्पादन-कार्य और देहातियों से मिल जुलकर बैठना।" मगर प्रेमचन्द की यह साध पूरी न हो सकी। प्रेस की तरह 'हंस' भी घाटे का सौदा सिद्ध हुआ। घाटा झेलते प्रेमचन्द 'हंस' को जिलाये जा रहे थे। 'हंस' की अस्तित्व-रक्षा के लिए प्रेमचन्द जागरण से जुड़े। मित्रों के व्यावहारिक सुझाव प्रेमचन्द को मान्य नहीं थे। कहानीकार सुदर्शन की आत्मीय सलाह के जवाब में प्रेमचन्द ने कहा था, "भाईजान, सिर्फ रुपया कमाना ही आदमी का उद्देश्य नहीं है। मनुष्यत्व को ऊपर उठाना और मनुष्य के मन में ऊँचा विचार पैदा करना भी उसका कर्तव्य है। अगर यह नहीं है तो आदमी और पशु दोनों बराबर हैं, और जिसके हाथ में भगवान ने कलम और कलम में तासीर दी है, उसका कर्तव्य तो और बढ़ जाता है।"[1]

अपनी कलम की शक्ति से प्रेमचन्द परिचित थे और इसलिए अपने बड़े दायित्व को भी भली प्रकार समझ रहे थे। सीमित दायरे में बँधकर और एक बँधी जीवन-चर्या में रहकर अपने महत् रचनात्मक दायित्व को पूरा करना प्रेमचन्द के स्तर के शिल्पी के लिए सम्भव नहीं होता। गृहस्थ की नाना जिम्मेदारियाँ प्रेमचन्द को नौकरी करने के लिए विवश करती थीं, किन्तु इस विवशता को उनका उदग्र शिल्पी-मन धक्का मारकर तोड़ता रहता था। अच्छी नौकरी के साथ वे बहुत दूर तक नहीं चल सके। साहित्य-साधना से अविरत रहते निरन्तर नयी राह से यात्रा करना प्रेमचन्द की स्वच्छन्द प्रकृति का सूचक है। दुनिया के हर महान लेखक में यह स्वच्छन्दता दिखायी पड़ती है। हिन्दी में यह चेतना निराला और उग्र में अधिक पुष्ट थी। निराला और उग्र से किंचित् भिन्न स्वभाव और गार्हस्थिक दशा थी मुंशी प्रेमचन्द की। गृहस्थ की लाचारी को समझते हुए भी प्रेमचन्द जोखिम उठाते रहते थे जिसे वे स्वयं अपनी हिमाकत मानते थे। 'हंस' का प्रकाशन बकौल प्रेमचन्द एक ऐसी ही हिमाकत थी। 12 फरवरी 1930 को उन्होंने अपने अन्तरंग मित्र जमाना-संपादक दयानारायण

1. द्रष्टव्य—कलम का मजदूर-प्रेमचन्द, पृ० 265

निगम को लिखा था, "मैं फागुन यानी नये साल से एक हिन्दी रिसाला 'हंस' निकालने जा रहा हूँ।…है तो हिमाकत ही दर्दसर बहुत और नफा कुछ नहीं, लेकिन हिमाकत करने को जी चाहता है। जिन्दगी हिमाकतों में गुजर गयी, एक और सही। न पहले कभी कामयाबी की सूरत देखी और न अब देखने की उम्मीद है।" इस प्रकार मार्च सन् 1930 में 'हंस' के रूप में एक उदार साहित्य-मंच का उदय हुआ था। प्रेमचन्द की इस पत्रिका का नामकरण प्रसाद ने किया था।[1]

'हंस' की भूमिका प्रतिपक्ष भूमिका थी। 'हंस' में प्रकाशित साहित्य-सामग्री और प्रेमचन्द की सम्पादकीय टिप्पणियाँ इस तथ्य को प्रमाणित करने के लिये पर्याप्त हैं कि प्रेमचन्द उस जाति के विचारकों, बुद्धिजीवियों और पत्रकारों से नितांत अलग थे जो आँख खोलकर न तो अपनी धरती की कुरूपता और शक्ति पहचान पाते हैं और न तो उन्मुक्त विवेक से उस विचारदर्शन की सीमा समझने की कोशिश करते हैं जिसकी प्रतिष्ठा और सर्वव्याप्ति के लिये अपनी रचनात्मक शक्ति को नारेबाजी में गँवाते हलकान-परेशान रहते हैं। प्रेमचन्द हर प्रकार की दासता और कठमुल्लेपन के विरोधी थे। राजनीतिक धार्मिक, आर्थिक, सामाजिक और वैचारिक पराधीनता मनुष्य की अनन्त सम्भावना और वास्तविक पहचान को कुंठित करती है, प्रेमचन्द में यह विवेक बहुत प्रखर था। अपनी साधना से अर्जित प्रतिभ प्रकाश द्वारा वे मनुष्य की समग्र मुक्ति के लिये नाना विधाओं-सरणियों से चेष्टा करते रहे। विभिन्न पत्रिकाओं में राजनीति, समाजनीति, नारी-समस्या शिक्षा आदि विषयों पर लिखी गयी प्रेमचन्द की सम्पादकीय टिप्पणियाँ उनकी पुष्ट मानवीय संवेदना और जातीय चिन्ता का ही संकेत देती है। इस चिन्ता के चलते उन्हें कठोर परिश्रम करना पड़ता था। निगम साहब को 23 अप्रैल, 1930 को उन्होंने लिखा था, "मैं तो आजकल बुरी तरह काम कर रहा हूँ। 'हंस' ने कचूमर निकाल दिया है। दो किस्से हर माह और करीब बीस सफे एडिटोरियल और दीगर मजामीन। इसके अलावा अपना नाविल। फिर प्रेमचालीसी के लिए कहानियों को उर्दू में लाना। और आखिर में रोजाना घण्टा-दो घण्टा कांग्रेस के कामों में मसरूफ रहना मेरे लिये काफी से ज्यादा है।" मानव-मूल्यों को दबाने वाली हर अशुभ शक्ति से प्रेमचन्द की लड़ाई थी। किसी प्रकार की, किसी स्तर पर साम्प्रदायिकता उन्हें सह्य नहीं थी। राजकीय वैभव, आर्थिक समृद्धि, विद्या-विशिष्टता और जाति-गोत्र का गुमान प्रेमचन्द की प्रातिभ शक्ति को उत्तेजित करता था। मनुष्य को मनुष्य से दूर करने वाला और ऊँच-नीच का स्तर-भेद करने वाला संस्कार प्रेमचन्द की दृष्टि में कुसंस्कार था, जिसके समूल उच्छेद के लिये उन्होंने अपने साहित्य और पत्रकारिता के माध्यम से एक

1. द्रष्टव्य—शिवपूजन रचनावली, चौथा खंड, पृष्ठ 216

विराट मानवीय संवेदना की रचना की, जिसे दुर्भाग्यवश परवर्तीकाल में विशेष राजनीतिक रंग में रँगने की चेष्टा चलने लगी; प्रेमचन्द को अपनी साम्प्रदायिक बिरादरी का अगुआ घोषित किया जाने लगा और 'हंस' को विशेष मतलब से विशेष साहित्य-सरणि का पक्षधर-प्रवक्ता तथा विशेष विचार-वंश का दस्तावेज सिद्ध करने के कुटिल प्रयत्न किये जाने लगे। इस तरह के प्रयत्न साहित्यिक धरातल से ही सक्रिय हुए, लेकिन उनके पीछे प्रेरणा राजनीति की थी। साहित्य में भिन्न-भिन्न प्रयोजन के अर्थ और निष्कर्ष निकालने की गुंजाइश रहती है जैसे कालिदास, तुलसीदास, निराला और महादेवी वर्मा तक के साहित्य से मार्क्सवादी मतलब के तथ्य निकाल लेना। लेकिन पत्रकारिता की भूमिका इतनी खुली होती है कि उस पर वैचारिक आरोप सम्भव नहीं होता।

पूर्वाग्रहमुक्त होकर विचार करने पर प्रेमचन्द की पत्रकारिता का आदर्श आचार्य महावीर प्रसाद द्विवेदी, गणेशशंकर विद्यार्थी, आचार्य शिवपूजन सहाय और निराला के आदर्श के बहुत करीब दिखाई पड़ता है। सरस्वती, माधुरी, प्रताप, मतवाला और हंस के सम्पादकीय आदर्श लगभग एक ही हैं। पत्रकारिता के क्षेत्र में पूर्व स्वतन्त्रता-काल में जो वैचारिक औदार्य था, परवर्ती काल में वह एक अंश तक खंडित हुआ है। स्वातंत्र्योत्तर काल में पं० अम्बिकाप्रसाद वाजपेयी, पं० बाबू विष्णु पराड़कर, पं० बनारसीदास चतुर्वेदी, आचार्य शिव पूजन सहाय और उग्र जी अपनी उदार और उदग्र परम्परा के अनुसार कार्य करते रहे। साहित्यिक पत्रकारिता के क्षेत्र में श्री इलाचन्द जोशी, श्री सच्चिदानन्द वात्स्यायन, श्री शिवदान सिंह चौहान, डॉ० रामविलास शर्मा, श्री भैरवप्रसाद गुप्त, श्री श्रीपत राय और डॉ० धर्मवीर भारती सम्पादक के रूप में बहुत कुछ प्रेमचन्द की तरह विरोधी विचारों और भिन्न रुचि की रचनाओं को उदारतापूर्वक अपनी पत्रिकाओं में प्रकाशित करते रहे। हिमालय, प्रतीक, नयी धारा, अवन्तिका, कल्पना, कहानी कृति, आलोचना, समालोक और माध्यम में वही उदार दृष्टि दिखाई पड़ती है। नवलेखन के सन्दर्भ में प्रतीक, कल्पना, कहानी और कृति की भूमिका महत्त्व-पूर्ण रही है। पत्रकारिता और विचार-क्षेत्र में वर्गीय संकीर्णता और अस्पृश्यता की, साम्प्रदायिक भावना का प्रवेश तब हुआ जब इस क्षेत्र में राजनीति का विजातीय हस्तक्षेप तीव्र हुआ और सम्प्रदाय-निष्पक्षता, प्रगतिशीलता तथा नैतिकता की आवाज अनावश्यक रूप में तेज हुई, ठीक वैसे ही जैसे नाना प्रकार के समाजवादी नारे जैसे-जैसे बुलन्द होते गए वैसे-वैसे समाजद्रोही शक्तियाँ प्रबल होती गयीं, सामाजिक रिश्ते मैले और कमजोर होते गये, प्रदेशवाद, जातिवाद, गोत्रवाद और अन्ततः घिनौने किस्म के व्यक्तिवाद को बढ़ावा मिलता गया, आदमी की संघ-शक्ति दुर्बल पड़ती गई और समूह-चेतना व्यक्ति-गुहा में सिमट गयी। एक ही विचार-दर्शन से जुड़े अनेक राजनीतिक बल और अनेक साहित्यिक

मंच समृद्धि का नहीं, व्यक्तिवाद या कहना चाहिए विचार-लोक में संक्रामक रोग की तरह बड़ी तेजी से बढ़ने वाले विकृत अहंवाद का संकेत देते हैं। प्रेमचन्द की साहित्य पीढ़ी इस रोग से मुक्त थी। उस पीढ़ी में विचार-वैपरीत्य बड़ा प्रखर था और बालमुकुन्द गुप्त से लेकर प्रेमचन्द के युग तक ऐतिहासिक महत्त्व के अनेक वैचारिक संघर्ष भी हुए। आचार्य महावीर प्रसाद द्विवेदी, बाबू बालमुकुन्द गुप्त, मुंशी प्रेमचन्द, पं० नन्ददुलारे वाजपेयी, पं० बनारसी दास चतुर्वेदी, आचार्य चन्द्रबली पाण्डेय और आचार्य केशव प्रसाद मिश्र, पं० सूर्यकान्त त्रिपाठी 'निराला' तथा पाण्डेय बेचन शर्मा 'उग्र' जैसे कृती लेखकों-विचारकों को विचार की रण-भूमि में युद्ध की भूमिका पर उतरना पड़ा था। तथापि पूर्ववर्ती पीढ़ी साहित्य की उस दार जमीन पर खड़ी थी जहाँ रचना की दृष्टि से सब एक-दूसरे के आत्मीय थे और जहाँ वर्गीय संकीर्णता या मिथ्या अहंवाद और अस्पृश्यता की हीन भावना को आचार-व्यवहार और लेखन द्वारा तरजीह देने वाले लोग नहीं थे। कदाचित् उस पीढ़ी का औदार्य ही वह शक्ति थी जिसके बल पर अपने समय की रचनात्मक ऊर्जा को, साधन के घोर अभाव में भी, प्रेमचन्द, निराला और शिवपूजन सहाय जैसे कृती सम्पादक कायदे से विभिन्न पत्रिकाओं के माध्यम से प्रस्तुत कर सकें। आज हिन्दी में एक भी ऐसी पत्रिका नहीं है जिसे साम्प्रतिक हिन्दी की रचना और विचार की प्रतिनिधि पत्रिका कहा जा सके। इसका कारण साधन की कमी नहीं, उस औदार्य और प्रातिभ नियोजक शक्ति का अभाव है जो प्रेमचन्द की पीढ़ी की सहज शक्ति थी। आज की पत्रिकाओं की संख्या-गणना की जाय तो पहले से अधिक पत्रिकायें निकल रही हैं। सरकारी पत्रिकायें, व्यावसायिक प्रतिष्ठान से निकलने वाली पत्रिकायें और असंख्य लघु पत्रिकायें। सबके अपने आग्रह हैं, अपनी सीमा है, जिसके चलते हिन्दी की रचना और विचार की पूरी प्रामाणिक तस्वीर सामने नहीं आ पा रही है। साम्प्रतिक पत्रकारिता के आदर्श में वैसी ही भयंकर गिरावट आयी है जैसी आज के राजनीतिज्ञों के चरित्र में। लघुपत्रिका के पुरस्कर्ताओं का दावा है कि पत्रकारिता के क्षेत्र में उन्होंने ही क्रान्तिवादी अभियान शुरू किया है। लगभग इसी तरह का गुमान व्यावसायिक प्रतिष्ठान से निकलने वाली पत्रिकाओं के सम्पादकों का है कि हम देश और दुनिया के बहुत बड़े हिन्दी भाषी समूह को साहित्य-सामग्री दे रहे हैं। इस दावे के साथ ही यह सवाल उठता है कि अपने समृद्ध साधन द्वारा व्यावसायिक प्रतिष्ठान की पत्रिकायें उस बड़े समूह में, जिस तक उनकी पहुँच है, सुरुचि और साहित्य संस्कार जगाने में कितनी कामयाब हैं तथा कुरुचि और अपराध-भावना फैलाने में कितनी जिम्मेदार हैं ? इस प्रश्न के सही उत्तर में ही उनकी गर्वोक्ति का आधार और उनके स्वरूप-वैशिष्ट्य की वास्तविक पहचान निहित है। कहने की आवश्यकता नहीं कि अपनी साधन-सामर्थ्य के बल पर बहुत बड़े वर्ग के साहित्य-

संस्कार और सुरुचि पर हमला करना गर्व नहीं ग्लानि का विषय है। प्रेमचन्द के सामने देश का वह बड़ा वर्ग था जो गाँवों में बसा है—किसानों-मजदूरों का वर्ग। नाना यातना, अन्धकार और विकट समस्या-वाहिनी से घिरे इस वर्ग का उद्धार-उन्नयन ही प्रेमचन्द की साहित्य-साधना और पत्रकारिता का एकांत उद्देश्य था। 'जागरण' की सम्पादकीय टिप्पणी में उन्होंने बड़ी साफ भाषा में लिखा, "समाज का दुखी और दुर्बल अंश उसे सदा अपनी वकालत करते हुए पायेगा।" 'जागरण'-सम्पादक प्रेमचन्द का यह उपलब्धि-दर्प नहीं, हार्दिक साथ थी जिसे पूरी करने के लिए वे निरन्तर साधना-सक्रिय रहे।

आज साध और साधना को पीछे करके छोटे-बड़े अनुष्ठान के आरम्भ में ही हम उपलब्धि-दर्प से असन्तुलित वक्तव्य देने लग जाते हैं। लघु पत्रिका-आन्दोलन के प्रणेताओं की गर्वोक्ति से हिन्दी पत्रकारिता की परम्परा पर, विशेषतः उसके आदि बिन्दु पर दृष्टि पड़ती है। स्मरणीय है, 'हिन्दुस्तानियों के हित के हेतु' 30 मई, 1826 को कलकत्ता से जो पहली हिन्दी पत्रिका—'उदन्त मार्तण्ड'—निकली थी वह आज की लघु पत्रिका के पुरस्कर्ताओं की तरह ही पं० युगलकिशोर शुक्ल का व्यक्तिगत आयोजन था जो हर प्रकार की, सरकारी-गैर सरकारी, सहायता से वंचित था। 'हंस' और 'हंस' जैसी दूसरी साहित्यिक राजनीतिक-पत्रिकायें भी व्यक्ति या दो-चार लोगों के सामूहिक प्रयत्न से ही प्रकाशित हुई थीं, जिनसे साहित्य-समृद्धि में अपेक्षित सहयोग मिला था और समाज को अपने समय को समझने वाली रोशनी का साक्षात्कार हुआ था। किन्तु युगलकिशोर शुक्ल से लेकर प्रेमचन्द में से किसी ने वैसी गर्वोक्ति नहीं प्रकट की जैसी लघु पत्रिका के नये पुरस्कर्ताओं में दिखाई पड़ती है। लघु पत्रिका के जिन लक्षणों और आदर्श-आकांक्षा की उच्च स्वर में घोषणा की जाती है उस दृष्टि से विचार करने पर 'हंस', 'मतवाला', 'प्रतीक' और इस जाति की अनेक दूसरी पत्रिकायें क्या व्यावसायिक पत्रकारिता की श्रेणी में रखी जाने योग्य है? यदि नहीं तो फिर लघु पत्रिका की श्लाघा-योग्य उपलब्धि क्या है? क्या यह सच नहीं है कि उक्त आन्दोलन के चलते विप्लवी-विक्षोभक तेवर के साथ कुछ अप्रतिभ हस्ताक्षर भी उछाले जाते रहे और इस अभियान में प्रातिभ संस्कार एक अंश तक उपेक्षित रह गया? प्रेमचन्द और उनकी पीढ़ी इस वर्गवाद और बन्धुत्व के संकीर्ण मनोभाव से मुक्त थी। 'हंस' में प्रेमचन्द ने पं० नन्ददुलारे वाजपेयी जैसे उस समय के अपने कट्टर विचार-विरोधी का ऐसा निबन्ध छापा था जो प्रेमचन्द की प्रगतिशील परम्परा के तथाकथित उत्तराधिकारियों को आज निराश कर सकता है। एक नहीं, अनेक विरोधियों की रचनाओं को विरोधी संस्कार की रचनाओं को प्रेमचन्द के उदारता-पूर्वक अपनी पत्रिका में जगह दी, नये लोगों को प्रस्तुत किया, आगे बढ़ाया। उनकी दृष्टि प्रतिभा पर थी, व्यक्ति पर नहीं। दलबाजी से वे सर्वथा मुक्त थे। प्रेमचन्द

के साहित्यिक मित्रों का एक विशेष वर्ग था, जिनसे वे पारिवारिक और साहित्यिक दु:ख-सुख की बात करते थे, किन्तु अपने मित्रों को प्रेमचन्द ने न तो अनावश्यक साहित्यिक तरजीह दी और न अपने किसी साहित्यिक या गैर साहित्यिक स्वार्थ के लिए इस्तेमाल किया। साहित्यिक चुनौतियों को उन्होंने अपने बलबूते स्वीकार किया और सारी लड़ाई अकेले लड़ी, अपनी रचना और धारणा के पक्ष में शुद्ध साहित्यिक मुद्रा में अपने मित्रों तक से लड़ते रहे।[1] अपनी त्रुटियों में संशोधन करते रहने का उदार संस्कार प्रेमचन्द और उनकी पीढ़ी में बहुत स्पष्ट दिखाई पड़ता है। न केवल 'हंस' बल्कि 'मर्यादा', 'माधुरी' और 'जागरण' में प्रेमचन्द की वही उदार भूमिका रही।

उदारता ऊँचे चरित्र का लक्षण है। ऊँचे चरित्र के प्रेमचन्द[2] का पक्का विश्वास था कि साहित्य रचने के लिए "सबसे पहली बात चरित्र चाहिए, एक पागल साधना-प्रेम चाहिए।[3] इस 'पागल साधना प्रेम' ने प्रेमचन्द को वह प्रातिभ-शक्ति दी जिसकी रचना के बल पर हिन्दी विश्व कथा-साहित्य के आँगन में माथा उन्नत कर खड़ी होने की समृद्धि पा सकी। पत्रकारिता, विशेषतः साहित्यिक पत्रकारिता के क्षेत्र में प्रेमचन्द की ऐतिहासिक भूमिका के मूल में उनका महान् चरित्र ही है जो सत्य का आग्रही देश-प्रेम की चेतना से गत्वर और आम आदमी

1. द्रष्टव्य—प्रसाद के 'कंकाल' के सम्बन्ध में पं० बनारसीदास चतुर्वेदी के नाम लिखा पत्र।
2. आचार्य शिवपूजन सहाय ने प्रेमचन्द की चारित्रिक विशेषता का उल्लेख करते हुए लिखा है, "शाम को प्रेस में दिन भर की आमदनी का हिसाब जोड़ा जाता। कर्मचारियों को रोज कुछ न कुछ देना ही पड़ता। सबकी माँग रोज नहीं पूरी होती थी। किन्तु प्रेमचन्द जी सबके सामने आमदनी का हिसाब रख देते और कहते, इतने पैसे में तुम्हीं लोग अपने और मेरे लिए ब्योंत कर दो, मुझे पान-तम्बाकू और एक्का भाड़ा भर देकर बाकी आपस में बाँट लो। उनके हँसते-हँसते ऐसा कहते सुनकर सब कर्मचारी भी हँसने लगते। फिर रुपया चाहने वाले अठन्नी पर और अठन्नी माँगने वाले चवन्नी पर ही प्रसन्नता से संतोष करते। जिस दिन मजदूरों की मांग पूरी हो जाती, उस दिन प्रेमचन्द जी बहुत प्रसन्न हो जाते थे। अपने कर्मचारियों से उनकी हार्दिक सहानुभूति थी। श्रमिक वर्ग के लिए अपनी रचनाओं में उन्होंने जो सद्भाव प्रदर्शित किये हैं, वे उनकी बोलचाल और व्यवहारों में भी प्रत्यक्ष दीख पड़ते थे। जरूरतमन्द के सामने वे अपनी जरूरतों को भूल जाते थे।"—द्रष्टव्य-शिवपूजन रचनावली, चौथा खण्ड, पृ० 210।
3. कलम का मजदूर, प्रेमचन्द—मदनगोपाल, पृ० 259।

की वेदना के प्रति गहरी संवेदना से सदा स्फूर्त रहता था। 'हंस' की प्रथम सम्पादकीय टिप्पणी में महात्मा गांधी को देश का कर्णधार मानते हुए प्रेमचन्द ने 'हंस' के प्रकाशन-उद्देश्य का संकेत दिया है, "स्वाधीनता केवल मन की वृत्ति है। इस वृत्ति का जागना ही स्वाधीन हो जाना है। अब तक इस विचार ने जन्म ही न लिया था। हमारी चेतना इतनी मन्द, शिथिल और निर्जीव हो गयी थी कि उसमें ऐसी कल्पना का आविर्भाव ही न हो सकता था, पर भारत के कर्णधार महात्मा गांधी ने इस विचार की सृष्टि कर दी···इस संग्राम में भी एक दिन हम विजयी होंगे। वह दिन देर में आयेगा या जल्द, यह हमारे पराक्रम, बुद्धि और साहस पर मुनहसर है। हाँ, हमारा यह धर्म है कि उस दिन को जल्द से जल्द लाने के लिए तपस्या करते रहें। यही हंस का ध्येय होगा और इसी ध्येय के अनुसार उसकी नीति होगी।···'हंस' भी मानसरोवर की शान्ति छोड़कर अपनी नन्ही सी चोंच में चुटकी-भर मिट्टी लिए हुए समुद्र पाटने—आजादी के जंग में योग देने चला है। समुद्र का विस्तार देखकर उसकी हिम्मत छूट रही है, लेकिन संघ शक्ति ने उसका दिल मजबूत कर दिया है, समुद्र पाटने के पहले ही इसकी जीवन-लीला समाप्त हो जायेगी या वह अन्त तक मैदान में डटा रहेगा। यह तो कोई ज्योतिषी ही जाने, पर हमें ऐसा विश्वास है कि हंस की लगन इतनी कच्ची न होगी। यह तो हुई उसकी राजनीति। साहित्य और समाज में वह गुणों का परिचय देगा, जो परम्परा ने उसे प्रदान कर दिए हैं।" इस महत् उद्देश्य के प्रति प्रेमचन्द कितने जागरूक रहे, यह 'हंस' में प्रकाशित साहित्य-सामग्री और विविध विषयों पर उदग्र स्वर-शैली में लिखी प्रेमचन्द की सम्पादकीय टिप्पणियों से, जिनके चलते उन्हें अनेक बार सरकार का कोपभाजन बनना पड़ा था, स्पष्ट हो जाता है। अपने आदर्श की रक्षा करते प्रेमचन्द को कितनी कठिनाइयों से गुजरना पड़ता था, अपने आत्मीय मित्रों को लिखे गये उनके पत्रों से प्रामाणिक जानकारी होती है। तथापि जीवन के अन्तिम प्रहर तक 'हंस' को जीवित रखने की चिन्ता से वे छटपटाते रहे। अपने राष्ट्रीय आदर्श को प्रेमचन्द 'हंस' के माध्यम से रूपायित कर रहे थे जैसे अपने शिल्पी-दायित्व को कथा-रचना द्वारा पूरा कर रहे थे। मानव-मुक्ति के अपने वैचारिक अभियान को प्रेमचन्द किसी मूल्य पर स्थगित करना नहीं चाहते थे। प्रतिकूल परिस्थितियाँ यदाकदा उन्हें विचलित करती थीं, किन्तु प्रत्यूह-वाहिनी के सामने अपना आत्मबल समर्पित करना उन्हें मंजूर नहीं था। राष्ट्र के बड़े स्वार्थ को ध्यान में रखकर उन्होंने 'हंस' को भारतीय साहित्य परिषद का मुखपत्र बनाया था। कन्हैयालाल मणिकलाल मुन्शी के साथ प्रेमचन्द अवैतनिक सम्पादक के रूप में उसे सम्पादित करते थे। प्रादेशिक भाषाओं के उत्कृष्ट साहित्य का हिन्दी में अनुवाद छापना राष्ट्रीय एकता की भूमिका-रचना का कृती आयोजन था। किन्तु नाना प्रकार की व्यावहारिक

कठिनाइयों के चलते अन्ततः भारतीय साहित्य परिषद ने 'हंस' को बन्द करने का निर्णय लिया तो प्रेमचन्द ने उन्मथित चित्त से, अपनी मृत्यु-शय्या पर पड़े-पड़े अपनी पत्नी शिवरानी देवी से कहा था, " 'हंस' की जमानत जमा करा दो। रानी, 'हंस', जरूर निकलेगा, चाहे मैं रहूँ या न रहूँ ।[1] हंस की जीवन रक्षा के लिए प्रेमचन्द के मन में वही आग्रह था जिस आग्रह से उन्होंने अपनी प्राण रक्षा के लिए भगवान को सम्बोधित किया था ।[2]

अपनी छोटी आयु में 'हंस' ने जो वैचारिक-साहित्यिक भूमिका प्रस्तुत की वह पत्रकारिता सम्बन्धी प्रेमचन्द के ऐतिहासिक अवदान का प्रमाण है। 'हंस' के विशेषांक[3] स्वत्व-सचेत प्रेमचन्द की जातीय संस्कृति के प्रति रुझान, साहित्यिकों की महत्ता की सही समझ, अग्रज पीढ़ी की महत्वाकांक्षा के प्रति उदार विवेक तथा उनकी पुष्ट परिवेश-संसक्ति का संकेत देता है । अपने समय की राजनीति, अर्थनीति और समाजनीति की नब्ज़ के अचूक पारखी प्रेमचन्द ने 'हंस' के सम्पादकीय पृष्ठ पर साहित्येतर विषयों को उपजीव्य बनाकर तेज टिप्पणियाँ जरूर लिखीं, किन्तु अपनी साहित्यिक पत्रिका को सीमित अर्थ में कभी राजनीतिक प्रयोजन का साधन नहीं बनाया। 'हंस' के विशेषांक साहित्य-संस्कृति से इतर विषय को लेकर नहीं निकाला। उन्हें साहित्येतर विषय की निश्चित दूरी का बड़ा सही विवेक था। उनकी पत्रकारिता और कथा-साहित्य में यह विवेक कहीं कमजोर नहीं दिखायी पड़ता। अपने समय की राजनीति के प्रति जागरूक रहना और राजनीति के आदेश-निर्देश पर आँख मूँदकर चलना तो स्वतन्त्र स्थितियाँ हैं। महान कथा-शिल्पी प्रेमचन्द अपने समय के प्रति सचेत थे, किन्तु ऊँचे से ऊँचे राजनीतिक या दूसरे किसी भी प्रकार के सिद्धान्त का अनुकरण और उस विजातीय प्रभाव का अपनी रचना में आरोपण उन्हें पराजय की पीड़ा से भी अधिक पीड़क लगता था। अपनी राजनीतिक टिप्पणियों में वे अपने समय के सबसे प्रभावशाली राजनेता महात्मा गांधी के लोक-मंगल मूलक कार्य-व्यापार का, साम्राज्यशाही के प्रति गांधी जी की युयुत्सु-चेतना का और उनके नेतृत्व में चलने वाले राष्ट्रीय स्वातन्त्र्य-संग्राम का समर्थन करते दिखायी पड़ते हैं। किन्तु हर विषय पर उनकी अपनी स्वतन्त्र दृष्टि थी, कृती लेखक और जागरूक पत्र-संपादक के रूप में वे स्वयं लोकनायक की भूमिका में सक्रिय थे।

निःसन्देह प्रेमचन्द जिस स्तर के कथा-शिल्पी थे उसी स्तर के पत्रकार थे। किन्तु साहित्य उनका धर्म था, पत्रकारिता आपद धर्म । पत्रकारिता सम्बन्धी उनके

1. शिवरानी देवी—प्रेमचन्द : घर में, पृष्ठ-358
2. शिवरानी देवी—प्रेमचन्द: घर में, पृष्ठ-352
3. आत्म कथांक, काशी अंक, आचार्य द्विवेदी : अभिनन्दन अंक

अवदान का मूल्यांकन करते हुए इस तथ्य को भुला दिया जाता है कि सामान्य और सीमित अर्थ में प्रेमचन्द पत्रकार नहीं थे। इस अनवधानता के चलते शोध-प्रबन्ध तक में चौंकाने वाली स्थापनायें देखने में आती हैं कि "आधुनिक काल के महान साहित्यकार प्रेमचन्द अपने मौलिक विचारों और भावों के प्रकाशन के लिये यदि विचारवान पत्रकार और संपादक न बने होते तो उनकी कल्पनाएँ मनोरंजन का मेला जुटाती चुक जाती। युग प्रवर्तक का श्रेय प्रेमचन्द को न मिलता।"[1] कहना न होगा कि प्रेमचन्द की पत्रकारिता सम्बन्धी महत्ता से अभिभूत होकर दी गयी यह स्थापना शुद्ध भावुकतामूलक उक्ति है। प्रेमचन्द के अवदान के मूल्यांकन में ऐसी भावुकता बाधक है ठीक वैसे ही जैसे किसान-मजदूर और अवहेलित समाज के प्रति प्रेमचन्द की उच्छल संवेदना को देखकर उन्हें मार्क्सवादी सिद्ध करने का हठ उनकी वास्तविक तस्वीर को समझने में बाधक है। चिन्तन के क्षेत्र में भावुकता और हठ का नहीं, सहज औदार्य और प्रखर विवेक का महत्व होता है। पत्रकार और विचारक प्रेमचन्द में उसी स्तर का औदार्य और विवेक था जिस स्तर की कथा-शिल्पी प्रेमचन्द में प्रातिभ शक्ति और संवेदना थी।

1. डॉ० रत्नाकर पाण्डेय—पत्रकार प्रेमचन्द और हंस, भूमिका पृष्ठ-5

पत्रकारिता और निराला

रवीन्द्रनाथ, निराला और नज़रूल इस्लाम-जैसे महाकवियों का पत्रकारिता से घनिष्ठ सम्बन्ध रहा है, किन्तु इस कोटि के कवियों के लिए पत्रकारिता धर्म नहीं लाचारी होती है। निराला की लाचारी दुहरी थी। एक ओर बेकारी की पीड़ा थी दूसरी ओर अपने नये साहित्य-स्वर के लिए सशक्त प्रकाशन-माध्यम की तलाश थी। बेकारी का प्रीतिकर विकल्प था 'समन्वय', 'सुधा' और 'रंगीला' की नौकरी। और 'मतवाला' का कार्य एक महत् उपलब्धि थी कि उसके माध्यम से निराला का हिन्दी में सही प्रवेश हुआ। प्रतिष्ठा जमी।

कलकत्ते से रामकृष्ण आश्रम के तत्वावधान में प्रकाशित मासिक पत्र 'समन्वय' के सम्पादन-विभाग में निराला जी का प्रवेश हिन्दी की एक कृती सम्भावना का हिन्दी पत्रकारिता में प्रवेश था। स्वामी माधवानन्दजी के सम्पादकत्व में 1922 में इस मासिक पत्रिका का प्रकाशन हुआ था। इसमें धार्मिक, आध्यात्मिक और सामाजिक निबन्धों के साथ ही साहित्यिक सामग्री भी रहती थी। स्वामी माधवानन्दजी एक ऐसे सम्पादक की खोज में थे जिसका हिन्दी भाषा के साथ वेदान्त-दर्शन पर भी अधिकार हो। आचार्य पं० महावीर प्रसाद द्विवेदी की दृष्टि में उस समय हिन्दी-क्षेत्र में पं० सूर्यकान्त त्रिपाठी ही 'समन्वय' के लिए उपयुक्त व्यक्ति थे। उन्हें द्विवेदीजी ने बड़े विश्वास के साथ 'समन्वय' में भेजा। स्वामी माधवानन्दजी की चर्चा करते हुए निराला जी ने लिखा है, "रामकृष्ण मिशन के विद्वान संन्यासी स्वामी माधवानन्दजी ने 'समन्वय' नाम का सुन्दर मासिक 'अद्वैत आश्रम' कलकत्ता से निकाला था। मुझे ढाई साल तक स्वामी जी के सहयोग में पत्र का काम करने का सौभाग्य प्राप्त हो चुका है। मैं स्वामीजी की हिन्दी का—उनके सहृदय महत्तम व्यक्तित्व का—उनकी विद्वता और चरित्र का भक्त हूँ। ऐसी प्रतिभा मैंने नहीं देखी। लेकिन बड़े दुःख के साथ कहना पड़ता है कि इतने सुसम्पादित विवेचनापूर्ण पत्र का हिन्दी में प्रचार नहीं हुआ। कुछ साल तक घाटा बर्दाश्त करते हुए आश्रम ने पत्र का प्रकाशन बन्द कर दिया।" इस पत्र में सम्पादकीय कार्य करते निराला जी ने अपनी सूझ-समझ, कार्य-कुशलता और पांडित्य से

स्वामी माधवानन्दजी तथा आश्रम के अन्य संन्यासियों को अत्यधिक प्रभावित किया था। आचार्य शिवपूजन सहाय ने लिखा है कि "मैंने देखा था कि वहाँ विवेकानन्द सोसाइटी के बड़े-बड़े विद्वान संन्यासियों पर निरालाजी की दार्शनिक ज्ञान-गरिमा का सिक्का जम गया था और वे लोग निरालाजी को बड़े आदर-मान से रखते थे। निरालाजी के भोजन वस्त्र और उनकी आवश्यकताओं पर स्वामी माधवानन्दजी और स्वामी वीरेश्वररानन्दजी का विशेष ध्यान रहता था।" स्वामी माधवानन्दजी 'समन्वय' से अधिक सम्पृक्त थे। संपादक के स्थान पर उन्हीं का नाम छपता था। पत्रकारिता, हिन्दी भाषा तथा वेदान्त दर्शन पर उनका असाधारण अधिकार था। 'समन्वय' के सम्पादन में यद्यपि उनकी रुचि को शीर्ष महत्व दिया जाता था किन्तु उक्त पत्रिका के सम्पादन का दायित्व पं० सूर्यकान्त त्रिपाठी का भी कम नहीं था। और त्रिपाठी जी अपने दायित्व के प्रति पूर्ण सचेत थे। 'समन्वय' के लिए वे स्वयं दुनिया-भर की सामग्री तैयार करते थे। मुद्रण आदि पर भी उन्हें दृष्टि रखनी पड़ती थी। प्रकृत्या पत्रकार न होते हुए भी पं० सूर्यकान्तजी पेशेवर पत्रकार बन गये थे। और अपने पेशे के प्रति उन्होंने पूरी निष्ठा का प्रमाण दिया था। पं० सूर्यकान्त त्रिपाठी शास्त्र और वेदान्त दर्शन का बोझ ढोने वाले कोरे पण्डित नहीं थे, बल्कि अपनी प्रत्येक आस्था को जीवन में—व्यवहार में उतारने की निरन्तर चेष्टा करते थे। कदाचित् इसीलिए उनमें प्रबल अपरिग्रह था, अर्थ-शुचिता के प्रति वे सचेत थे। शास्त्र कहता है, जहाँ अर्थ-शुचिता है वहीं सच्ची शुचिता है। पं० सूर्यकान्त त्रिपाठी में उच्चकोटि की अर्थ-शुचिता थी। यह उनकी अपनी सम्पत्ति थी, उधार ली हुई या कि संन्यासियों का प्रसाद नहीं थी। बड़ी बात यह है कि अपने चारित्र्य, पाण्डित्य और कविताई के गुमान में उन्होंने कभी अपने दायित्व की उपेक्षा नहीं की। यद्यपि उनमें अपने पाण्डित्य और प्रतिभा का गुमान था और उसका आधार पुष्ट था। 'समन्वय' के लिए उन्होंने बांग्ला से बहुत-सा साहित्य हिन्दी में अनूदित किया, स्वयं लिखा। इस प्रकार अपनी श्रमसाधना द्वारा अपने पेशे के प्रति त्रिपाठीजी ने पूरी ईमानदारी बरती। अपने सजग दायित्वबोध से आश्रम के अधिकारियों को परितोष दिया। जिससे प्रेरित होकर स्वामी माधवानन्दजी ने कहा था कि "द्विवेदीजी की कृपा से यह अमूल्य रत्न हमारे हाथ लग गया, सर्वश्रेष्ठ आचार्य का परखा हुआ हीरा है।"

इस 'हीरे' पर बहुतों की नजर थी। बालकृष्ण प्रेस के मालिक बाबू महादेव प्रसाद सेठ की नजर थी। उनके आत्मीय मुंशी नवजादिकलाल श्रीवास्तव की नज़र थी और आत्यन्तिक शालीनता में नज़र झुकाकर चलने वाले परम वेदान्ती पं० सूर्यकान्तजी को इन बातों की खबर तक नहीं थी।

बालकृष्ण प्रेस भारतेन्दु युगीन प्रसिद्ध गद्यकार पं० बालकृष्ण भट्ट के नाम

पर खोला गया था। यहीं से 'समन्वय' छपता था। 'मारवाड़ी सुधार', जिसके सम्पादक आचार्य शिवपूजन सहाय थे, इसी प्रेस से छपने लगा था। इस प्रकार 'मतवाला-मण्डल' की भूमिका बनने लगी थी। प्रेस के मकान में ही आश्रम के संन्यासियों के साथ पं० सूर्यकान्त त्रिपाठी रहते थे। साहित्यिक संस्कार और सूझ-समझ वाले हिन्दी-भाषियों की निकटता धीरे-धीरे मैत्री में बदलने लगी थी। सेठ जी रामकृष्ण मिशन के हिन्दी-हीरा को हथियाने के लिए व्याकुल थे। पं० सूर्यकान्त त्रिपाठी की व्याकुलता दूसरे प्रकार की थी। उन्हें अपनी कविता के लिए एक उपयुक्त माध्यम की आतुर प्रतीक्षा थी।

सारी बात तय हुई और बाँग्ला हास्य-व्यंग्य-प्रधान साप्ताहिक पत्र 'अवतार' के प्रेरणा-प्रभाव से 1923 की श्रावणी पूर्णिमा को 'मतवाला' का पहला अंक निकला। मुख्य पृष्ठ पर निराला की कविता छपी। 'आत्म-परिचय' शीर्षक अग्रलेख आचार्य शिवपूजन सहाय ने लिखा। सम्पादक के रूप में महादेव प्रसाद सेठ का नाम छपा और सबके दायित्व अलग-अलग बाँट दिये गये।

आचार्य शिवपूजन सहाय ने लिखा है : " 'मतवाला' कार्यालय की तीसरी मंजिल पर एक छोटा-सा एकान्त कमरा था। रात में सेठजी उसमें सोया करते थे और दिन-भर मैं उसमें 'मतवाला' का मैटर तैयार किया करता था। शाम को रोज बनारसी बूटी बनती थी। भाँग छानने के बाद कुछ घण्टे हम लोगों की सम्मिलित बैठक होती थी। उसमें अखबार की खबरों पर विचार-विनिमय होता था। देश-समाज, धर्म और साहित्य से सम्बन्ध रखने वाले महत्वपूर्ण समाचारों और ज्वलन्त राजनीतिक समस्याओं पर सूझ-बूझ भरी टिप्पणियाँ लिखने के लिए निश्चय किया जाता था। भंग की तरंग में सेठजी की सूझ-बूझ बड़ी निराली होती थी। मुंशीजी भी स्वाभाविक हास्य-विनोद लिखने में बड़े सिद्धहस्त थे। निराला की कविताओं ने भी 'मतवाला' की प्रतिष्ठा और लोकप्रियता बढ़ायी। उन्होंने 'सरस्वती' के अंकों की जो समालोचना लगातार लिखी—'गरगजसिंह वर्मा' के नाम से, उसे पढ़कर आचार्य द्विवेदी जी इतने क्षुब्ध हुए कि 'मतवाला' के अंक को आदि से अन्त तक अच्छी तरह संशोधित करके भेज दिया।"

'मतवाला' के कई स्थायी स्तम्भ थे। 'मतवाला' का 'चाबुक' स्तम्भ 'गरगजसिंह वर्मा' के नाम से निराला जी लिखते थे। प्रत्येक अंक के मुखपृष्ठ के लिए वे कविता भी लिखते थे। आलोचना भी वे ही लिखते थे। इतना ही नहीं निराला जी शिवपूजन की संपादकीय टिप्पणियों को देखते थे और अपेक्षित संशोधन भी करते थे। 'मतवाला मण्डल' में वे ही भाषा के आचार्य थे। "सेठ जी और मुंशीजी की अनुपस्थिति में मुद्रण सम्बन्धी सारा काम निराला जी को ही करना पड़ता था।" 'मतवाला' में कविता और समालोचना निराला जी के स्वीकृत करने पर ही छपती थी। निराला जी के प्रति सबके मन में विशेष आदर

का भाव था। 'मतवाला मण्डल' के सभी सदस्य अपने दायित्व का पालन स्वेच्छया और अत्यन्त उन्मुक्त ढंग से करते थे। किसी पर किसी प्रकार का दबाव नहीं था। 'मतवाला' (वर्ष 2, अंक 1) में सेठ जी ने अपने सक्रिय सहयोगी मित्रों के प्रति आभार प्रकट किया था। उसमें निरालाजी की चर्चा इस प्रकार है: "हम अपने मित्र पण्डित सूर्यकान्त त्रिपाठी 'निराला' (गरगज सिंह वर्मा) के भी बड़े उपकृत है जिन्होंने जाँच रिपोर्ट तैयार करने में बड़ी निपुणता से अपनी 'कसौटी' पर कसकर खरे-खोटे की पहचान बताते हुए हमारी सहायता की है और जो 'चाबुक' चलाने में चौकसी दिखाते हुए हमारे रथ को विकट मार्ग से निकालकर मुख्य लक्ष्य पर्यन्त निर्विघ्न खींच लाये हैं। 'निराला' नाम से त्रिपाठी जी ने हमारी जो कुछ सहायता की है वह हमारी इस श्रांतिपूर्ण यात्रा को शान्तिपूर्ण बनाने में यथेष्ट समर्थ हुए हैं और उसे हम बड़े सन्तोष के साथ अपने इष्टदेव के आगे रखते हैं, वे ही उन्हें इस सच्चे सौहार्द का पुरस्कार दें। प्रिय बन्धु 'निराला' की भावमयी कविताओं ने हमें विशेष रूप से तृप्त किया है। उनकी निराली स्वर-लहरी में गोते लगाकर हम अनेक बार गद्‌गद हो चुके हैं।···उनकी सुधा-मुखी लेखनी का सुमिष्ट प्रसाद ही हमारी इस साल-भर की यात्रा का मधुर सम्बल रहा है। उनके सौजन्य का सहारा पाकर हमें हिन्दी संसार को साल-भर तक नवीन सन्देश सुनाने का सौभाग्य प्राप्त रहा है, जिसका हमें गर्व है। आशा है, ईश-कृपा से, यह गर्व सदैव ही हमें गौरवान्वित करेगा।"

निराला ने 'मतवाला' को गौरव दिया और 'मतवाला' ने निराला नाम प्रस्तुत किया। 'मतवाला' का यह ऐतिहासिक महत्व है कि उसने हिन्दी के सर्वश्रेष्ठ स्वच्छन्दतावादी कवि को शीर्ष महत्व के साथ प्रस्तुत किया।

'मतवाला' का (अर्थात् गरगज सिंह वर्मा का) चाबुक बड़ा कड़ा था। उसकी चोट से बड़ी-बड़ी हस्तियों के पैर उखड़ जाते थे। गरगज सिंह वर्मा (अर्थात् पं० सूर्यकान्त त्रिपाठी निराला) चाबुक चलाते समय व्यक्ति-भेद नहीं करते थे और न तो मुरव्वत-संकोच में ही पड़ते थे। पत्रकार निराला की तटस्थता और सचेत दृष्टि का ही यह सबूत था कि अपने परम श्रद्धेय आचार्य पं० महावीर प्रसाद द्विवेदी की आत्मजा-सदृश प्रिय 'सरस्वती' पर कड़ी टिप्पणी करते भी उन्हें तनिक संकोच नहीं होता था। चाबुक की कुछ चोटें द्रष्टव्य हैं—

"बाबू श्यामसुन्दरदास बी० ए० कोषकार हैं। फिर क्या कहना! जो कुछ कहें जो कुछ पास कर दें, वही कोष में सुरक्षित हो जायेगा। खाता न बही, जो आप कहें सो सही। नागरी प्रचारिणी सभा की वार्षिक रिपोर्ट में आप का 'माधुरी और सरस्वती की होड़ाहोड़ी' का उल्लेख, देख, 'पियक्कड़' घोड़ा-घोड़ी भी हिनहिना पड़े।

"काशी नागरी प्रचारिणी सभा द्वारा प्रकाशित वृहत कोष में, उसके सम्पादक बाबू श्यामसुन्दरदास 'उल्लू सीधा करना' मुहावरे का उल्लेख करना बिलकुल भूल गये हैं। इससे हिन्दी वालों को अपना उल्लू सीधा करने में बड़ी अड़चन पड़ रही है। (वर्ष-1, अंक-2)।" अंक 5 में मतवाला का चाबुक सरस्वती की भाषा पर पड़ा है—

"आपके दूसरे नोट में है—हिन्दी के कुछ प्रकाण्ड पण्डितों के लिए पाश्चात्य साहित्य की चर्चा हिन्दी के लिए अशुभ सूचना है। पाश्चात्य साहित्य खूब लिये-लिये फिरे! कभी प्रकाण्ड पण्डितों के पास ले गये और कभी हिन्दी के पास! क्या पण्डितों के लिए यहाँ पिण्ड दाने चतुर्थी की व्यवस्था की है? जो कुछ कहना था, 'पण्डितों के मत से' कह देते।" कुछ और चलकर उसी नोट में आप लिखते हैं—"वे सभी लोगों के लिए पूज्य हैं।" 'लिए' के पीछे आप धोकर पड़ गये हैं। 'वे सभी लोगों के पूज्य हैं' लिखते तो क्या सरस्वती सम्पादक का गौरव घट जाता?"

इस चोट का अर्थ यह कतई नहीं समझना चहिए कि आचार्य श्यामसुन्दर दास और नागरी प्रचारिणी सभा के प्रति अथवा आचार्य महावीर प्रसाद द्विवेदी और उनकी 'सरस्वती' के प्रति 'मतवाला' और 'निराला' की अन्यथा धारणा थी। स्मरणीय है कि इन दोनों आचार्यों के सम्बन्ध में 'मतवाला' में श्रद्धामूलक लेख प्रकाशित हुए थे। विशेषत: आचार्य महावीर प्रसाद द्विवेदी के प्रति निराला जी के मन में बड़ी ऊँची प्रणति-भावना थी। द्विवेदीजी के सम्बन्ध में उन्होंने एक महत्वपूर्ण लम्बा संस्मरण भी लिखा था जिसका उल्लेख डॉ० रामविलास शर्मा ने अपनी पुस्तक में किया है। 'चाबुक' के अन्तर्गत छपी टिप्पणियाँ केवल इस बात की सबूत हैं कि निराला सचेत और निर्भीक संपादक थे। उनकी निर्भीकता में उनके पाण्डित्य और पौरुष की गहरी छाप और औचित्य का आग्रह है। उनमें पत्रकार की वह घटिया चालबाजी एकदम नहीं थी जिसके शिकार आज नामी लेखक और दम्भी पत्रकार हो गये हैं। कहना न होगा कि डूबकर पानी पीने वाले लोगों की नैतिकता कमजोर होती है और वे सत्य के समर्थन से हमेशा कतराकर चलते हैं। संपादक निराला की बड़ी विशेषता थी कि सत्य का पल्ला उन्होंने भारी से भारी विपत्ति में भी नहीं छोड़ा, जो अक्सर हमसे छूट जाता है, क्योंकि हम समृद्धि के भूखे और आभिजात्य के पीछे पागल हैं यानी कि निरूपाय हैं अपने दुर्बल मानस के सामने, शायद इसीलिए चतुर है तथ्यों को सन्दर्भ से काटकर अपने मानसिक कलुष का लेप लगाकर उसे बांकपन के साथ उछालने में। 'मतवाला' में टिप्पणियों और कविताओं के अतिरिक्त निराला के लेख भी छपते थे। 24 मई, 1924 के अंक में पं० सूर्यकान्त त्रिपाठी का लेख प्रकाशित हुआ है। शीर्षक है—कविवर बिहारी और कवीन्द्र रवीन्द्र। इसी प्रकार वर्ष 1, अंक (26 यानी 3

मई, 1924 के अंक) में 'कविवर श्री सुमित्रानन्दन पन्त' शीर्षक लेख प्रकाशित हुआ है। लेखक हैं—सूर्यकान्त त्रिपाठी। उक्त लेख की कुछ पंक्तियाँ द्रष्टव्य हैं : "खड़ी बोली की जिस कविता का प्रचार किया गया था, उसका स्वाभाविक कवि अब इतने दिनों बाद आया है, और हिन्दी का वह गौरव-कुसुम श्री सुमित्रानन्दन पन्त है।" अन्तिम स्थल इस प्रकार है, "खड़ी बोली में प्रथम सफल कविता आप ही कर सके ! आपसे हिन्दी को बहुत-कुछ आशा है। प्रार्थना है, हमारे इस अध-खिले फूल पर परमात्मा की शुभ दृष्टि रहे। इसका परागमय जीवन उनके विराट की ही सेवा के लिए है।" निरालाजी ने अपनी बात पन्तजी की कविताओं के अनेक स्थल उद्धृत कर पुष्ट की है।

28 जून 1924 के अंक 'नाचे उस पर श्यामा' शीर्षक विवेकानन्द की कविता छपी है. जिसके अनुवादक पं० सूर्यकान्त त्रिपाठी हैं।

इस प्रकार यह स्पष्ट है कि निरालाजी मतवाला-मण्डल में जब तक रहे 'मतवाला' के प्रति पूरी निष्ठा-रुचि लेकर रहे।

'मतवाला' के बाद निराला एक अरसे के बाद 'सुधा' के सम्पादकीय विभाग में गये थे। परिवार के भरण-पोषण के लिए अर्थ की आवश्यकता थी। गाँव पर इसके लिए कोई आधार-व्यवस्था नहीं थी। मैंने शुरू में चर्चा की है कि पत्रकारिता निराला का आदर्श या धर्म नहीं लाचारी थी—जीविका का एक कामचलाऊ माध्यम। विभिन्न पत्रों की नौकरियाँ 'स्वार्थ-समर' के ही विविध मैदान थे, जिनमें पूरी श्रम-साधना के बाद भी निराला विजयी न हो सके। उन्हें कहीं आर्थिक स्थिरता नहीं मिली। इसलिए आर्थिक स्वावलम्बन से सदा वंचित रहे। 'सुधा' में सम्पादकीय कार्यों के साथ ही निराला साहित्य-सामग्री भी देते थे। विवशता को सौन्दर्य का स्पर्श देकर निराला जीना चाहते थे। कदाचित् इसीलिए अपने सम्मान के प्रति बहुत ही सजग रहते थे। सम्मान छोड़कर 'बड़ा' बनने की कला में वे कोरे और कच्चे थे। थोड़ी असुविधा महसूस होते ही उन्होंने 'सुधा' का सम्पादकीय कार्य छोड़ दिया।

सन् 1932 में फिर पत्रकार के रूप में निराला कलकत्ता आये और उनके सम्पादन में 4 जून, 1932 को 'रंगीला' नामक साप्ताहिक पत्र प्रकाशित हुआ। पहली बार सम्पादक के रूप में निराला जी का नाम (सम्पादक पं० सूर्यकान्त त्रिपाठी 'निराला') इसी पत्र पर प्रकाशित हुआ। पहले अंक के मुख पृष्ठ पर प्रसाद जी का प्रसिद्ध गीत 'बीती विभावरी जाग री !" छपा। इस पत्र के 'दहाड़-स्तम्भ' में निरालाजी की ऊँची दहाड़ कँपा देने वाली होती थी। पहले ही अंक में उन्होंने रवीन्द्रनाथ की खूब खबर ली है। 'प्रवासी' में छपे रवीन्द्रनाथ के कुछ पत्रों पर निराला ने कड़ी टिप्पणी की है; "रवीन्द्रनाथ की दलील यह असर जरूर रखती है कि समझ के बच्चे उनके साथ हो जाते हैं, क्योंकि वे भावों के खिलौना-

पसन्द आदमी हैं, और भटकते हुए भटकना ही सबसे बड़ी बात समझते हैं।" ····"जिस तरह कविवर से मिलने के लिए जब लोग आते हैं, तब अपनी-अपनी राह से होकर ही आते हैं, एक आदमी एक ही वक्त सब राहों से होकर नहीं आ सकता, उसी तरह यदि किसी का एक ही राह से विकास हो और वह उसकी चरम सीमा हासिल कर सके तो वह वहाँ अनेक राहों से पहुँचे हुए सभी महापुरुषों के बराबर है, और सबके ज्ञान तथा पथ-कार्य का समर्थक समझदार। यही शतदल विकास की सार्थकता है। सीधा खिला हुआ कमल भी पूर्ण विकसित है और झुककर खिला हुआ भी पूर्ण विकसित, उतना ही बड़ा, वैसा ही विकसित। रवीन्द्रनाथ सीधे खिले पद्म को टेढ़ा खिलने का न उपदेश कर सकते हैं, न समर्थन। अगर करेंगे तो उनकी अल्पज्ञता और कठहुज्जती होगी।"

एक ओर कण्ठ की यह उन्मुक्तता और सत्य का यह ताप और दूसरी ओर 'रंगीला' के मालिक की सड़ी व्यवसाय-बुद्धि। निराला के लिए समझौता कठिन था। रंगीला-संचालक निराला की सहृदयता और नाम-यश का अतिरिक्त अर्थ-लाभ के लिए दुरुपयोग करना चाहता था—ब्लैकमेलिंग का माध्यम बनाना चाहता था। निराला को इससे गहरा आघात पहुँचा और वे 'रंगीला' से नाता तोड़कर अपने मित्र पं० नन्ददुलारे वाजपेयी के यहाँ प्रयाग, जहाँ वे 'भारत' का सम्पादन कर रहे थे, लौट आये। आचार्य पं० नन्ददुलारे वाजपेयी ने लिखा है कि "निरालाजी उस यात्रा में कलकत्ता जाते समय भी मेरे पास ठहरे थे और कलकत्ता से कुछ ही सप्ताह बाद (!) लौटकर भी मेरे यहाँ आये थे। दोनों ही अवसरों पर मैंने उन्हें काफी उद्विग्न और अवसन्न पाया। 25 का अदम्य उत्साह 32 के कठोर अनुभव और अवसाद में परिणत हो चुका था। निराला जी का यह परिवर्तन देखकर मुझे कष्ट हुआ था। मैंने यही समझा कि परिस्थितियाँ मनुष्य और मानव-प्रतिभा को दबाने की कितनी बड़ी साधन है।" विशेषकर हमारे देश में जहाँ अर्थ-शुचिता का आग्रही बनकर आदमी भूखों मर जाता है! शुरू में संकेत किया गया है कि परिस्थितियाँ थीं जो विवश करती थीं निराला को अखबारों में नौकरी करने के लिए, अन्त:प्रेरणा से प्रेरित होकर वे पत्रकार नहीं बने थे। 'रंगीला' का सम्पादन करने कलकत्ता जाते समय उनके चेहरे पर जो खिन्नता थी वह इसी मजबूरी का संकेत था और 'रंगीला' से लौटने के बाद उनके चेहरे पर वाजपेयी जी को जो अवसाद दिखाई पड़ा था वह 'स्वार्थ-समर' में पराजित योद्धा का स्वाभाविक अवसाद था।

लाचारी जब आदमी की नियति बन जाती है तो उसके लिए अपनी रचनात्मक शक्ति की रक्षा बड़ी कठिन हो जाती है। निराला के संस्कार का आग्रह था कि अर्थशुचिता के प्रति वे सचेत रहे, मेहनत की कमाई को कमाई समझे। इस संस्कार के सामने निराला निरूपाय थे। इतना ही नहीं और भी अनेक

मजबूरियों से उन्हें जूझना पड़ा था। 'पन्त और पल्लव' शीर्षक लम्बा निबन्ध लिखना, पं० बनारसीदास चतुर्वेदी के अंगरेजी-ज्ञान की आलोचना करना, रवीन्द्रनाथ से अपने को बड़ा सिद्ध करने की कोशिश करते रहना, अंगरेजी भाषा-साहित्य की अपनी गहरी अभिज्ञता की अक्सर चर्चा करते रहना, हिन्दी के धौरन्धरिक वैय्याकरणों के व्याकरण-दोष देखते-दिखाते रहना, हिन्दी के सम्मान के प्रश्न पर गांधी जी से लड़ना तथा नाना प्रकार के पारिवारिक अभाव की पीड़ा सहते-झेलते अन्तत: मानसिक सन्तुलन खो बैठना—निराला की साध नहीं मजबूरी थी। मजबूरी इसलिए कि उचित-अनुचित का उनमें पूर्ण विवेक था, स्वाभिमान पुष्ट और जागृत था, चरित्र रेहन रखकर चलने की कला उन्हें नहीं आती थी और न तो ईमान हेठकर 'महत' बनने और 'भोग-साधन' जुटाने की चालाकी उनमें थी। शायद तभी अपने पेशे पत्रकारिता के प्रति निराला कमजोर नहीं हो पाये।

स्वातंत्र्योत्तर हिन्दी पत्रकारिता : एक कृती साहित्यकार की भूमिका

मनुष्य के उजड़ते संवेदना-छंद की रक्षा के निमित्त सदा सक्रिय भारती के प्रातिभ मानस का परिचय देते हुए अज्ञेय ने लिखा है, 'अथक-सामर्थ्य और अध्यवसाय, बहुमुखी क्रियाशीलता प्राचुर्य, चिर जाग्रत चिर निर्माणशील कल्पना, सतत् जिज्ञासा और पर्यवेक्षण, देश काल का युग सत्य के प्रति सतर्कता, परम्परा-ज्ञान, मौलिकता, आत्मविश्वास और—हाँ, एक गहरा विनय। भारती में ये सभी विद्यमान है।" इसी कृती मानस की कृती अभिव्यक्ति के लिये नाना पंथा-विधा को अपनाते रहे हैं डा० धर्मवीर भारती। पत्रकारिता, जो एक दिन उनकी मजबूरी थी, एक दिन वैचारिक ऊष्मा का 'संप्रेषण-सेतु' बनी।

'संगम' में उप संपादक का कार्य भारती की व्यावहारिक कठिनाइयों का प्रीतिकर समाधान था। विश्वविद्यालय के छात्र को अपनी आजीविका और पढ़ाई का खर्च चलाने के लिए कोई कामचलाऊ माध्यम अपेक्षित था। 'संगम' के प्रकाशित होते ही नयी साहित्य-पीढ़ी के परम हितैषी, पुराने साहित्यकारों के आत्मीय मित्र पं० वाचस्पति पाठक के प्रयत्न से भारती को उपसंपादक का कार्य मिल गया। 'संगम' के संपादक थे हिन्दी के श्रेष्ठ कथा-शिल्पी पं० इलाचन्द्र जोशी। उनके सहयोगी थे (स्व०) गंगाप्रसाद पाण्डेय, श्री धर्मवीर भारती, श्री ओंकार शरद और श्री रमानाथ अवस्थी। यद्यपि 'संगम' का कार्य एक व्यक्तिगत विवशता के विकल्प के रूप में भारती ने स्वीकार किया था, किन्तु उनकी परवर्ती वैचारिक भूमिका और साहित्यिक व्यक्तित्व-निर्माण में उससे अपेक्षित आनुकूल्य मिला। 'संगम' के सम्पादन के मूल में पं० इलाचन्द्र जोशी की ही दृष्टि थी, उन्हीं की परिकल्पना के अनुसार 'संगम' निकलता था, किन्तु भारती की प्रतिभा और कार्य-दक्षता से पूर्णतः आश्वस्त होकर जोशीजी ने उदारतापूर्वक उन्हें 'संगम' के आयोजन-संपादन का स्वतंत्र दायित्व सौंपा। संपादन सम्बन्धी इस स्वतंत्रता के द्वारा 'संगम' में ही भारती ने अभ्यास किया कि लोक-रुचि से समझौता किये बगैर साहित्यिक स्तर की सामग्री देकर लोक-रुचि को प्रशिक्षित, उन्नत और

संस्कृत किया जा सकता है, संस्कृति-चेतना से उसे सीधे जोड़ा जा सकता है। 'संगम' के संपादन ने ही सचित्र पत्रिका के महत्त्व को स्पष्ट किया और भारती की यह धारणा बनी कि सचित्र पत्रिका की लोक-रुचि के संस्कार में महत्त्वपूर्ण भूमिका हो सकती है। 'संगम' में सहायक सम्पादक के रूप में भारती का प्रवेश सन् 1948 के आसपास हुआ था। 'संगम' में कार्य करते हुए उन्होंने अपनी प्रसिद्ध औपन्यासिक कृति 'गुनाहों का देवता' की रचना की थी।

राजनीतिक स्वाधीनता अर्जित करने के साथ भारतीय मानस में जो विराट विकास-सम्भावना उदित हुई थी, उसका उल्लास अभी मन्द नहीं पड़ा था, किन्तु मनुष्य की महिमा को विरूप करने वाली विचारधारा भारतीय साहित्य में घुस गयी थी, अपना प्रभाव बढ़ाने लगी थी, जिसके प्रति भारती की प्रतिभा शुरू से ही सचेत थी। भारती की प्रतिभा पक्षाग्रही थी मानवीय मूल्यों की, उसकी स्वतंत्र इकाई की रक्षा की, अभिव्यक्ति की स्वतंत्रता की। भारती सचेत थे साहित्य में घुसने वाले विजातीय हस्तक्षेप के प्रति। साहित्य की आड़ में उठने वाले उस राजनीतिक आन्दोलन के विरुद्ध, जो मानवीय स्वतंत्रता के संहार का उद्देश्य लेकर आविर्भूत हुआ था, वैचारिक जमीन तैयार करने के लिये भारती ने 'संगम' में छपने वाली साहित्य-सामग्री के चयन में अपनी सम्पादन-दक्षता का परिचय दिया था। 'संगम' में यद्यपि सभी विचारधारा की सामग्री छपती थी, किन्तु प्रमुखता उसकी रहती थी जो मानवीय संवेदना-स्वतंत्रता की हिमायत करनेवाली थी। परवर्तीकाल में भारती ने अपने साहित्यिक मित्रों के सहयोग से प्रयाग की साहित्यिक संस्था 'परिमल' के मंच से जो आयोजन किये उसकी भूमिका 'संगम' में ही बन चुकी थी, ठीक वैसे ही जैसे 'संगम' में कार्य आरंभ करने के पूर्व पत्रकारिता की कला का ज्ञान उन्हें पद्मकान्त मालवीय के सम्पादन में निकलने वाली पत्रिका 'अभ्युदय' में कार्य करते प्राप्त हो चुका था। 'अभ्युदय' के बहुचर्चित 'सुभाष अंक' की अधिकांश सामग्री भारती ने तैयार की थी। यद्यपि उस पत्रिका पर उनका नाम नहीं छपता था ठीक वैसे ही जैसे 'मतवाला' के सम्पादक के रूप में महादेव प्रसाद सेठ का नाम छपता था और अधिकांश सम्पादकीय कार्य आचार्य शिवपूजन सहाय, निराला, उग्र और मुंशी नवजादिक लाल को करना पड़ता था।

इतिहास बताता है कि हिन्दी साहित्य में जन-जीवन का आग्रह प्रगतिशील आन्दोलन के साथ उग्र हुआ था। छायावादी साज-सज्जा को छोड़कर साहित्य की भाषा-भंगिमा ने नया मोड़ लिया था। अप्सरा लोक से उतार कर कविता को धरती की वेदना-संवेदना के समीप लाने का आग्रह मुखर हुआ था सन् 1936 के आस-पास। 'प्रगतिशील लेखक संघ' के लखनऊ अधिवेशन के सभापति-पद से प्रेमचन्द ने साहित्य के सत्य को स्पष्ट करते हुए कहा था कि "वह देश भक्ति और

राजनीति के पीछे चलनेवाली सचाई भी नहीं है, बल्कि उसके आगे मशाल दिखाती हुई चलनेवाली सचाई है।" उस ऐतिहासिक भाषण के शुरू में ही प्रेमचन्द ने कहा था कि "प्रगतिशील लेखक संघ, यह नाम ही मेरे विचार से गलत है। साहित्यकार या कलाकार स्वभावतः प्रगतिशील होता है, अगर यह उसका स्वभाव न होता तो शायद वह साहित्यकार ही न होता।" और कालान्तर में यह स्पष्ट हुआ कि प्रगतिशीलता के नाम पर साहित्य पर राजनीतिक दर्शन विशेष का बोझ लादने की चेष्टा शुरू हुई है, परिणामतः वह सचाई साहित्य से छूट रही है, जिस ओर प्रेमचन्द ने संकेत किया था और साहित्य राजनीति का पिछलग्गू बनता जा रहा है और वह मशाल बुझ रही है जो बकौल मुंशी प्रेमचन्द के आगे चलनेवाली, राजनीति को दिशा-संकेत देनेवाली मशाल है। सहज ही जरूरत महसूस हुई ऐसे साहित्य की जो जीवन की प्रामाणिक सचाई से सम्पन्न हो। इसी जरूरत से प्रेरित था 'प्रतीक' का प्रकाशन और 'परिमल' की स्थापना। 'प्रतीक' में प्रकाशित साहित्य और 'परिमल' की विशेष गोष्ठी में आचार्य नन्ददुलारे वाजपेयी और दिनकर को विशिष्ट भूमिका पर आमंत्रित करना इस बात का प्रमाण है कि 'प्रतीक' और 'परिमल' के उद्योक्ताओं के मन में किसी प्रकार का दुराग्रह नहीं था। 'प्रतीक' में अनेक नये हस्ताक्षरों के साथ मैथिलीशरण गुप्त, सियारामशरण गुप्त, नवीन, पंत दिनकर, बच्चन, लक्ष्मीनारायण मिश्र, जैनेन्द्रकुमार, बाबू गुलाब राय और आचार्य हजारीप्रसाद द्विवेदी की रचनायें छपीं। विष्णुदे, गोर्की, सज्जाद जहीर, नागार्जुन, प्रकाशचन्द्र गुप्त, भगवतशरण उपाध्याय, मुक्तिबोध, त्रिलोचन और अमृत राय जैसे मार्क्स दर्शन में आस्था रखने वाले लोगों को स्थान मिला। राहुल सांकृत्यायन और यशपाल पर भगवतशरण उपाध्याय और अश्क के लम्बे निबंध प्रकाशित हुए। साहित्य-संस्कृति में प्रगति का हल्ला करने वालों को 'प्रतीक'-सम्पादक वात्स्यायन ने अपनी उदार दृष्टि द्वारा सचेत किया था, "हम यह नहीं मानते कि प्रगति केवल अतीत से कटकर, अपनी सारी परम्परा को उच्छिन्न करके ही है—क्योंकि यह तो एक-दूसरे प्रकार की आकाश बेल हो गयी, और यदि जड़ें धरती में नहीं हैं तो इससे क्या कि आकाश संघर्ष के धुएँ से काला अथवा लाल है। हम समझते हैं कि प्रगति प्राचीन मर्यादाओं को भीतर से प्रसृत करके उदार बनाने में है, परम्पराओं के खंडन में नहीं बल्कि मंडन और उन्नयन में है।" 'प्रतीक' की भूमिका परम्परा-उन्नयन और नयी संचेतना की प्रतिष्ठा की भूमिका थी। 'परिमल', जिसके उद्योक्ता नयी पीढ़ी के साहित्यकार रहे हैं, उसी उदार प्रेरणा से जुड़ा रहा, जो 'प्रतीक' के साथ जुड़ी थी। 'परिमल' के सक्रिय सदस्यों में सुमित्रानंदन पंत, पं० इलाचन्द्र जोशी, श्रीमती महादेवी वर्मा और पं० वाचस्पति पाठक जैसे पुरानी साहित्य-पीढ़ी के लोग रहे हैं। इतना ही नहीं 'परिमल' द्वारा आयोजित विचार-गोष्ठियों में

मार्क्सवादी विचारधारा के लोग भी आमंत्रित किये जाते रहे हैं, सक्रिय भूमिका निभाते रहे हैं। यह इस बात का प्रमाण है कि विजातीय आदेशों-निर्देशों से रची जाने वाली साहित्यिक शिविरवादिता और दुराग्रह से 'परिमल' मुक्त था, इसलिए सहज ही युक्त था उस सचाई से जो साहित्य की सचाई होती है, और जिसका संकेत प्रेमचन्द ने बड़ी खुली भाषा में दिया था। इस प्रकार छायावादी भाव-भूमि को धरती के निकट लाने का जो आग्रह प्रकट हुआ उसकी दो स्पष्ट आवाज़ सुनाई पड़ी, दो अलग-अलग राह बन गयी। एक राजनीति से बेहद सटकर उसके संकेत पर चलने वाली राह थी, दूसरी साहित्य की सचाई की रक्षा का उद्देश्य लेकर चलनेवाली राह। इसलिए सहज ही वह मनुष्य की वेदना-संवेदना से जुड़कर चलनेवाली राह बनी—मानवीय मूल्यों को विरूप करने वाली शक्ति को टोकनवाली रहा, मनुष्य की अस्मिता-स्वतंत्रता की हिमायत करनेवाली राह। यह राह ज्योतित थी उस मशाल से जो राजनीति के पीछे नहीं, आगे चलती है। एक बड़े अन्तराल के बाद साहित्य की भाव-भंगिमा में नया प्रयोग शुरू हुआ, जिस पर पुरानी पीढ़ी ने लगभग वैसा ही कड़ा आक्रमण किया जैसा एक दिन उसकी पूर्व पीढ़ी ने छायावाद पर किया था।

प्रगतिवादी आन्दोलन विभिन्न राह-घाटों-पत्र-पत्रिकाओं से होता हुआ श्री शिवदान सिंह चौहान की 'आलोचना' में पहुँच गया था। 'आलोचना' में श्री शिवदान सिंह चौहान के सहयोगी थे श्री नामवर सिंह जो मार्क्सवाद के टटके प्रभाव में सोच-विचार रहे थे। श्री शिवदान सिंह चौहान के हाथ से निकल कर 'आलोचना' भारती और उनके मित्रों डा० रघुवंश, डा० ब्रजेश्वर वर्मा, विजयदेवनारायण साही के हाथ में आयी। और इस प्रकार 'परिमल' के मंच से जो विचार-दृष्टि उठायी जा रही थी उसकी प्रस्तुति का एक अनुकूल माध्यम मिल गया। 'आलोचना' का इतिहास इस दृष्टि से भी रोचक और महत्वपूर्ण है कि वह विपरीत राहों-घाटों से चली है। यानी वैचारिक पैंतरे बदल-बदल कर चली है, सम्पादकों के परिवर्तन के साथ उसकी वैचारिक भूमिका बदलती रही है। इस प्रकार हिन्दी की विविध चिन्तन-धाराओं का वह अभिव्यक्त-माध्यम रही है।

स्वाभाविक था कि डा० भारती और उनके समानधर्मी मित्रों के सम्पादन में प्रकाशित 'आलोचना' व्यक्ति-स्वतंत्रता के पक्ष वाले विचारों को प्राथमिकता के साथ प्रस्तुत करती। भारती के सम्पादन में 'आलोचना' ने साहित्य के सामयिक और आधुनिक प्रश्नों पर अनेक महत्त्वपूर्ण निबंध प्रस्तुत किये। संपादकीय वक्तव्यों द्वारा भारती उन तमाम स्थापनाओं-धारणाओं का निरसन करते रहे, जो नवीनता और प्रगतिशीलता की आड़ में साहित्यिक मूल्यों और लेखकीय स्वतंत्रता के महत्त्व को कमजोर करनेवाली थीं। सामाजिक औचित्य का हल्ला बोलकर

जो व्यक्ति-स्वतंत्रता को खारिज कर देने पर तुले हुए थे भारती ने अपने प्रखर चिन्तन और चिन्तक मित्रों के सक्रिय सहयोग से उनका मुकाबला किया। आलोचना 16 के 'दायित्व और स्वातंत्र्य : अविच्छिन्न मूल्य' शीर्षक सम्पादकीय वक्तव्य में भारती ने लेखकीय दायित्व और साहित्यिक मूल्य सम्बन्धी अपनी धारणा स्पष्ट की कि "मानवीय स्वाधीनता मौलिक प्रतिमान है, अतः मानवीय नैतिकता का आधार यही है कि प्रत्येक व्यक्ति अपनी स्वाधीनता चाहता हुआ दूसरों की समान स्वतंत्रता की कामना करे।

"साहित्य के प्रतिमान मूल मानवीय प्रतिमानों से भिन्न या उनके विरोधी नहीं हो सकते, अतएव स्वाधीनता साहित्य का भी मौलिक प्रतिमान है। साहित्य के द्वारा उस स्वाधीनता को निरन्तर विकसित करते चलना, मानव को स्वाधीनतर बनाते चलना, उसकी असीम सम्भावनाओं को परस्पर उपलब्ध करते चलना साहित्यकार का दायित्व है। यह दायित्व उसके मर्म में से उद्भूत होता है, किसी बाहरी संगठन या सत्ता द्वारा उस पर आरोपित नहीं किया जाता। आस्था से प्रेरित और स्वेच्छा से किया गया कर्म ही स्वाधीनता को आगे बढ़ा सकता है, दूसरे के द्वारा आदिष्ट कर्म नहीं। व्यक्ति का विवेक व्यक्ति का दायित्व है जिसे किसी दूसरे में न्यस्त नहीं किया जा सकता। हम कलात्मक कृतित्व की सार्थकता एवं जनहित की व्यापक स्थापना का एकमात्र साधन यही मानते हैं कि असुविधाओं के रहते हुए भी सम्प्रति मानव-अस्तित्व में मूल प्रतिमान का आग्रह बना रहे और उसकी उपलब्धि का प्रयास सतत होता रहे।

"हम मनुष्य की सम्भावनाएँ असीम मानते हैं। वह हमारे कला-निर्माण का केन्द्र-बिन्दु है। वह हमारी आस्था का आधार है। दिग्भ्रम, संकीर्णता, मिथ्या विश्वास, ध्वंस, निराशा पूर्वग्रह, मानव द्रोही चिन्तन-पद्धतियों और साहित्यिक सम्प्रदायों के युग में हम निर्भय होकर असीम संभावना युक्त सम्पूर्ण मनुष्य को पुनः प्रतिष्ठित करते हैं।"

इसके विपरीत कम्यूनिस्ट विचारक की मान्यता है कि मनुष्य की विचार-धारा का मूल स्रोत शुद्ध विचार न होकर समाज की आर्थिक व्यवस्था होती है। हिन्दी के यशस्वी मार्क्सवादी साहित्य-चिन्तक डॉ० रामविलास शर्मा की धारणा है कि "बुद्धिजीवियों में तरह-तरह के भरम होते हैं जिनको दूर करना जरूरी है। एक भरम यह है कि हम सिद्धान्त रचना करते हैं, हम साहित्य लिखते हैं, हम विज्ञान की सृष्टि करते हैं, हमें वर्गों के संघर्ष से क्या मतलब।" यानी यह भ्रम है! कितनी निर्भ्रान्त दृष्टि है! यही दृष्टि खास राजनीतिक विचार-सरणि का आग्रह करते उस राह की ओर इशारा करती है 'जिस रास्ते मार्क्स, एंगेल्स और रूस के बुद्धिजीवी चले थे, वह क्रान्ति का कठिन रास्ता था उस पर चलने के लिए निहायत ईमानदारी, धीरज, त्याग और बलिदान की जरूरत थी।' हर तरह से

ठोक-पीटकर डॉ० रामविलास शर्मा घोषणा करते हैं कि "बुद्धिजीवियों के सामने इनसे अच्छी और कोई मिसाल नहीं हो सकती जिनसे वे प्रेरणा लें और जिनके बताये हुए रास्ते पर चलें।" सवाल यह है कि क्रान्ति के इस कठोर रास्ते पर चलने के लिए शर्माजी जिस निहायत ईमानदारी, धीरज, त्याग और बलिदान की जरूरत महसूस करते हैं वह आज के भारतीय बुद्धिजीवियों, स्पष्ट ही उनके समानधर्मा मार्क्सवादी बुद्धिजीवियों में किस मात्रा में है? अगर नहीं है और हकीकत है कि अपेक्षित मात्रा में नहीं है तो फिर क्या मार्क्स, एंगेल्स की राह पर आँख मूंद कर सरपट दौड़ने से क्रान्ति पैदा हो जायेगी? डा० रामविलासजी भारतीय बुद्धिजीवियों को समझाते हैं, "मार्क्सवादी दर्शन क्रान्तिकारी दर्शन है। वह समाज की गति को समझने और उसे बदलने का दर्शन है। इसलिए उसे अपनाने वाला बुद्धिजीवी—और उसे अपनाकर ही बुद्धिजीवी सही रास्ता पा सकता है—वर्गसंघर्ष से दूर नहीं रह सकता।" यानी शर्माजी के प्रिय हिन्दी लेखक भारतेन्दु, प्रेमचन्द, माखनलाल चतुर्वेदी, निराला, रामचन्द्र शुक्ल और वृन्दावनलाल वर्मा का रास्ता सही रास्ता नहीं था, क्योंकि विज्ञप्त है, वे मार्क्सवादी राह के राही या मार्क्सवादी दर्शन के अनुगामी नहीं थे।[1] तो क्या आँख मूंद कर इनके कृतित्व को इतिहास से खारिज कर दिया जाय? यहाँ भ्रम की काफी गुंजाइश है, किन्तु शर्माजी बुद्धिजीवियों के दूसरे 'भरम' की ओर संकेत करते हैं, "बुद्धिजीवियों को यह भरम हो सकता है कि उनकी यह विचारधारा सामाजिक परिस्थितियों से परे है और वे उनसे ऊपर उठकर अपनी सिद्धान्त रचना कर सकते हैं। विचारधारा विचारों की धारा है इसलिए वे उसका उद्गम शुद्ध विचारों में मान सकते हैं।"

दिक्कत यह है कि विचारक की आस्था और महत् वैयक्तिक सजगता को शर्माजी उसका 'भरम' मानते हैं। जिस मार्क्स और एंगेल्स को शर्माजी क्रान्ति-स्रष्टा और मनुष्य जाति का भाग्य पलटने वाला मानते हैं उनके सम्बन्ध में इस तथ्य को स्पष्ट स्वीकार करते हैं कि सामाजिक दृष्टि से कार्लमार्क्स और एंगल्स पूँजीवादी बुद्धिजीवियों में से थे। यानी साधन-सम्पन्नता और बाबूगिरी उन्हें

1. आचार्य महावीर प्रसाद द्विवेदी की प्रगतिशील विद्या-दृष्टि को रेखांकित करते डॉ० रामविलास शर्मा ने अपनी प्रसिद्ध पुस्तक 'महावीर प्रसाद द्विवेदी और हिन्दी नवजागरण' में लिखा है, "द्विवेदीजी मार्क्सवादी विचारक नहीं थे। इसके साथ ही निवेदन है कि किसी मार्क्सवादी विचारक को यह भ्रम न होना चाहिए कि उसका चिन्तन द्विवेदीजी के समग्र चिन्तन से अधिक वैज्ञानिक और प्रगतिशील है। मेरी समझ में भारत के 'बड़े-से-बड़े मार्क्सवादी विचारक द्विवेदीजी के लेखन से अब भी बहुत कुछ सीख सकते हैं।"
—डॉ० रामविलास शर्मा, महावीर प्रसाद द्विवेदी और हिन्दी नवजागरण, भूमिका—पृ० 19

सहज ही उपलब्ध थी, जिसे स्वेच्छया त्याग कर उन्होंने पीड़ित मजदूरों-किसानों के हित की हिमायत शुरू की, सर्वहारा वर्ग के अधिकारों के समर्थन में विचार की रचना की। अपने दर्शन की जड़ जमाने के लिए और उसके व्यापक प्रभाव-प्रचार के लिए वे देश-विदेश में भटकते रहे, गरीबी और मुसीबतों का सामना करते रहे। इस नियति को या कहें लोक-यात्रा के कठोर मार्ग को चुनने के लिए उन्हें किसी बाहरी शक्ति ने बाध्य नहीं किया, इसके पीछे स्पष्ट ही उनकी अपनी संवेदना थी, अपना विचार था। इसे स्वीकार करना नितांत कठिन है कि किसी विचारधारा का मूल स्रोत विचारक का व्यक्तित्व नहीं समाज की आर्थिक व्यवस्था होती है। 'आलोचना'-संपादक डा० धर्मवीर भारती जब इस विचार का समर्थन करते हैं कि "प्रगति की कसौटी मनुष्य है—मनुष्य अपनी आन्तरिक मर्यादाओं सहित। और बाह्य परिस्थितियाँ उसका आन्तरिक विकास करें ही यह आवश्यक नहीं। आन्तरिक विकास के लिए आन्तरिक प्रेरणा होनी चाहिए।" तो डा० रामविलास शर्मा को यह यथार्थ की भूमि पर प्रामाणिक नहीं लगता। किन्तु अपनी आन्तरिक प्रेरणा के नितांत विपरीत परिस्थिति में जीने वाले कार्लमार्क्स, एंगेल्स और इनके सदृश ही डॉ० शर्मा को प्रिय आधुनिक हिन्दी के शलाका पुरुष भारतेन्दु का आन्तरिक प्रेरणा से रचित कृतित्व इस धारणा को प्रामाणिक घोषित करता है, ठीक वैसे ही जैसे सम्पूर्ण आधुनिक हिन्दी साहित्य डा० शर्मा की इस उक्ति को अप्रामाणिक सिद्ध करता है कि "चोटी के बुद्धिजीवी अपने रहन-सहन और विचारों से पूंजीवादी वर्ग के सबसे ज्यादा नजदीक रहते हैं।"

डॉ० शर्मा स्वयं चोटी के बुद्धिजीवी हैं, किन्तु उनके विचार को पूंजीवादी वर्ग के निकट देखना सूर्य के ताप में चाँदनी की मधुर शीतलता महसूस करने जैसा है। बल्कि विडम्बना यह है कि डॉ० रामविलास शर्मा जैसे कुछेक अपवाद को छोड़कर सर्वहारा वर्ग की हिमायत में हल्ला बोलनेवाले अधिकांश मार्क्सवासी बुद्धिजीवी गैरमार्क्सवादी की तुलना में अपनी रईसी, जिसे शर्माजी 'बाबूगिरी' कहते हैं, और अपने रहन-सहन द्वारा पूंजीवादी सुविधा-भोग के प्रति सतृष्ण दिखाई पड़ते हैं। ये अगवाह राह (शार्ट कट) से काजी मियाँ बनने वाले महत्त्वाकांक्षी लोग जनवाद की माला जपते अपने को प्रगतिशील और बाकी संसार को प्रतिक्रियाशील घोषित करते हैं। भारती ने 'आलोचना' के माध्यम से घोषणा की कि साहित्य की कसौटी मनुष्य है, राजनीति नहीं। देश और दुनिया की राजनीतिक गतिविधि से साहित्यकार की निरपेक्षता का आग्रह आलोचना-सम्पादक के वक्तव्य में कहीं नहीं दिखाई पड़ता, बल्कि स्पष्ट दिखाई पड़ती है राजनीति और राजनीतिक मतवाद के अंधे अनुकरण पर चलनेवाली साहित्य-धारा और विचारधारा की प्रखर विरोधी विचारणा। डॉ० रामविलास शर्मा ने 1949 में हिन्दी समालोचना के उत्तरदायित्व पर विचार करते हुए कहा था,

'निश्चय ही साहित्य की कसौटी राजनीति की कसौटी नहीं है, परन्तु क्या इससे साहित्यकार अपने सामाजिक और राजनीतिक दायित्व से बरी हो जाता है ?" कदापि नहीं । यदि साहित्यकार अपने समग्र दायित्व के प्रति सजग है, जो महत् दायित्व है, तो वह राजनीति की हर धड़कन को समझता है, उसके प्रति अपनी जिम्मेदारी भी समझता है, अपने सामाजिक दायित्व के प्रति भी सचेत होता है, और सहज ही सचेत होता है, और कदाचित् तभी वह यह भी समझ पाता है कि राजनीति साहित्य की कसौटी नहीं है, नहीं हो सकती । किन्तु मनुष्य की पीड़ा और भौतिक संघात से जन्मी स्थितियों की अभिव्यक्ति के लिए साहित्यकार के पास यदि केवल राजनीतिक भाषा-भंगिमा ही बच गयी हो तो मानना चाहिए कि वह अपनी ऊँची भूमिका से स्खलित हो गया है और ऐसी स्थिति में राजनीतिक दर्शन का अनुगामी बन जाना, अभ्यास से अर्जित अपनी अभिव्यक्ति-क्षमता को राजनीति और राजनीतिक दार्शनिकों के स्तवन में नियोजित करना उसकी सहज लाचारी बन जाती है । असल में क्रान्ति की महत्वाकांक्षा और अपनी मनीषा को निर्दिष्ट सीमा में सक्रिय रखना दोनों में स्पष्ट विरोध है । मनुष्य को विरूप और विकलांग बनाने वाली समाज-व्यवस्था के विरुद्ध क्रान्ति-बीज से सम्पन्न होती है साहित्यकार की प्रतिभा, ठीक वैसे ही जैसे आन्तरिक प्रेरणा से विच्छिन्न होकर बाहरी आदेशों-निर्देशों से उसकी प्रतिभा विक्षत-विकलांग और अन्ततः बंजर हो जाती है । इसी बाहरी हस्तक्षेप और मनुष्य की नाना विवशताओं का विरोध तथा लेखक की आन्तरिक प्रेरणा, वैयक्तिक स्वतंत्रता और उसकी कृती शक्ति की रक्षा और उसके उचित नियोजन में भारती ने जब 'आलोचना' के सम्पादकीय वक्तव्यों द्वारा आवाज़ उठायी तो रामविलास शर्मा जैसे ज्येष्ठ मार्क्सवादी विचारक को भ्रम हुआ कि हिन्दी में 'कांग्रेस फार कलचरल फ्रीडम' की प्रेरणा सक्रिय हो गयी है। डा० रामविलास शर्मा की राजनीतिक आस्था को जब प्रतिपक्षी विचार का धक्का लगता है, वे इसी प्रकार की चौंकाने वाली उद्भावना करते दिखाई पड़ते हैं । एक दूसरे सन्दर्भ में साहित्य-समीक्षकों को दायित्व-सचेत करते हुए वे कहते हैं, "जो लोग साहित्य को ठेलकर बर्बरता के युग में ले जाना चाहते हैं, घृणा और हत्या के भाव उकसाने के लिए उसे एक साधन बनाना चाहते हैं और इस प्रकार अप्रत्यक्ष रूप से शोषक वर्ग के स्वार्थों की रक्षा करना चाहते हैं, उनका विरोध करना प्रत्येक साहित्यकार और विशेष रूप से प्रत्येक समालोचक का कर्तव्य है । यह उत्तरदायित्व समालोचकों पर है कि वे देश के नये जनजागरण को वास्तविक जागरण बनायें ।"

समालोचक डा० शर्मा क्या यह नहीं समझते कि साहित्य को बर्बरता की ओर राजनीति ठेलती है, विशेषतः वह राजनीति जिसके मूल में घृणा और हिंसा के बीज हैं ? जिस नये जनजागरण के आग्रही-आकाँक्षी हैं डा० शर्मा क्या वह रूस

द्वारा निर्दिष्ट मार्क्सवादी राह पकड़कर ही वास्तविक जागरण बन सकता है ? साहित्यकार और साहित्य-चिन्तक रूस द्वारा प्रचारित कम्यूनिस्ट विचारधारा की ओर ही अपने ज्ञानगवाक्ष को खोलकर सही, ज्ञान-समृद्ध और जन-चेतना के प्रति उदार बन सकते हैं ? जिस विचार-दर्शन के संस्पर्श से ही लेखक-चिन्तक प्रशासन की मशीन का अंग बन जाता है और उसकी प्रतिभा सरकारी फरमानों के अनुरूप चलने को विवश हो जाती है, उसे मनुष्य के जागरण के लिए विधायक मानना और डा० रामविलास शर्मा जैसे निर्भीक चिन्तक का उसकी हिमायत में तर्कों को ताक पर रख देना सचमुच चौंकाने वाली बात है। डा० शर्मा एक ओर अपनी ज्ञान-गुरुता और काव्य-विवेक से साहित्य के बड़े-बड़े धौरन्धरिकों को विस्मित करते हैं, दूसरी ओर अपनी राजनीति-प्रेरित उद्भावनाओं से काव्य-संस्कार और साहित्यिक मूल्यों को निछोह धक्का देते हैं। यद्यपि डॉ० रामविलास शर्मा की समीक्षा अन्तर्विरोधी वक्तव्यों के उस दोष से एक हद तक मुक्त है, जो डॉ० नामवर सिंह की समीक्षा-शैली की सबसे बड़ी कमजोरी है, किन्तु डॉ० शर्मा की समीक्षा में जहाँ अन्तर्विरोधी विचार आते हैं, काफी स्पष्ट होने के कारण, कई-कई सवाल और नयी-नयी भ्रान्तियों की सृष्टि करते हैं।

भारती के सम्पादन में 'आलोचना' ने आधुनिक साहित्य-चिन्तन के नाना प्रश्नों पर दृष्टिपात किया, मार्क्सवादी विचारकों द्वारा उठाये गए प्रश्नों का उत्तर देते साहित्यिक मूल्यों के सन्दर्भ में लेखकीय स्वतंत्रता का पक्ष-समर्थन किया। 'परिमल' और 'आलोचना' के माध्यम से प्रगतिवादी या कहें मार्क्सवादी प्रभाव के विरुद्ध व्यक्ति-स्वतंत्रता की आवाज इतनी तीव्र और समूहबद्ध हुई कि एक पूरी पीढ़ी की कृती शक्ति के प्रति अन्यथा दृष्टि सचेत हो उठी। जो मार्क्सवादी नहीं थे उन्हें भी आशंका हुई कि व्यक्ति-स्वतंत्रता की नयी गुहार नयी साहित्य-पीढ़ी को समाज-विमुख कर व्यक्ति-गुहा-लोक में न बन्द कर दे। आचार्य नन्ददुलारे वाजपेयी और पं० इलाचन्द्र जोशी ने इसके प्रति चिन्ता प्रकट की, कड़ा प्रतिवाद किया। 'आलोचना'-सम्पादक ने जितने आग्रह के साथ मार्क्स-वादियों को खामोश करने की कोशिश की (द्रष्टव्य आलोचना) उतने ही आक्रोश के साथ प्रख्यात मार्क्सवादी विचारक डॉ० रामविलास शर्मा मुखर हुए और सारी शक्ति बटोरकर भारती के विरुद्ध सक्रिय हो उठे। भारती के दृष्टिकोण के पीछे उन्हें पूंजीवादी देशों की रुग्ण व्यक्तिवादी विचारधारा दिखाई पड़ी। 'कांग्रेस फार कल्चरल फ्रीडम' की विचार-भूमि से भारती को जोड़ते हुए रामविलासजी ने अपनी उदग्र समीक्षा-शैली को जगह-जगह असन्तुलित कर दिया। स्वाभाविक परिणाम के रूप में सचाई उनकी कलम से छूटती-टूटती रही है।

साहित्यकार की प्रातिभ स्वतंत्रता की हिमायत के विरुद्ध उठायी गयी सारी शंकाओं का जवाब भारती ने 'परिमल' के मंच और 'आलोचना' में प्रकाशित

विविध वर्गों, विभिन्न आस्थाओं से जुड़ी चिन्ताधारा के पुरस्कर्ताओं की धारणाओं और अपने सम्पादकीय वक्तव्यों द्वारा दिया। भारती ने तर्क-भित्तिक स्वर के प्रस्तुति-संयोजक और अग्रणी चिन्तक के रूप में साहित्यकार के विवेक-स्वातंत्र्य का पक्ष-समर्थन किया। विवेक-स्वातंत्र्य के सहज आग्रह में जिन्हें अन्यथा परिणाम की आशंका थी, दायित्वहीनता, अराजकता, उच्छृंखलता तथा समाजविरोधी दृष्टि दीख रही थी उन्हें लक्ष्य कर 'आलोचना-17' के सम्पादकीय वक्तव्य में भारती ने कहा था, "विवेक-स्वातंत्र्य को अस्वीकार करने का अर्थ होगा कि हम उसकी आन्तरिक संवेदनशीलता को नियंत्रित करना चाहते हैं, अर्थात् उसकी रचना-प्रक्रिया को शासित करना चाहते हैं। स्पष्ट ही जिसका अर्थ है कि उसको समाप्त करने का आग्रह प्रकट करते हैं। इस स्वातंत्र्य को दायित्वहीन, अराजक, उच्छृंखल तथा समाजविरोधी कहना व्यक्ति और समाज के गत्यात्मक सम्बन्ध को अस्वीकार करने के साथ साहित्यकार की रचनात्मक प्रक्रिया न समझना है।" भारती का दृढ़ विश्वास है कि वैयक्तिक स्वातंत्र्य की रक्षा द्वारा ही साहित्यकार सामाजिक (मानवीय) मूल्यों को गति प्रदान कर सकता है। अतीत में उसने इसी आधारवल पर अपना दायित्व पूरा किया है, वर्तमान और भविष्य की बात इस बात से ही निर्णीत होगी कि किस मात्रा में वह अपने विवेक-स्वातंत्र्य के प्रति सचेत है और किस हद तक उसकी रक्षा कर पा रहा है।

साहित्य के इस महत्वपूर्ण प्रश्न को लेकर 'परिमल' की ओर से इलाहाबाद में अखिल भारतीय स्तर पर गोष्ठी आयोजित हुई थी। गोष्ठी संयोजकों ने, जिसमें भारती प्रमुख थे, लेखक की स्वतंत्रता और सामाजिक दायित्व के ज्वलंत प्रश्न पर हर वर्ग और विभिन्न धारणा-आस्था वाले विचारकों की विचारणा आमंत्रित की थी। उक्त गोष्ठी के अधिकांश वक्तव्य और निबन्ध 'आलोचना' 15 और 16 में प्रकाशित हुए। 'आलोचना' 15 में इस विषय पर हर्षनारायण, प्रभाकर माचवे, रामअवध द्विवेदी, बालकृष्ण राव, उदयशंकर भट्ट, जैनेन्द्रकुमार और भगवतीचरण वर्मा के विचार तथा मन्मथनाथ गुप्त, यशपाल, विजयशंकर मल्ल, नगेन्द्र, नलिन विलोचन शर्मा, सुमित्रानन्दन पंत, विनयमोहन शर्मा और धीरेन्द्र वर्मा की सम्मत्तियाँ छपीं। 'आलोचना'-16 में रांगेय राघव, जगदीशगुप्त, अमृतलाल नागर, विद्यानिवास मिश्र के विचार, बच्चन, शिवचन्द्र शर्मा तथा बच्चनसिंह की सम्पत्तियाँ प्रकाशित हुईं। 'आलोचना-9' यानी 'आलोचना-विशेषांक' जैसी ही महत्त्वपूर्ण सामग्री बल्कि ऐतिहासिक दृष्टि से अधिक महत्त्वपूर्ण विचार भारती और उनके मित्रों ने 'आलोचना' 15 और 16 में प्रस्तुत किया। डा० रामअवध द्विवेदी ने बड़ी साफ भाषा में अपना विचार रखा था कि "साहित्यकार की पहली आवश्यकता है व्यक्तिगत स्वतंत्रता और उसका ज्ञान।···वह किसी सीमा तक अपने सामाजिक उत्तरदायित्व को नहीं भुलाता, किन्तु अपने और अपनी

कला के प्रति उसका एक उच्चतर दायित्व भी है जो उसके लिए अधिक महत्त्वपूर्ण है। यदि वह इस उच्चतर उत्तरदायित्व को सम्भाल लेता है तो बिना प्रयास के ही उसके सामाजिक दायित्व का भी निर्वाह हो जाता है। अतः साहित्य-सृजन की समस्या प्रधान रूप से वैयक्तिक निर्माण और स्वातंत्र्य की है और गौण रूप से सामाजिक उत्तरदायित्व की।" इस दृष्टि के समर्थन में ही अधिकतर विचार थे, इसलिए यह पूरा आयोजन अन्यान्य कम्यूनिस्ट विचारकों की भांति- 'आलोचना' के प्रकाशक के लिए भी अखरने वाला था। तथापि वे भारती तथा 'आलोचना' के अन्य सम्पादक-मित्रों से अपना मैत्री-सम्बन्ध बनाये रखना चाहते थे, इसलिए 'आलोचना' के रूप-स्वर के किंचित् परिवर्तन के आग्रही और आलोचना की अंकुठ यात्रा के आकांक्षी थे। चूंकि आस्था के प्रश्न पर समझौते की गुंजाइश नहीं थी, इसलिए अपने आत्मीय शुभचिन्तक पं० वाचस्पति पाठक के निर्देशानुसार भारती और उनके मित्रों ने 'आलोचना' के सम्पादकीय दायित्व से अपने को अलग कर लिया। जिन आदर्शों के प्रति 'आलोचना'-सम्पादक सचेत रहे हैं यानी जिस लेखकीय स्वतंत्रता की हिमायत में उनकी प्रतिभा नाना रूपों में सक्रिय रही है उसी की रक्षा के निमित्त यह एक व्यावहारिक कदम था। 'आलोचना' से बिलगाव के उस निर्णय में यह संकेत स्पष्ट था कि अपने विवेक-स्वातंत्र्य की रक्षा करना साहित्यकार के संदर्भ में शीर्ष महत्त्व की आवश्यकता है और इस आवश्यकता की पूर्ति प्रातिभ शक्ति द्वारा ही सम्भव है।

ऊपर संकेत किया गया है कि विवेक-स्वातंत्र्य की हिमायत ने कई आशंकाओं को जन्म दिया। लेखकीय स्वतंत्रता के प्रति 'आलोचना'-संपादक के आत्यन्तिक आग्रह को देखते यह प्रश्न सहज प्रतीत होता है कि जब साहित्यकार के सन्दर्भ में प्रगतिशीलता का आग्रह अनावश्यक और अनुचित है तो फिर विवेक-स्वातंत्र्य का अतिरिक्त आग्रह उचित कैसे है? निःसन्देह ऊपरी दृष्टि से विचार करने पर ऐसी प्रतिक्रिया का उठना नितांत स्वाभाविक है। व्यक्ति-स्वतंत्रता और लेखकीय स्वतंत्रता का आग्रह साहित्य-चिन्तन की अतिवादी प्रवृत्ति का संकेत ज़रूर देता है। और मार्क्सवादी सामाजिकता की आवाज़ के विरुद्ध उठने वाली यह विचारणा प्रतिगामी दिशा की ओर धावन करती सी प्रतीत होती है, जिस पर धौरन्धरिकों का अंगुलि-संकेत भी मुखर होता रहा है, और यह उतना ही स्वाभाविक रहा है जितना प्रगतिवादी नारों को ठोक पीटकर उसकी साहित्येतर आस्था का सचेत मूल्यांकन सही है। सचाई यह है कि जैसे, बकौल मुंशी प्रेमचन्द, साहित्यकार प्रकृतितः प्रगतिशील होता है वैसे ही वह विवेक-स्वातंत्र्य की चेतना से सम्पन्न होता है, प्रकृतितः स्वाधीन होता है। उसे यदि किसी खूंटे में बाँध दिया जाय तो फिर वह साहित्यकार नहीं रह जाता। इसलिए प्रगतिशीलता की तरह लेखकीय स्वाधीनता की बात अन्यथा मन्तव्य से प्रेरित जान पड़ती है,

किन्तु इतिहास पर दृष्टिपात करते ही भारती के विवेक-स्वातंत्र्य के आग्रह का औचित्य स्पष्ट हो जाता है। प्रगतिशीलता की आड़ में साहित्यकार को शिविर-बद्ध करने की जैसी कोशिश 'प्रगतिशील लेखक संघ' में मार्क्सवादी प्रेरणा के घुसने के बाद दिखायी पड़ी साहित्य में वैसा साहित्येतर प्रयत्न उस काल में भी नहीं दिखायी पड़ा था जब सम्प्रदाय-विशेष में दीक्षित लोगों द्वारा साहित्य लिखा जा रहा था। प्रश्न यह है कि जिस साहित्य की परम्परा-पहचान कबीर, तुलसी, भारतेन्दु, प्रेमचन्द और निराला में उजागर है, जहाँ की साहित्य-परम्परा सहज लोक-संसक्त रही है वहाँ के विचारकों द्वारा लोक-संसक्ति और प्रतिबद्धता का इतना प्रबल आग्रह क्यों ? कहना न होगा कि मन्तव्य-विशेष से यानी विशेष राजनीतिक प्रेरणा और दबाव के परिणामस्वरूप यह आग्रह प्रकट किया गया। भारती जैसे शिविर-मुक्त विचारक को यह दृष्टि पूर्णतः गलत लगी, इसलिए इसका प्रतिवाद जरूरी जान पड़ा। जरूरी इसलिए कि विजातीय हस्तक्षेप से साहित्य की महत्ता न कमजोर हो, विवेक-स्वातंत्र्य न कुंठित हो जाय और इस प्रकार साहित्य के क्षेत्र से साहित्य को ही राजनीति प्रेरित प्रगतिशीलता का नारा निकाल न दे यानी-साहित्य के आसन पर राजनीतिक नारे का शासन न हो जाय। इस अशुभ प्रभाव से साहित्यिक मूल्यों की रक्षा की वैचारिक चेष्टा जब भारती ने 'आलोचना' के माध्यम से शुरू की तो उससे क्षुब्ध होकर डॉ० रामविलास शर्मा जैसे अधीत व्यक्ति ने यहाँ तक कह डाला कि "भारती की सांस्कृतिक स्वाधीनता का नारा वही है जो अमरीकी 'कांग्रेस फार कल्चरल फ्रीडम' का है।" किन्तु 'आलोचना' की सामग्री की चयन-दृष्टि और सम्पादकीय दृष्टिकोण इस धारणा का प्रमाण है कि भारती व्यक्ति-स्वतंत्रता के पक्ष-समर्थन द्वारा आत्म-रति की हिमायत नहीं करते। जिस स्वतंत्रता का वे आग्रह करते हैं वह सामाजिक सत्य को नकारती नहीं, पुष्ट करती है। सामाजिक सत्य की संरचना और गत्वरता के लिए ही वे व्यक्ति-स्वतंत्रता को आवश्यक शर्त मानते हैं। भारती की स्पष्ट मान्यता है कि मानवीय मूल्यों की रक्षा और गतिशीलता के लिए मनुष्य की मनीषा का स्वाधीन होना जरूरी है। जरूरी है साहित्य को विजातीय हस्तक्षेपों-प्रमाणों से मुक्त रखना। 'आलोचना' से उठने वाली आवाज़ के मूल में यही साहित्यिक प्रेरणा थी। यह मानवीय मूल्यों की रक्षा की प्रेरणा थी, जो साहित्यकार को शिविरबद्ध होने या व्यक्ति-गुहालोक में समाने-सिमटने से टोकती थी। साहित्य-चिन्तन की यह प्रगतिशील भूमिका थी, जो भारती और उनके मित्रों द्वारा सम्पादित 'आलोचना' के माध्यम से सामने आयी।

यही साहित्यिक प्रेरणा सक्रिय दिखायी पड़ती है डा० धर्मवीर भारती और श्री लक्ष्मीकांत वर्मा द्वारा सम्पादित अर्द्धवार्षिक संकलन 'निकष' में। 'निकष' में

विभिन्न पीढ़ियों और वर्गों के साहित्यकारों की रचनाएँ संकलित हैं, जो सम्पादक की शिविर-मुक्त दृष्टि का सबूत है ।

नयी साहित्य-पीढ़ी जिस यथार्थ के प्रति आग्रहशील थी उसे 'निकष' के सम्पादकीय वक्तव्य में स्पष्ट करते हुए डा० भारती ने लिखा था, "यथार्थ के नये स्तर, नैतिकता की नयी चेतना, उदार मानवीय प्रतिमान से पृथक नहीं हो सकते । नया मानवीय यथार्थ टुकड़ों में नहीं, सम्ग्रता में ही उभारा जाना चाहिए, यह नई साहित्यिक मर्यादा की एक महत्त्वपूर्ण मान्यता है ।" और भारती की दृढ़ मान्यता है कि "नये लेखक की मुख्य शक्ति तो इस बात में है कि इस बार वह मात्र मनोविश्लेषण या राजनीति शास्त्र पढ़कर आपको नहीं आँकता, वरन् आपकी कसौटी पर सारे ज्ञान-विज्ञान को जाँचता है, सीधे आपके जीवन को, नई से नई पृष्ठभूमि में परख कर, आपके व्यक्तित्व के तमाम आयामों को मापकर, आपकी तमाम निहित सम्भावनाओं को समझकर, वह उसे खोजना चाहता है, जो आपका श्रेष्ठतम है, चारों ओर से टूटते हुए कगारों और खिसकते हुए धरातलों में वह आप में क्या है जो खुद भी टिका रहता है, आपको भी टिकाये रहता है । उन स्थायी मानव मूल्यों को वह निरन्तर बदलने वाली नयी से नयी भूमिका में खोजकर प्रतिष्ठित करने के लिए यत्नशील है ।

"इसीलिए नये लेखक का दायित्व जितना गहन है उतना ही साहसपूर्ण भी है । वह आधुनिकतम सन्दर्भ में स्थायी मानवमूल्य के नये अनुपात और नये सन्तुलन खोज रहा है ताकि मनुष्य की असीम सम्भावनायें मुक्त हो सकें, प्रतिफलित हो सकें । मानव-मुक्ति ही उसके सृजन अभियान का लक्ष्य है ।" इसी लक्ष्य से प्रेरित अभियान था 'निकष' का प्रकाशन । कहना न होगा कि कठमुल्लापन के साथ आधुनिकता की संगति नहीं बैठती । दृष्टि-उन्मुक्तता आधुनिक चेतना की पहचान है, महत्त्वपूर्ण शर्त है । आधुनिकता यथार्थाश्रयी होती है । यथार्थ की ओर से आँख मूंदते ही रहस्य लोक की यात्रा शुरू होती है । रहस्य के अंधकार में सामाजिक सत्य, साहित्यिक और मानवीय मूल्य डूबने लगते हैं । तब यथार्थ को अयर्थाथवादी दृष्टि से देखा-दिखाया जाने लगता है । किसी राजनीतिक (या धार्मिक) घेरे में घुसकर जो यथार्थलोक में पहुँचने की उल्लसित घोषणा करते हैं, उनके पैर यथार्थ जमीन से उखड़ चुके होते हैं । इसलिए घेरे में बन्द संसार को ही यथार्थ मानकर उसकी अंधी उपासना में वे डूब जाते हैं । स्वाभाविक रूप से बाहर की दुनिया को वे देख नहीं पाते, क्योंकि परम्परा की क्षयी धारा की उपासना हो अथवा राजनीतिक प्रतिबद्धता, वह ज्ञान-गवाक्ष की उदारता को मारने वाली होती है । घेरे के भीतर का साहित्यिक चिन्तक जब कभी अपने प्रातिभ गवाक्ष से घेरे के बाहर झाँकने की कोशिश भी करता है तो उसे बाहर का सब कुछ गलत और अयथार्थ प्रतीत होता है । मगर सचाई यह है कि मत-विशेष

द्वारा निर्मित घेरे के भीतर कैद यथार्थ समूह का और सामान्य मनुष्य का यथार्थ नहीं होता। वह विशेष प्रकार से दीक्षित मन की रचना होती है, जो सामान्य मन के लिए नितांत अपरिचित और रहस्यमय जान पड़ती है। नाना मानसिक घेरानों को तोड़कर आँख खोलने पर ही मनुष्य का यथार्थ दिखाई पड़ता है। और इस यथार्थ को छोड़कर साहित्य की रचना करने या चिन्तन की भारी भरकम भूमिका रचने वाला, अहंकार का असाधारण बोझ ढोते हुए भी, यथार्थ पर आधारित प्रगतिशील स्वर का पुरस्कर्ता नहीं माना जा सकता। यथार्थ को एक दी हुई दृष्टि से देखने वाला साहित्यकार जाने-अनजाने मनुष्य के मंगल की सारी सम्भावना के संहार पर तुल जाता है। इसके विरुद्ध जिस उन्मुक्त दृष्टि का आग्रह भारती ने 'आलोचना' में प्रकट किया उसी दृष्टि को नये साहित्य के निकष के रूप में 'निकष' के माध्यम से प्रकट किया। यह नया 'निकष' परम्परा-विच्छिन्न न होते हुए भी यथार्थ पर आधृत होने के कारण, आज के मनुष्य की वेदना-संवेदना से सीधे सम्पृक्त होने के कारण नया है।

कुछेक सामान्य रचनाओं के अलावा 'निकष' के माध्यम से भारती ने कई पीढ़ियों और कई वर्गों के रचनाकारों की उत्कृष्ट रचनायें प्रस्तुत कीं, जिसका व्यापक स्तर पर स्वागत किया गया। 'निकष' में प्रकाशित अज्ञेय की 'साँप' शीर्षक कविता, डा० विद्यानिवास मिश्र के ललित निबंध, रेणु, भारती और केशवप्रसाद मिश्र की कहानियाँ उस समय की उत्कृष्ट रचनायें थीं जिनकी काफी दिनों तक चर्चा रही।

मोहन राकेश ने बहुत सही बात कही थी कि "साहित्यिक स्तर पर इतना सुथरा प्रकाशन प्रतीक के बाद पहली बार हुआ है।" और अपने आयोजन पर भारती को स्वयं संतोष हुआ कि 'एक सही मौके पर एक सही काम उठाया।' नयी साहित्य-पीढ़ी की कृती शक्ति को तथा नवलेखन को उसकी समग्रता में प्रस्तुत करने के लिये जिस उदार दृष्टि को अपेक्षा थी 'निकष'-सम्पादक ने उसी उदार दृष्टि से इस आयोजन को रूपायित किया था। यद्यपि 'निकष' (3-4, संयुक्त संकलन) की 'भूमिका' में भारती एक-दूसरा महत्त्वपूर्ण संकेत देते हैं, "निकष की संकलन-योजना में वे सभी लेखक मिल सके, यह केवल 'निकष' की सम्पादन नीति की उदारता को ही प्रमाणित नहीं करता, बल्कि इसको अधिक प्रमाणित करता है कि सिद्धान्त और 'एप्रोच' की विभिन्नता के बावजूद, हिन्दी नवलेखन में कोई ऐसा धरातल उभर रहा है जहाँ प्रत्येक धारा बिना अपने वैशिष्ट्य का बलिदान किये, अपना सार्थक प्रतिनिधित्व कर सकती है। हिन्दी नवलेखन की सर्वतोमुखी उपलब्धियों को अधिकाधिक गहन और मूल्यवान बनाने के लिये यह आवश्यक था कि उसी सर्वाश्रयी धरातल को उभारा जाय और समस्त वैविध्य की अन्तर्निहित एकसूत्रता की ओर एक रचनात्मक निर्देश किया जाय।" यह रचनात्मक निर्देश

देने की चिन्ता साहित्यकार की दायित्व-सजगता का प्रमाण है। अज्ञेय की तरह डा० धर्मवीर भारती की प्रतिभा नाना साहित्यिक अनुष्ठानों के माध्यम से उसी 'रचनात्मक निर्देश' को उजागर करती रही है। इस प्रकार रचनाकार की बहुमुखी जिम्मेदारी को बखूबी पूरा करने में भारती शुरू से ही सचेत रहे हैं।

'आलोचना' और 'निकष' के सम्पादन-काल में डॉ० भारती इलाहाबाद विश्वविद्यालय में अध्यापन-कार्य करते थे और उनकी उत्कृष्ट साहित्य-रचना का भी यही काल है। सीमित साधनों के बावजूद भारती ने 'निकष' के तीन संकलनों में चार संकलनों की सामग्री प्रस्तुत की। और इस प्रकार नवलेखन के समस्त वैविध्य की अन्तर्निहित एकसूत्रता की ओर एक रचनात्मक निर्देश किया। 'निकष' के बन्द होने के बाद विश्वविद्यालय का अध्यापन-कार्य छोड़कर भारती ने जो राह चुनी अपनी साहित्यिक यात्रा के लिये, रचनात्मक निर्देश देने के लिये, साहित्यिक और सास्कृतिक मूल्यों की रक्षा में कृती साहित्यकार की हैसियत से आवाज़ उठाने के लिये, उस राह के प्रति उनके मन में स्वयं अनास्था-आशंका थी कि व्यावसायिक प्रतिष्ठान की ओर से विवेक-स्वातंत्र्य की रक्षा करते हुए लोकप्रिय पत्रकारिता में नये प्रयोग की उन्हें कितनी सुविधा मिल पायेगी। साहित्यिक मूल्यों और सुरुचि-संस्पर्श द्वारा लोकरुचि को वे किस हद तक उन्नत और संस्कृत कर पायेंगे। इलाहाबाद के सांस्कृतिक और आत्मीय परिवेश को छोड़कर भारती का बम्बई के व्यावसायिक वातावरण में प्रवेश करना, विश्वविद्यालय की नौकरी छोड़कर व्यावसायिक प्रतिष्ठान की ओर से निकलने वाली बाजारू रुचि की पत्रिका 'धर्मयुग' का सम्पादक बनना एक जोखिम भरा निर्णय था। यह स्वेच्छा-प्रेरित निर्णय था जिसे भारती ने चुनौती के रूप में स्वीकार किया था। चुनौती इसलिये कि दुहरी अनास्था के बीच से नयी आस्था की रचना की महत्त्वाकांक्षा से प्रेरित था यह निर्णय। पहली अनास्था उस व्यावसायिक प्रतिष्ठान के प्रति थी जो साहित्यिक सुरुचि की तुलना में व्यावसायिक लाभ के लिये स्तरहीन रुचि को तरजीह देता है। दूसरी अनास्था उस पाठक समुदाय के प्रति थी जो सनसनी-खेज और सस्ती बाजारू-रुचि की चटक सामग्री को अपेक्षाकृत अधिक पसन्द करता है और सुरुचिपूर्ण स्तरीय साहित्य की ओर से अनायास आँख मूद लेता है। इन दो बड़े प्रत्यूहों को काटकर पत्रकारिता के माध्यम से डॉ० भारती को अपना साहित्यिक दायित्व पूरा करना था, पत्रिका की लोकप्रियता की रक्षा करते हुए लोक-रुचि का उन्नयन और संस्कार करने की जिम्मेदारी तथा व्यवसायवाद के कुप्रभाव और हस्तक्षेप से सम्पादकीय और लेखकीय स्वतंत्रता की रक्षा करते उत्कृष्ट साहित्य को प्रस्तुत करने की जिम्मेदारी, कहना न होगा, बहुत बड़ी चुनौती थी।

सन् 1960 के पूर्व-पश्चात् हिन्दी नवलेखन में उस रुग्ण साहित्य-पीढ़ी का

जन्म हुआ जो अनास्था और निषेध की पीढ़ी थी और जिसे साठोत्तरी पीढ़ी कहा गया। इस वर्ग के लेखक विध्वंस की हिमायत करनेवाले थे। मूल्यों के संहार की आग्रही थी वह पीढ़ी। यथार्थ का ढोल पीटते अपने मानसिक क्षोभ और गलीज से यथार्थ को विरूप करने वाले ये लोग लेखकीय स्वतंत्रता की महत्ता को गिराने वाले तथा रचनाधर्मी समाज के प्रति प्रबुद्ध मन में अन्यथा धारणा जगाने वाले थे। इन्हीं प्रतिकूलताओं के बीच से भारती को वह राह रचनी थी जो लोक-रुचि के उन्नयन की राह है, साहित्य और संस्कृति की राह है।

जनवरी सन् 60 में डॉ० भारती का 'धर्मयुग' के सम्पादकीय विभाग में प्रवेश हुआ, प्रधान सम्पादक के रूप में। 13 मार्च 60 यानी होली अंक में छोटी किन्तु महत्त्वपूर्ण सम्पादकीय घोषणा प्रकाशित हुई थी। इसी अंक से सही अर्थ में भारती की परिकल्पना के अनुसार 'धर्मयुग' का प्रकाशन शुरू होता है। भारती ने हिन्दी पाठक के सम्बन्ध में चलती चली आ रही उस धारणा का प्रतिवाद किया कि हिन्दी पाठक खरीद कर पत्र-पत्रिका नहीं पढ़ता और यह कि वह सस्ती कुरुचिपूर्ण सामग्री की तलाश में रहता है। भारती इसे 'मिथ' यानी मिथ्या धारणा मानते हैं कि "हिन्दी में पाठक वर्ग है ही नहीं, न केवल यह कि हिन्दी का पाठक है, बल्कि बहुत बड़ी संख्या में है, और यह भी कि वह स्थिर या जड़ नहीं है सक्रिय है, गत्यात्मक है। आप दो कदम आगे बढ़िये तो वह चार कदम आगे बढ़कर स्वागत करने को तत्पर है, पर आप उस तक पहुँचने की पगडंडियाँ खोज तो निकालिये।" एक दूसरी मिथ है, "वह यह कि हिन्दी का पाठक महज सस्ती, कुरुचिपूर्ण, सनसनीखेज सामग्री और भोंड़े चित्र पसन्द करता है। जो लोग किसी भी कारण से हिन्दी के पाठक को गिरी निगाह से देखते हैं वे इस 'मिथ' पर विश्वास जमाये रखना चाहते हैं। और इसका निष्ठापूर्वक प्रचार करते हैं।" इस 'मिथ' पर चोट करते हुए भारती ने हिन्दी पाठक के सजग मानस के प्रति आस्था प्रकट की, "वे यह नहीं जानते कि अपने गाँव की चौपाल में बैठकर, या अपनी छोटी-सी दूकान में बैठकर जो कबीर की उलटबाँसी का अर्थ बूझता है, सूर के पद तन्मय होकर गाता है, साथ ही साथ सहकारी खेती या सीमा के झगड़ों पर बहस भी करता है और बैलगाड़ियों पर सवार होकर राजधानी में अन्तर्राष्ट्रीय अतिथियों को देखने जाता है, वह हिन्दी का अर्द्धशिक्षित पाठक भी न तो ऊँचे संस्कारोंवाली अपनी परम्परा से कटा हुआ है और न आधुनिक समस्याओं से बिल्कुल अनजान है। बड़ी से बड़ी, गहरी से गहरी और अहम से अहम बात को समझने की सामर्थ्य उसमें बीज रूप में मौजूद है।" हिन्दी पत्रकारिता की नैतिक जिम्मेवारी की ओर संकेत करते भारती ने उसी टिप्पणी में लिखा था, "यह तो हिंदी पत्रकारिता का काम है कि उस पाठक के मर्म तक पहुँचने के सही रास्ते खोज निकाले। केवल सस्ते या भौंड़े तरीकों से आसान रास्ते खोजना, या सिर्फ बौद्धिक

असमंजस में पाठक वर्ग से मुँह मोड़कर बैठ रहना, ये दोनों गलत रास्ते हैं। उस पाठक तक पहुँचना, पहुँचकर उसकी जरूरतों को सहानुभूति से समझना और कुशलता से अपनी बात उसे समझाना, चाहे यह जितना ही श्रमसाध्य हो पर यह एक नैतिक जिम्मेवारी है।" इसी जिम्मेवारी को ढाई दशकों में सचित्र साप्ताहिक 'धर्मयुग' के माध्यम से डॉ० धर्मवीर भारती ने पूरा किया है। देश-विदेश में लाखों की संख्या में बिकने वाली इस पत्रिका के रूप-वैशिष्ट्य और विक्रय-स्तर को देखते हुए हिन्दी पाठक की विद्या-रुचि और सहज संस्कृति-स्पृहा के सम्बन्ध में फैली और मन्तव्य-विशेष से फैलाई गयी अन्यथा धारणाओं का अनायास निरसन हो जाता है।

व्यावसायिक प्रतिष्ठानों की ओर से प्रकाशित होने वाली पत्रिका के प्रति प्रबुद्ध और संस्कृति-सचेत मानस में अन्यथा भाव का होना स्वाभाविक है। पुरानी पीढ़ी के यशस्वी हिन्दी पत्रकार बाबूराव विष्णु पराड़कर, गणेशशंकर विद्यार्थी और शिवपूजन सहाय ने व्यावसायिक प्रतिष्ठानों से जुड़ी पत्रकारिता के प्रति बड़ी साफ भाषा में अपनी अनास्था-आशंका प्रकट की है। परवर्ती पीढ़ी ने भी अन्यथा मंतव्य प्रकट किया है। स्वाभाविक है यह धारणा कि समृद्ध साधनों के बल पर व्यावसायिक प्रतिष्टानों की ओर से निकलने वाली पत्रिका में व्यावसायिक दृष्टि होगी—अर्थाश्रयी और अर्थोन्मुख दृष्टि, जो साहित्य और संस्कृति के धरातल और सहजरूप को कमजोर बनाती है, मारती है। सामान्य धारणा रही है कि आर्थिक सुविधा-सुख भोगने वाले पत्र-सम्पादक की निष्ठा कमजोर होती है, जातीय संस्कृति और जन-रुचि के प्रति उसमें दायित्व-सजगता का अभाव होता है, सत्य के समर्थन में उसकी कलम काँप जाती है अर्थात् पत्रकार की उस महत् भूमिका से वह अनिवार्यतः च्युत हो जाता है जो एक मनीषी साहित्यकार की भूमिका होती है, और जो भौतिक सुविधाओं को निछोह धक्का मारकर सत्य का निर्भीक समर्थन करते नाना प्रकार के खतरों को आमंत्रित करने वाली भूमिका है। व्यावसायिक संस्पर्श इस भूमिका को म्लान कर देता है, और तब सम्पादक घटिया स्तर पर उतरकर अपने मालिक को प्रीत करने के लिये अर्थार्जन का नया आधार रचने लगता है, साहित्य-संस्कृति के नाम पर चटकीले-भड़कीले रंग की रचना कर जन-रुचि को गिराने और संस्कृति-चेतना को कुंठित करने को मजबूर होता है। उसकी नियति कुछ की कुछ हो जाती हैं। और यह बोध मर जाता है कि पत्रकार की भूमिका सच्चे लोक नायक की भूमिका होती है एवं एक मनीषी साहित्यकार की तरह दिशाहारा समाज को अपेक्षित दिशा-निर्देश देना, कुरुचि की बाढ़ में डूब रहे लोक-मानस को संस्कृति-संस्पर्श से उबारना, देश की चिति पर छा रहे कुहासे को अपनी वाग्दीप्ति से विदीर्ण करना, खंडित संस्कृति-चेतना के उन्नयन की सक्रियता, रूढ़ि-विवर्जित प्रज्ञा की रचना के प्रति प्रातिभ-सजगता और

थथमग्रस्त वर्तमान को गत्वर भविष्य की ओर उन्मुख करना पत्रकार का शीर्ष दायित्व होता है। इस दायित्व को पूरा करते अज्ञेय ने पत्रकारिता के माध्यम से व्यक्तित्व की शक्तिमत्ता का और भारती ने व्यवहार-पाटव का प्रमाण दिया है। स्वातंत्र्योत्तर भारतीय पत्रकारिता विशिष्ट दायित्व को पूरा करने में अपने मूल धर्म और विशिष्ट भूमिका को पूरा करने में एक अंश तक विफल सिद्ध हुई है। राजनीतिक और व्यावसायिक दबाव भी इसका बड़ा कारण है। व्यावसायिक प्रतिष्ठान की ओर से निकलने वाली पत्रिका को लक्ष्य कर गणेश शंकर विद्यार्थी ने पूर्व-स्वाधीनता-काल में ही आशंका प्रकट की थी, "इस देश में भी समाचार पत्रों का आधार धन हो रहा है। धन से ही वे निकलते हैं, धन ही के आधार पर चलते हैं और बड़ी वेदना के साथ कहना पड़ता है कि उनमें काम करने वाले बहुत से पत्रकार भी धन की ही अभ्यर्थना करते हैं। अभी यहाँ पूरा अन्धकार नहीं हुआ है किन्तु लक्षण वैसे ही हैं।—व्यक्तित्व न रहेगा, सत्य और असत्य का अंतर न रहेगा, अन्याय के विरुद्ध डट जाने और न्याय के लिए आफतों को बुलाने की चाह न रहेगी, रह जायेगा केवल खिंची हुई लकीर पर चलना।"

लगभग इसी प्रकार की आशंका उदग्र पीढ़ी के यशस्वी पत्रकार बाबूराव विष्णु पराड़कर ने व्यक्त की थी, 'पत्र निकालकर सफलतापूर्वक चलाना बड़े-बड़े धनियों अथवा सुसंगठित कंपनियों के लिये ही संभव होगा। पत्र सर्वांग सुन्दर होंगे। आकार बड़े होंगे, छपाई अच्छी होगी, मनोहर, मनोरंजक और ज्ञानवर्द्धक चित्रों से सुसज्जित होंगे, लेखों में विविधता होगी, गम्भीर गवेषणा की झलक होगी। और मनोहारिणी शक्ति भी होगी, ग्राहकों की संख्या लाखों में गिनी जायेगी। यह सब कुछ होगा पर पत्र प्राणहीन होंगे।—वेतन भोगी सम्पादक मालिक का काम करेंगे और बड़ी खूबी के साथ करेंगे। पर आज भी हमें जो स्वतंत्रता प्राप्त है वह उन्हें न होगी।" यानी विपुल व्यावसायिक साधन-शक्ति से पत्र-पत्रिका का बाहरी आकर्षण बढ़ जाता है, लेकिन सम्पादक की स्वतंत्रता समाप्त हो जाती है, व्यक्तित्व टूट जाता है और वह एक खिंची हुई लकीर पर चलने को विवश होता है। व्यावसायिक प्रलोभनों के कारण इस नियति को पत्रकार चुपचाप स्वीकार कर लेता है। भारती इस खतरे और नियति के प्रति सचेत थे जब उन्होंने 'धर्मयुग' में सम्पादक के रूप में प्रवेश किया। हाथी दाँत की मीनार में प्रवेश कर वे निरापद जीवन जीने के आकांक्षी नहीं थे। अपने व्यक्तित्व की रक्षा करते हुए लोकप्रिय पत्रकारिता में नये प्रयोग की महत्वाकांक्षा से प्रेरित होकर उन्होंने 'धर्मयुग' से सम्बन्ध जोड़ा था। चूँकि व्यावसायिक प्रतिष्ठान की रीति-नीति और अभाव-उपलब्धि को भारती अच्छी तरह समझते थे, अपने व्यक्तित्व और धर्म के प्रति सचेत थे, नये प्रयोग की अपनी महत्त्वकांक्षा को समझते थे, इसलिए स्वयं उनके मन में यह आशंका थी, जिसे उन्होंने मराठी

के सुप्रसिद्ध पत्रिका 'चित्रमय जगत्' द्वारा आयोजित विशेष परिचर्चा में स्वीकार किया है, "प्रयाग विश्वविद्यालय में साहित्य की प्राध्यापकी छोड़कर 'धर्मयुग' का सम्पादन ग्रहण करने बम्बई आया था, तब क्या यह सारी बातें मेरे सामने इतनी स्पष्ट थीं ? नहीं, तब केवल एक धुंधला-सा सपना था इस बात का, और जिज्ञासा थी कि एक सार्थक, संस्कारपूर्ण साहित्यिक पत्रकारिता का लोकप्रिय प्रयोग करके देखा जाय। सफलता मिलेगी या नहीं, मिलेगी तो कहाँ तक मिलेगी, यह सब कुछ अज्ञात था। लेकिन फिर भी चुनौती स्वीकार करने का साहस किया मैंने।

"लेकिन रास्ता इतना आसान नहीं निकला। सभी के मन में आशंका थी, संशय थे और भ्रान्तियाँ थीं। आरम्भ में कुछ दिनों तक इस नये माध्यम से जूझना पड़ा। इसकी सीमाएं और सम्भावनाएँ बहुत स्पष्ट नहीं हो पायीं। कुछ दिन तक पाठक-वर्ग नये परिवर्तनों का स्वागत करने में संकोचशील रहा, सर्कुलेशन स्थिर हो गया, बल्कि एक-दो हजार गिर भी गया, लेकिन संचालकों ने धैर्य का परिचय दिया और कुछ नुकसान उठाते हुए भी सम्पादक के नये प्रयोग के प्रति सहानुभूति और समझदारी का रुख अपनाया और साल-डेढ़ साल में ही परिणाम दृष्टिगोचर होने लगा। फिर जो सर्कुलेशन बढ़ना शुरू हुआ तो हम सभी को एक सुखद आश्चर्य हुआ और सम्पादक को एक गौरवभरा आत्मतोष कि साधारण पाठक की सुरुचि में जो उसकी धुँधली-सी आस्था थी, वह सही सिद्ध हुई।"

असल में व्यावसायिक प्रतिष्ठान से जुड़ना महज इसलिए बुरा है कि पत्रकार व्यावसायिक प्रलोभनों के दबाव से उस व्यक्तित्व को गंवा बैठता है जिसकी ओर पराड़करजी ने संकेत किया है और फिर गणेशशंकर विद्यार्थी की धारणा के मुताबिक वह 'खिची हुई लकीर' पर चलने को विवश हो जाता है यानी पूरी तरह व्यक्तित्वहीन हो जाता है। दरअसल प्रश्न व्यक्तित्व का हीं है। व्यक्तित्व सम्पन्न सम्पादक व्यावसायिक सुविधा-क्षमता का नियोजन अपने विवेक के अनुसार करता है, व्यावसायिक क्षमता ही नहीं नीतियों को भी अपनी दृष्टि के अनुसार नवाता-झुकाता है। और जब ऐसा नहीं कर पाता और उसकी प्रातिभ स्वतंत्रता पर बाहरी दबाव और हस्तक्षेप हावी होने लग जाता है यानी उसके व्यक्तित्व को झुकाने की चेष्टा शुरू हो जाती है तो उसकी रक्षा के लिए वह उचित निर्णय लेता है। वैसा ही निर्णय जैसा बालमुकुन्द गुप्त ने 'हिन्दोस्तान' और 'हिन्दी बंगवासी' से अपना संबंध समेट कर लिया था, अपने विवेक की स्वतंत्रता की रक्षा के लिये। वैसा ही निर्णय डॉ० धर्मवीर भारती और उनके मित्रों ने 'आलोचना' से अपना सम्बन्ध समेट कर लिया। डॉ० नामवर सिंह का 'आलोचना' से सम्बन्ध तभी तक है, जब तक उनकी चिन्तन-स्वतंत्रता पर व्यवसाय-बुद्धि नहीं हावी हो जाती। 'कल्पना' के 'नव लेखन विशेषांक' में श्री ठाकुर प्रसाद सिंह ने

स्वीकार किया है कि उनकी लेखकीय स्वतंत्रता को जब प्रतिबंधित करने की चेष्टा शुरू हुई तो सामने आजीविका का कोई सहारा न होते हुए भी उन्होंने 'सर्वोदय' पत्रिका के सम्पादकीय विभाग से अपने को अलग कर लिया। इस स्वातंत्र्य-सजगता का अभाव वहीं दिखाई देता है जहाँ प्रातिभ शक्ति कमजोर होती है या प्रतिभा होती ही नहीं, प्रतिभा की छाया मात्र होती है और जहाँ अहंकार-औद्धत्य मुखर रहता है, जो अदना प्रलोभन के सामने शिथिल हो जाता है, संकट की घड़ी में कांप उठता है। प्रतिभा आदेशों-निर्देशों पर नहीं चलती और न तो बड़े-से-बड़े प्रलोभन और बड़ी-से-बड़ी सत्ता के सामने झुकती है। मगर जो सुविधा के हर मौके पर सरासर झुके रहते हैं वे साहित्य-संस्कृत राह के राही नहीं है, गलत महत्वाकांक्षा के चलते यह राह पकड़ ली है। इस गलती के चलते भटकते रहना उनकी नियति है। वे बदनाम करते रहेंगे इस राह को अपनी भूल-भुलैया के चलते। किन्तु अन्ततः इस भटकाव की पीड़ा उन्हें ही झेलनी पड़ेगी, राह उन्हें किनारे छोड़ कर आगे निकल जायेगी और वे हर हवा से तालमेल बैठाने में जूझते रह जायेंगे। भारती को दूसरे कारण से जूझना पड़ा है, गिरी लोकरुचि को उठाने के लिये व्यावसायिक शक्ति को संस्कृति की राह पर नियोजित करने के लिए, निःसंदेह उन्हें जूझना पड़ा है। और 'धर्मयुग' का स्तर प्रमाण है इस बात का कि भारती हवा में मुक्का नहीं मारते रहे हैं। पराड़कर जी की आशंका थी कि पत्र की विक्रय-संख्या लाखों में होगी, किन्तु उसमें सम्पादक का व्यक्तित्व न होगा। लाखों की संख्या में बिकने वाले 'धर्मयुग' के पीछे महज व्यावसायिक क्षमता नहीं बल्कि उसका समुचित नियोजन करने वाला सम्पादक का कृती व्यक्तित्व है जो अम्लान है और 'धर्मयुग' के प्रत्येक अंक में मुखर है। यह मुखर है सामग्री-चयन-दक्षता और प्रस्तुति-कला में।

दैनिक पत्रों के अग्रलेख से सम्पादकीय दृष्टि और व्यक्तित्व की जानकारी होती है। इसके विपरीत साप्ताहिक-मासिक पत्र-पत्रिकाओं और पत्र-पुस्तकों यानी संकलनों के सम्पादकीय दृष्टिकोण की अभिज्ञता बिना सम्पादकीय वक्तव्य के ही उन पत्रिकाओं और संकलनों में प्रकाशित साहित्य की चयन-दृष्टि से होती है। डॉ० धर्मवीर भारती ने समान-आस्था वाले अपने साहित्यिक मित्रों के साथ जब त्रैमासिक पत्रिका 'आलोचना' का सम्पादन किया तो विचारोत्तेजक लम्बे सम्पादकीय वक्तव्य लिखे, मगर जब साप्ताहिक 'धर्मयुग' का सम्पादन शुरू किया तो सम्पाकीय टिप्पणी देना बराबर आवश्यक नहीं समझा। चौदह वर्षों के कुछेक अंकों में ही सम्पादकीय टिप्पणी दिखाई पड़ी, किन्तु उसके व्यक्तित्व की छाप हर अंक में स्पष्ट है।

'प्रतीक' में अज्ञेय ने लिखा था, "तथ्य यह है कि इधर हिन्दी में सुदृढ़ व्यावसायिक आधारवाली साहित्यिक पत्रिकाएँ, जिनकी व्यावसायिकता आदर्श

विरोधी न हो पर जिनके पैर भूमि पर टिके हों और जिन्हें गगन-विहार की कोई आकांक्षा न हो, नहीं के बराबर है।" ऐसी ही दुर्लभ साहित्यिक पत्रिका 'धर्मयुग' है। व्यावसायिक आधारवाली इस सचित्र साप्ताहिक पत्रिका का वैचारिक, साहित्यिक और कलात्मक स्तर भारती के सम्पादन में वैसे ही उन्नत हुआ जैसे अज्ञेय की परिकल्पना और सम्पादन ने 'दिनमान' को लोकप्रिय और विशिष्ट साप्ताहिक संवाद-पत्रिका बनाया। और यह धारणा गलत सिद्ध हुई कि व्यावसायिक प्रतिष्ठान पत्रकारिता के स्तर को गिराता ही है। सचाई यह है, जिसकी ओर ऊपर संकेत किया गया है कि पत्रकारिता के आदर्श और स्तर में गिरावट आती है व्यक्तित्व के ह्रास से, इसलिए जैसा कि एक-दूसरे संदर्भ में अज्ञेय ने लिखा है "मूलतः समस्या वही है : एक स्वाधीन व्यक्तित्व का निर्माण, विकास और रक्षण। लेखक को वह स्थिति और वातावरण खोजना और गढ़ना है जिसमें स्वाधीन व्यक्तित्व पनप सके, उन साधनों को बनाना और पाना है जिसके द्वारा यह अभिव्यक्त हो सके। उसे न समष्टि में विलीन हो जाना है, न निरे स्वच्छन्दतावाद में पलायित होना है, न सर्वसत्तावाद स्वीकार करना है, न सम्पूर्ण अराजकता।" इसी जागरूक भूमिका से भारती ने 'धर्मयुग' के माध्यम से पत्रकारिता सम्बन्धी नये प्रयोग की अपनी परिकल्पना को रूपायित किया। सम्पादक में व्यक्तित्व था, इसलिये व्यावसायिक पक्ष से कोई बाधा नहीं उठी, और व्यक्तित्व था इसीलिए नये प्रयोग की परिकल्पना थी, सत्य के समर्थन में चुनौती को आमंत्रित करने और उससे पंजा लड़ाने का साहस था।

मुझे एक साहित्यिक गोष्ठी का प्रसंग स्मरण है। बाँग्ला देश की रक्तरंजित हरीतिमा के अनेक चित्र 'धर्मयुग' में छप चुके थे। मुक्ति-प्रेरणा से संघर्षरत उस धरती के परिदृश्य पर छटपटाती और युयुत्सु मानवीय संवेदना को आत्मीय निकटता से देखते-समझते 'धर्मयुग'-सम्पादक डॉ० धर्मवीर भारती और कलकत्ता विश्वविद्यालय के हिन्दी प्राध्यापक श्री विष्णुकान्त शास्त्री के भी कई चित्र (उनके द्वारा रचित वेदना के भाषा-चित्रों सहित) प्रकाशित हुए थे। बाँग्ला देश की मुक्ति-कामना फलवती हो चुकी थी। उन्हीं दिनों 'बंगीय हिन्दी परिषद्' में आयोजित एक गोष्ठी में लघु पत्रिका की उपलब्धि पर एक निबंध पढ़ा गया था। निबंध पाठ के बाद गोष्ठी में भाग लेने वाले किंचित विषयान्तरित होकर बात करने लगे थे। लघु-पत्रिका की उपलब्धि-चर्चा से हटकर बड़ी पत्रिकाओं के विरोध में बात होने लगी थी। डॉ० राम मनोहर लोहिया के जीवन-दर्शन नहीं, उनके नारों में जीने वाले एक सज्जन ने उस गोष्ठी में बड़ी तलखी के साथ 'धर्मयुग' के प्रति शिकायत प्रकट की थी कि वह पूंजीपति की प्रतिक्रियावादी स्वर की पत्रिका है। आवेश में मानसिक संतुलन गड़बड़ हो जाता है और मुँह से गलत बातें अनायास निकलने लगती हैं। कहा था उन्होंने कि 'धर्मयुग' में कभी

मार्क्स का चित्र नहीं छपा, नाना बहानों से सम्पादक अपना और अपने मित्रों का चित्र छापते रहे हैं। उस गोष्ठी की अध्यक्षता मैं कर रहा था। मैंने नम्रतापूर्वक निवेदन किया था कि 'धर्मयुग' में मार्क्स का चित्र छपा है और अगर न भी छपा होता तो कोई फर्क नहीं पड़ता। विरोधी विचार के दार्शनिक के चित्र को स्पर्श कर देने मात्र से हमारी आस्था के बदलने का प्रमाण नहीं प्रकट होता। जहाँ तक सम्पादकीय दृष्टि की उदारता की बात है वह तो 'धर्मयुग' में निरन्तर छपने वाली विभिन्न विचारों की साहित्यिक सामग्री से ही स्पष्ट है। भारती के संपादन में निकलने वाले 'धर्मयुग' में पत्रिका-संचालक का अभिनन्दन-पत्र कभी नहीं छपा। संचालक जैन धर्मावलम्बी हैं, किन्तु 'धर्मयुग' में जैन धर्म सम्बन्धी लेखों-सूचनाओं को उतना ही स्थान मिलता रहा है, जितना अन्य किसी धर्म सम्बन्धी साहित्य-सामग्री को मिलता रहा है। जैन तीर्थंकर महावीर स्वामी या जैन धर्म संबंधी सामग्री और ज्ञानपीठ पुरस्कार के विवरण को देखकर यदि किसी की यह धारणा बन गयी हो कि यह संचालक के इशारे पर चलने वाली पूंजीपति की प्रतिक्रिया-वादी पत्रिका है तो फिर इस पत्रिका में प्रकाशित प्रखर समाजवादी चिन्तक लोहिया जी के लेखों और उन पर प्रकाशित सचित्र लेखों को किस दृष्टि से देखा जाये? मैंने लोहिया-भक्त से पूछा था। 'धर्मयुग' में प्रकाशित लोहिया जी के जीवन-दर्शन के मर्मज्ञ डॉ० रघुवंश, विजयदेव नारायण साही, कृष्णनाथ और डॉ० युगेश्वर की रचनाओं-विचारों को क्या व्यवसायवाद या पूँजीवाद के समर्थन में स्वीकार किया जाये? बाँग्ला देश के मुक्ति-संग्राम की धरती पर पैर रखकर जिसने उस धरती के संघर्ष और वेदना की तस्वीर आँकी थी, उस तस्वीर में यदि उसका चेहरा कहीं दीख रहा हो और बार-बार दीख रहा हो तो यह असंगत और अनुचित किस तर्क से सिद्ध होता है? वयस्क के मुँह से निकली बचकानी बातें बहस से विरत होकर चुप्पी साधने को विवश कर देती हैं। नयी साहित्य-पीढ़ी का, जो साहस और विवेक से युक्त होने के कारण आधुनिक चेतना की पीढ़ी मानी जाती है, एक बड़ा अभाव यह है कि इससे कुछ ऐसे लोग आ जुड़े हैं जो धकिया कर आधुनिकता की अगली पाँत में जगह बनाने के लिये आकुल-व्याकुल दिखाई पड़ते हैं, और प्रगतिशील बनने के लिये सांस्कृतिक मूल्यों के संहार का हल्ला बोलते रहते हैं, और सामयिकता के साथ अपने को सम्पृक्त दिखाने के लिए कुछ शब्दों और कुछ खास नामों की माला जपते रहते हैं। इनकी प्रगतिशीलता इन्हें कब दिगम्बर बना देगी, इन्हें स्वयं पता नहीं रहता। इस प्रकार के लोगों से नयी पीढ़ी को सर्वाधिक खतरा है। पूरी पीढ़ी को इनका आचरण कभी कहीं से बदनाम कर सकता है। 'धर्मयुग' में मार्क्स का चित्र छपे न छपे, मार्क्स के चिंतन और चरित्र का जिन पर गहन प्रभाव है उन्हें बड़ी ईमानदारी के साथ भारती ने छापा है। यशपाल, डॉ० रामविलास शर्मा, श्री नागार्जुन, श्री हरिशंकर परसाई, श्री

अमृत राय, श्री भैरव प्रसाद गुप्त, श्री मार्कण्डेय, श्री अमरकान्त, श्री विष्णुचन्द्र शर्मा जैसे अनेक मार्क्सवादी लेखकों को 'धर्मयुग' में भारती ने वैसे ही प्रस्तुत किया जैसे 'निकष' में प्रस्तुत किया था। अर्थात् उसी सर्वाश्रयी धरातल को उजागर करने की चेष्टा, जहाँ प्रत्येक धारा बिना अपने वैशिष्ट्य का बलिदान किये अपना सार्थक प्रतिनिधित्व कर सकती है, और इस प्रकार वैविध्य की अन्तर्निहित एक-सूत्रता की ओर एक रचनात्मक निर्देश। विविध वर्गों और विरोधी विश्वासों के रचनाकारों को, डॉ० रामविलास शर्मा के निबंधों को 'धर्मयुग' में प्रकाशित देखकर उनका एक वक्तव्य स्मरण हो आता है. "पूँजीवादी समाज में प्रेस बराबर रुपया कमाने का साधन होता है और इसीलिये बड़े-बड़े पूँजीपति उसी तरह की विचारधाराओं को प्रोत्साहन देते हैं जो उनकी धन-संचय की पद्धति का किसी-न-किसी तरह समर्थन करती हों। समाजवादी व्यवस्था में प्रेस पैसा बटोरने की मशीन नहीं है, उसका काम चन्द पढ़े-लिखे लोगों का मनोरंजन करना नहीं है, सार्वजनिक शिक्षा के आधार पर ज्ञान का व्यापक प्रसार और साहित्य की समृद्धि उसका उद्देश्य है। पिछले 14 वर्षों के 'धर्मयुग' के रूप-वैशिष्ट्य को देखते यह स्पष्ट है कि व्यावसायिक प्रतिष्ठान की ओर से निकलने के बावजूद यह पूँजीवादी विचारधारा के दोषों और व्यावसायिक अभिशापों से सर्वथा मुक्त है। और कदाचित् तभी डॉ० शर्मा जैसे प्रखर मार्क्सवादी चिन्तक का 'धर्मयुग' को सहयोग देना सहज हो सका है। लगता है, 'धर्मयुग' को सक्रिय सहयोग देने के पीछे डॉ० रामविलास जी की यह प्रतीति रही है कि व्यावसायिक प्रतिष्ठान से जुड़कर भी और उनकी राह का राही न होते हुए भी डॉ० भारती की राह सही राह है, साहित्य-संस्कृति के मूल्यों के उन्नयन की राह है, जिस पर वर्गीय संस्कार और कठमुल्लापन को छोड़कर किसी साहित्यकार का चलना सहज है। कहना न होगा कि कठमुल्लापन को त्याग कर ही साहित्यकार सच्चा साहित्यकार बनता है, मनुष्य के प्रति उसकी आस्था जागृत होती है।

जिस समाजवादी व्यवस्था की चर्चा शर्माजी बार-बार करते हैं, विज्ञप्त है उस व्यवस्था में चिन्तन-स्वातंत्र्य प्रतिबंधित होता है। पत्रकारिता, साहित्य, कला और चिन्तन को व्यावसायिक प्रतिष्ठान से उतना खतरा नहीं है जितना समाजवादी निरकुंश राज्य-व्यवस्था से। विज्ञप्त तथ्य है कि स्वतंत्र पत्रकारिता लोकतंत्र का एक महत्त्वपूर्ण आधार है। समाजवाद या साम्यवाद में इस स्वतंत्रता पर ही अंकुश लग जाता है। इस अंकुश के विरुद्ध आवाज़ उठाने पर वाणी के निर्भीक साधक की वही नियति होती है जो पास्तरनॉक और सोलफेनित्सिन जैसे असंख्य प्रतिभाशाली लोगों की हुई। पूंजीवादी व्यवस्था को मैं श्रेयस्कर कतई नहीं मानता। इतना जरूर मानता हूँ कि समाजवादी अधिनायकतंत्र में बुद्धिजीवी की भूमिका स्वतत्र नहीं रह जाती, इसलिए स्वाभाविक रूप से उसकी महत्ता गिर

जाती है। लोकतांत्रिक व्यवस्था इसलिए श्रेयस्कर है कि उसमें राजनीतिक गैर-राजनीतिक दुर्नीतियों पर चोट करने की स्वतंत्रता बुद्धिजीवियों को सहज ही उपलब्ध होती है।

लोकतांत्रिक राज्य व्यवस्था में व्यावसायिक साधन-शक्ति का नियोजन स्वेच्छा से फिर भी किया जा सकता है, अधिनायक की सरकारी मशीन को स्वेच्छा के अनुसार और औचित्य के आग्रह के बावजूद छेड़ना निरापद और सम्भव नहीं होता। लोकतांत्रिक राज्य-व्यवस्था के अनुसार जिस देश का प्रशासन चलता है वहाँ भी सरकारी प्रचारतंत्र स्वाधीन नहीं होता, उसकी सत्य विवर्जित भूमिका लोक-परिचित है।

कहने को तो स्व० पं० शिवचन्द्र शर्मा ने बहुत निःसंकोच होकर कह दिया था कि साधन सम्पन्न पत्र और उसके सम्पादकों से सही और समय का काम नहीं हुआ करता। (डॉ० शिवप्रसाद सिंह द्वारा सम्पादित 'कल्पना' का नवलेखन विशेषांक)। बड़ी पत्रिका के विरुद्ध लघु पत्रिका के सम्पादक की यह एक आम शिकायत है। 'दृष्टिकोण'-संपादक स्व० पं० शिवचन्द्र शर्मा का दृष्टिकोण कितना सटीक होता था इसका आला नमूना है आचार्य नन्ददुलारे वाजपेयी के सम्बन्ध में लिखा गया 'पं० नन्ददुलारे वाजपेयी' शीर्षक उनका वह निबंध जो 'आजकल' में वाजपेयी जी के परलोकगमन के बाद प्रकाशित हुआ था। वाजपेयी जी के साहित्यिक अवदान का तटस्थ मूल्यांकन तो दूर उनके व्यक्तित्व का परिचय यानी उनकी रूपाकृति का चित्र तक शिवचन्द्र जी ने गलत आँका है। उन्होंने यह गाँठ बाँध ली थी कि 'साधन-सम्पन्न पत्र और उसके संपादकों से सही और समय का काम नहीं हुआ करता।' इस धारणा की समीक्षा 'धर्मयुग' और उनके संपादक के संदर्भ में संगत होगी। आचार्य पं०नन्ददुलारे वाजपेयी को लक्ष्य कर 'धर्मयुग' में ही भारती की लगभग उतनी ही तेज और आक्रामक टिप्पणी छपी थी जितनी तेज 'राष्ट्रवाणी' में श्रीमती महादेवी वर्मा, आचार्य पं० हजारीप्रसाद द्विवेदी और दिनकर को लक्ष्यकर भारती का बहुचर्चित निबंध प्रकाशित हुआ था। 'धर्मयुग'-संपादक के पक्ष में यह महत्त्वपूर्ण बात है कि आचार्य वाजपेयी जैसे विरोधी धारणा के समीक्षक से, जिन्होंने नवलेखन के नये प्रयोगों को लक्ष्य कर टिप्पणी की थी कि 'प्रयोगवाद हिन्दी में बैठे-ठाले का धंधा बनकर आया', उसने नयी कविता के समर्थन में कई महत्त्वपूर्ण निबंध लिखवा लिये तब जब वे अपनी लोकयात्रा के अन्तिम पड़ाव पर पहुँच चुके थे। यह सही और समय का काम हुआ या नहीं ? राष्ट्रीय और अन्तर्राष्ट्रीय मानस को उद्वेलित करने वाली स्थितियों और विचारों का तटस्थ मूल्यांकन और अभिज्ञता प्रस्तुत करना सही और समय का काम है या नहीं ? आधुनिकता की आड़ में सांस्कृतिक शून्य में गिर रहे समृद्ध संस्कृति-परम्परा वाले राष्ट्र भारत को साहित्य, संगीत और कला के पुरस्कर्ता की वाणी-

प्रस्तुति द्वारा टोकना और संस्कृति-सचेत करना क्या असामयिक और गलत काम है ? देश की उजड़ती समृद्धि तथा गाँवों की विरूप और विपन्न होती दशा के मार्मिक चित्र प्रस्तुत करना क्या पूँजीवाद की अंधी हिमायत है ? मनुष्य के उद्धार-उन्नयन की राह रचने वाले देश और विदेशी संतों, मनीषियों, कलाविदों, शिल्पियों और साहित्यकारों के व्यक्तित्व और विचारों का विशेष अवसरों पर परिचय देना क्या गलत काम है ? पड़ोसी राष्ट्र के मुक्ति-संग्राम को वाणी देना, उनकी मुक्ति-कामना के समर्थन में लोकमत तैयार करना, उनकी मुक्ति-स्पृहा के औचित्य और उनकी व्यथा-कथा को दुनिया के कोने-कोने में पहुँचाना क्या सही और समय का काम नहीं है ? कहना न होगा कि पूर्वाग्रह और मानसिक गाँठ से बँध जाने पर सच झूठ प्रतीत होने लगता है। अन्यथा साधन-सम्पन्न पत्रों और उसके सम्पादकों के अवदान को नजरअन्दाज़ नहीं किया जा सकता।

साधन--सम्पन्न साप्ताहिक पत्र 'धर्मयुग' और संपादक डा० धर्मवीर भारती ने पिछले 14 वर्षों में सही काम सही समय पर किया है। पत्रिका की साधन-समृद्धि को सम्पादक ने अपनी प्रातिभ जागरूकता द्वारा संस्कृति की राह पर नियोजित किया है। 'धर्मयुग' की सामग्री को देखते यह धारणा स्पष्ट और पुष्ट होती है कि सम्पादक सचेत रहा है साहित्य और संस्कृति को उसकी समग्रता में प्रस्तुत करते के प्रति, विश्व-मानुष की आधुनिक परिकल्पना (जो मूलत: वैदिक परिकल्पना है, द्रष्टव्य: जयजगत—आचार्य विनोबा) को कलात्मक भूमिका पर रूपायित करने के लिए यानी विश्व-मानस को भारतीय मानस से संवेदना के स्तर पर जोड़ने के लिए। धर्मयुग-संपादक सचेत रहा है मनुष्य की संवेदना के प्रति, उसकी मानस-मनीषा मे जुड़ी हर दिशा के प्रति यानी कि आज के मनुष्य से जुड़े हर सवाल के प्रति। वह सवाल पुरातत्त्व, धर्म-अध्यात्म ने लेकर साहित्य, संस्कृति और आधुनिक चिन्तन से एवं लोक.कला से लेकर कला के नितांत नये प्रयोगों तक और नयी राजनीति से लेकर साहित्य के नये प्रयोगों, नयी साहित्य-विधा की विधायक और विक्षोभक भंगिमाओं तक से समान रूप से जुड़ा है। विभिन्न ट्रिप्प-णियों और निबंधों को प्रस्तुत कर धर्मयुग-सम्पादक ने राजनीतिक पाखंडवाद और साहित्यिक कलुष को बेनकाब करने के साहस का परिचय दिया है। जन-कल्याण के हवाई नारों से अलग राह अपनाकर 'धर्मयुग'-संपादक ने विविध विषयों और रुचियों की ऐसी सामग्री का चयन किया जो जन-रुचि को उठाने और समृद्ध करने वाली थीं। शिक्षा, साहित्य, दर्शन कला, राजनीति, भाषा और युवा जगत् से जुड़े ज्वलंत प्रश्नों पर अधीत लोगों की बहस आमंत्रित कर सामयिक संवेदना के प्रति सम्पादक ने अपने दायित्व का निर्वाह किया। देशी-विदेशी विचारदर्शन को रम्य मुद्रा में प्रस्तुत कर 'धर्मयुग' ने विराट हिन्दी पाठक को चिन्तन-अभिज्ञता दी। हिन्दी के पक्ष और विपक्ष में उठी आवाज़ को तटस्थ ढंग से प्रस्तुत किया। हिन्दी

पाठक को विभिन्न भाषा साहित्य की गतिविधि का परिचय और निकटता दी। चिन्तन की ज़मीन पर डा० लोहिया के हमसफर डा० रघुवंश, विजयदेवनारायण साही, कृष्णनाथ एवं डा० युगेश्वर तथा डा० विद्यानिवास मिश्र, डा० शिवप्रसाद सिंह, कुबेरनाथ राय, नागेश्वरलाल, डा० विवेकी राय, विष्णुकांत शास्त्री जैसे अपनी विद्या-पीढ़ी के अधीत अध्यापकों के साथ ही श्री जयप्रकाश नारायण, डा० राममनोहर लोहिया, श्रीमती तारकेश्वरी सिन्हा एवं श्री राजेश्वर प्रसाद जैसे राजनीतिज्ञों के सामयिक प्रश्नों से जुड़े विचारोत्तेजक निबंध और उदग्र चिन्तना 'धर्मयुग' ने प्रस्तुत की। नयी पीढ़ी के अशोक वाजपेयी और श्रीकान्त वर्मा तथा उनकी अग्रज-पीढ़ी के शमशेर बहादुर सिंह और अमृत राय के विचारों को समान उदारता के साथ 'धर्मयुग' ने प्रकाशित किया है। हिन्दी की नयी साहित्य-पीढ़ी के प्रसिद्ध गद्य-शिल्पी निर्मल वर्मा, गांधीवादी यायावर सतीश कुमार, पुरानी पीढ़ी के कथाशिल्पी पं० इलाचन्द जोशी और शिविर मुक्त डा० शिवप्रसाद सिंह का विदेशी परिदृश्य और दर्शन पर आधारित निबंध बिना किसी पूर्वाग्रह के 'धर्मयुग'-संपादक ने छापा। पुरानी पीढ़ी के प्रति भी 'धर्मयुग'-संपादक की यही उदारता दिखाई पड़ती है। श्रीमती महादेवी वर्मा, आचार्य हजारीप्रसाद द्विवेदी और स्व० दिनकर को डा० भारती ने 'धर्मयुग' में शीर्ष महत्त्व के साथ छापा, जिनकी 'धुरीहीनता' पर 'राष्ट्रवाणी' के माध्यम से वे निर्मम प्रहार कर चुके थे। घोर वैचारिक असहमति के बावजूद आचार्य नन्ददुलारे वाजपेयी के अन्तरंग जीवन का परिचय देने वाले दो निबंधों को उनकी जन्म-तिथि पर प्रकाशित किया था। मैथिलीशरण गुप्त और माखनलाल चतुर्वेदी तथा निराला और पंत की पीढ़ी को नाना रूपों में 'धर्मयुग' प्रकाशित करता रहा है। इतिहास के विशिष्ट नामों की ओझल होती स्मृति को भारती ने 'धर्मयुग' के माध्यम से ताजा किया है। इस महत्त्वपूर्ण कार्य को सम्पादित करने में व्यावसायिक प्रतिष्ठान की साधन-समृद्धि के साथ डा० भारती की दूसरी शक्ति है—विविध विषयों के अधीत सुयोग्य सहयोगी, और इस शक्ति का नियोजक उनका प्रातिभ व्यक्तित्व। देशी-विदेशी राजनीतिक गतिविधि और भंगिमा-सचेतना के अचूक पारखी श्री गणेश मंत्री जैसे विलक्षण सहयोगी ने 'धर्मयुग' के स्तर-उन्नयन में अपेक्षित सहयोग दिया है।

हिन्दी पत्रकारिता का इतिहास इस तथ्य का प्रमाण है कि मासिक पत्रिकाओं की तुलना में साप्ताहिक पत्रिकाओं की भूमिका कम महत्त्वपूर्ण नहीं रही है। 'मतवाला' का साहित्यिक अवदान विज्ञप्त है। डा० धर्मवीर भारती के सम्पादन में निकलने वाले 'धर्मयुग' का साहित्यिक स्तर अप्रतिम रहा है। स्वातंत्र्योत्तर काल की साहित्यिक मासिक पत्रिकाओं में 'कल्पना' अकेली पत्रिका रही है जिसने अतीत वाङमय की आधुनिक सन्दर्भ-दृष्टि से युक्त कर हिन्दी की आधुनिक मनीषा को उसकी समग्रता में प्रस्तुत किया है। 'कल्पना' में प्रकाशित किसी भी रचना को

विशिष्ट दृष्टि से देखा जाता रहा है। 'कल्पना' की ही तरह 'धर्मयुग' में छपना कठिन रहा है, किन्तु स्तरीय रचना के लिए 'धर्मयुग' ने 'कल्पना' की ही भाँति नये-पुराने का विचार नहीं किया और प्रतिष्ठित लेखकों कवियों के साथ ही नितांत नये हस्ताक्षर का प्रस्तुति-माध्यम बना। 'धर्मयुग' के प्रति प्रबुद्ध पाठकों और साहित्यिकों का सहज आकर्षण उसके साहित्यिक स्तर का प्रमाण है।

कागज के संकट ने जब 'धर्मयुग' के प्रकाशन को प्रभावित किया तो व्यापक स्तर पर चिन्ता-चर्चा शुरू हुई कि 'धर्मयुग' बन्द हो रहा है, कि 'धर्मयुग' बन्द हो गया, कि कागज के अभाव में 'धर्मयुग' पाक्षिक निकलेगा। और फिर कुछ हफ्तों बाद 'धर्मयुग' के निकलते ही पृष्ठ संख्या की कटौती और मूल्य-वृद्धि के बावजूद एक उल्लास दिखाई पड़ा, 'धर्मयुग आ गया।' वर्षों पहले (राष्ट्रवाणी में प्रकाशित) अपने एक निबंध में श्री विद्यासागर नौटियाल ने 'कल्पना' के प्रति लेखकों की आकुल प्रतीक्षा का जिक्र करते लिखा था कि डाकिया को देखते ही हिन्दू विश्वविद्यालय के गुर्टू हास्टल के कमरा नं० 13 से शिवप्रसाद सिंह आवाज़ लगाते हैं, 'काली, कल्पना आयी ?' भारती के सम्पादन में प्रकाशित 'धर्मयुग' को भी लोग इसी बेसब्री से जोहते थे। न केवल साहित्यिक बल्कि हर वर्ग के पाठक। 'धर्मयुग' के संपादक की यह सम्पादन-दक्षता है कि कमजोर से कमजोर अंक में भी कुछ ऐसी सामग्री रहती है जो आकृष्ट करती है, देखने-पढ़ने को मजबूर कर देती है, और पोषण देती है।

निस्सन्देह 'धर्मयुग' के सम्पादकीय दायित्व से सम्बन्धित डा० भारती की व्यस्त चर्या ने उनके लेखन को प्रभावित किया है। और एक अन्यथा प्रतीति दिखायी पड़ी थी भारती के रचनाकार के प्रशंसकों के बीच कि 'धर्मयुग' का सम्पादक बनते ही भारती का रचनाकार दब गया, कृती प्रतिभा व्यवस्था में समा गयी। और बाँग्ला देश का मुक्तिसंग्राम शुरू हुआ। भारती के आभिजात्य के आलोचक यानी वे जिनकी धारणा थी कि भारती 'धर्मयुग' के सम्पादक क्या बने हाथी दाँत की मीनार में समा गये, उस दिन आँख फाड़कर ताकते रह गये जब भारती ने मुक्ति रण-स्थली के ओज को समीप से देखने बाँग्ला देश की दलदल जमीन की बीहड़ और खतरनाक राह पर निर्भीक यात्रा शुरू कर दी, श्री विष्णु-कान्त शास्त्री के साथ उस रक्तरंजित, मुक्ति-स्पृहा से उदग्र धरती के चप्पे-चप्पे में छिपे क्रान्ति-बीज खोजने लगे, उनके निकट पहुँचकर आत्मीय नमन देने लगे, उनकी पीड़ा को अपनी वाणी और पत्रिका से दूर-दूर पहुँचाने लगे। बाँग्ला देश की सघन हरीतिमा की साँवली सूरत और सुर्ख भंगिमा को भारती ने जो उदग्र अभिव्यक्ति दी, उसने जैसे सचेत किया कि भारती का रचनाकार दबा नहीं है, उसकी भाषा-भंगिमा अकुंठ है, संवेदना अश्लथ है। 'धर्मयुग' के अनेक अंकों में प्रकाशित 'मुक्त क्षेत्रः युद्ध क्षेत्रे' शीर्षक नयी गद्य-विधा में रचित भारती का लेखन

हिन्दी गद्य की महत्त्वपूर्ण उपलब्धि है। पं० बनारसीदास चतुर्वेदी ने लिखा है कि कंठ की उन्मुक्तता पत्रकार की सबसे बड़ी आवश्यकता है। इस आवश्यकता और व्यक्ति-स्वतंत्रता की रक्षा के लिये भारती कृती पत्रकार के रूप में बराबर सचेत रहे हैं, इसके लिये निरन्तर संघर्ष किया है। व्यक्ति-स्वतंत्रता के अधिकार को कुचलने के लिये बाँग्ला देश में जब सैनिक शक्ति ने घिनौना रूप धर लिया तो उसके विरुद्ध भारती की प्रतिभा दीप्त हो उठी। रण-स्थली में उतर कर उन्होंने अपने लेखकीय और सम्पादकीय दायित्व को पूरा किया। किस तर्क से इसे समयोचित और सही कार्य नहीं माना जायेगा ?

'सम्प्रति' (धर्मयुग 24 मार्च 1974), डा० भारती की यह धारणा है कि साहित्यिक दुनिया का मौसम बदल रहा है। 'बाणभट्ट की आत्मकथा' के लेखक पं० हजारीप्रसाद द्विवेदी की नयी औपन्यासिक कृति 'पुनर्नवा', अलेक्जेंडर सोल्झेनित्सिन के 'फर्स्ट सर्किल', विनय के 'एक पुरुष' और कुबेरनाथ राय के 'विषाद योग' से लेकर रमेश रंजक जैसे नये हस्ताक्षर की नयी कृति 'हरापन नहीं टूटेगा' की उपलब्धि पर विचार करते डा० भारती आश्वस्त चित्त से कहते हैं कि "हवा में एक नये मौसम की महक आने लगी है। मेरा मतलब हिन्दी की साहित्यिक आबोहवा में। एक अरसे से रोज पैदा होनेवाले और रोज मरनेवाले आंदोलनों, और उनके छोटे-छोटे स्वयंभू नेताओं के असंगत आवेशों की एकरसता खत्म हो रही है और कुहासे में ही सही, लेकिन ठोस सन्दर्भों पर आधारित युवा कृतित्व का एक नया धरातल उभरता दीख रहा है। साहित्यिक लेखन और पत्रकारिता धीरे-धीरे छोटी पत्रिकाओं और बड़ी पत्रिकाओं के बीच पैदा किये गये कृत्रिम अन्तराल को तोड़कर अपने को व्यापक बना रहे हैं और जिस माध्यम से भी वे अपने सही पाठक तक पहुंच सकें, उस माध्यम से पहुँचने को व्यग्र हैं। सामान्य पाठक पहले कभी इतना जागरूक नहीं था, जितना आज है। नारे और घोषणा पत्र वह रद्दी की टोकरी में फेंक देता है। उसे अच्छी रचना चाहिए। वह किसी की कलम से आये, किसी भी माध्यम से उस तक पहुँचे। लगता है, 10-15 वर्षों के रचनात्मक सन्नाटे के बाद फिर वह सृजनात्मक दौर आ रहा है, जब नये और पुराने हरेक के लिये यह अनिवार्य हो जायेगा कि वह हर चुनौती का जवाब अच्छे साहित्यिक कृतित्व से दे।" इस नये साहित्यिक मौसम की अवतारणा में आलोचना, निकष और धर्मयुग और उसके सम्पादक डा० धर्मवीर भारती की क्या भूमिका है, यह भावी इतिहास निर्णय करेगा। हमें निष्कर्ष रूप में महज इतना ही निवेदन करना है कि शिविरवादी और अहंवादी आशंकाओं-आरोपों के बीच से लेखक और पत्रकार अपने महत् दायित्व को कैसे पूरा करता है, नाना पंथा-विधा में रचित डा० भारती का कृतित्व इसका उत्कृष्ट उदाहरण है। भारती का कृतित्व प्रमाण है इस तथ्य का कि अपने विवेक-व्यक्तित्व की स्वतंत्रता की रक्षा

करने में सफल लेखक ही अपने दायित्व को कायदे से पूरा कर पाता है और यह कि स्वतंत्र प्रातिभशक्ति के सामने साहित्य-संस्कृति में घुसनेवाले हस्तक्षेप पराजित हो जाते हैं। इसलिए प्रातिभ शक्ति अर्जित करना और अपने विवेक-स्वातंत्र्य की रक्षा करना साहित्यकार-पत्रकार के सन्दर्भ में समान रूप से शीर्ष महत्त्व की आवश्यकता है। इसे पूरा करके ही वह भारती की तरह समय की चुनौती स्वीकार करने का अदम्य साहस भी दिखा पाता है और अपने दायित्व को भी पूरा कर पाता है।

पुनश्च:

सन् 1974 तक के भारती के अवदान पर पूर्ववर्ती पृष्ठों में दृष्टिपात किया गया है। उसके बाद 'धर्मयुग' के स्तर और मुद्रा में शोचनीय परिवर्तन आया है, किन्तु सम्पादक डा० धर्मवीर भारती मूल्य-भित्तिक पत्रकारिता के आग्रही आज भी हैं।

पत्रकारिता की व्यावसायिक राह और आदर्श की हांक

साठोत्तर वय में प्रविष्ट डॉ० धर्मवीर भारती की प्रातिभ उर्वरता और आदर्श के आग्रह में स्खलन नहीं आया है। पत्रकारिता के सम्बन्ध में आज भी उनकी धारणा है, 'हीरोपन' और ग्लैमर का जो नया प्रभामंडल पत्रकारों को मिला उसका श्रेयस्कर प्रभाव तो यह होना चाहिए था कि वह उन्हें वैचारिक धरातल पर परिपक्व बनाता, जनकल्याण के प्रति अधिक प्रतिबद्ध, अधिक निस्पृह बनाता और 'स्व' के बजाय सर्व के प्रति अधिक समर्पित बनाता, लेकिन हुआ क्या ?

"पत्रकारिता अपने में शब्द की सच्चाई और उसे जन तक संप्रेषित करने की जिम्मेदारी है, यह बात तो गौण हो गयी। हाँ, पत्रकारिता शक्ति-संचय की एक नयी विधा है, यह बात प्रमुख होने लगी। एक बार शक्ति संचय से नये बिन्दु के रूप में प्रतिष्ठित होने के बाद जाहिर है कि बड़े शक्ति-केन्द्र उसे चुम्बक शक्ति से अपनी ओर खींचने लगे। एक नया हासिल किया हुआ बड़प्पन तो तभी चरितार्थ होगा न, जब वह बड़े मंत्रियों के दरबार, बड़े अफसरों के सत्संग, बड़े नेताओं की छत्रछाया और बड़े देशों के बड़े दूतावासों के बड़े विदेश आमंत्रणों से समर्थित हो। छोटी, कमजोर, पिछड़ी हुई जनता और नव साक्षर पाठक वर्ग ? वह बेचारा तो इस बड़प्पन के आगे यूँ ही नतमस्तक हो चुका था।" पत्रकारिता की साम्प्रतिक दशा पर उन्मथित प्रज्ञा से विचार करते डा० भारती अपनी उज्जवल विरासत को स्मरण करते है—'तिलक, गांधी, गणेशशंकर विद्यार्थी, माखनलाल चतुर्वेदी, पराड़कर, लोहिया की साधना से निर्मित विरासत'। भारती प्रश्न उठाते हैं : "इन स्वनामधन्य पत्रकारों का लक्ष्य क्या था ? केवल ब्रिटिश साम्राज्यवाद के

अत्याचारों का लोमहर्षक विवरण देकर पाठकों को एक सनसनीखेज चटखारेदार उत्तेजना प्रदान करना ? नहीं, जन-साधारण में इस बात की चेतना भी जगाना कि जाने या अनजाने में इस उपनिवेशवादी शोषणचक्र के अंग वे स्वयं न बन जायें, इस बात का संकल्प उनके मन में जगाना कि वे एक बेहतर समतावादी, स्वतंत्र स्वाभिमानी समाज के निर्माण के लिए पहले स्वयं अपने निजी आचरण में सादगी, स्वतंत्र विवेक, सामाजिक उदारता और नैतिक शुद्धता लायें। वह पत्रकारिता व्यक्ति और समाज के नव-रचनात्मक निर्माण के प्रति प्रतिबद्ध थी और इसके लिये जहाँ एक ओर ब्रिटिश साम्राज्यवाद के पाखंड का उद्घाटन करती थी, वहीं अपने पाठक वर्ग को एक नया व्यक्तित्व बनाने की प्रेरणा देती थी, उसे सुरुचि का संस्कार देती थी, एक नैतिक चरित्र-निर्माण की प्रेरणा देती थी और उसके लिये पत्रकार पहले अपने व्यक्तित्व को सादगी, निष्ठा, स्वाभिमान और निस्पृहता के साँचे में ढालता था। याद कीजिये, तिलक की, मदनमोहन मालवीय की, गणेशशंकर विद्यार्थी की, उनके युवा उपसम्पादक भगतसिंह की, पराड़कर की, गांधी की, लाजपतराय की और उनके अखबारों की और उनके सादे त्यागपूर्ण व्यक्तित्व की। वहाँ सनसनी खेज, भंडाफोड़, चीखती हुई सुर्खियाँ और अंधी एकांगी पक्षधरता के बजाय एक वैचारिक उद्बोधन था, सच्चाई का वस्तुनिष्ठ चित्रण था, जिसका विरोध कर रहे हैं, उसके प्रति भी सदाशयता थी और सबसे बढ़कर अपने पाठक वर्ग, अपने समाज और अपने देश के अन्दर एक आत्मज्योति जगाने की व्यग्रता थी।" भारती की वेदना बहुतेरे संस्कारी पाठकों और विचारकों की संवेदना को उद्वेलित कर सकती है। मुझे आश्चर्य इस बात से है कि भारती की आदर्शस्फूर्त धारणा को 'रविवार'-संपादक श्री उदयन शर्मा ने अपनी पत्रिका में प्रकाशित कैसे किया ? स्मरण आ रहा है, दो वर्ष पूर्व कलकत्ते की एक विचार-गोष्ठी में, जिसमें 'जनसत्ता'-सम्पादक श्री प्रभाष जोशी ने भी सक्रिय भाग लिया था और मैंने उसकी सदारत की थी। श्री उदयन शर्मा ने बड़ी उदग्र मुद्रा में कहा था, "आज आदर्श की बात अप्रासंगिक है। बाल मुकुन्द गुप्त, पराड़कर और गणेशशंकर विद्यार्थी का युग गया। हम आधुनिक युग में जी रहे हैं, आधुनिक चेतना चुनौती और साधन-सुविधा के पत्रकार हैं, पुराने आदर्शों के पीछे हम अपना वक्त जाया करना नहीं चाहते।" मुझे आचार्य शिवपूजन सहाय की याद आई थी, उनकी निराशा की युग-धर्म की नब्ज की अचूक पहिचान की, "वर्तमान परिस्थिति से यही अनुमान होता है कि हिन्दी में अब न कोई चिन्तामणि घोष होगा, न महावीरप्रसाद द्विवेदी, न शिवप्रसाद गुप्त, न बाबूराव विष्णु पराड़कर, न शिवनारायण मिश्र, न गणेश शंकर विद्यार्थी, न रामानन्द चटर्जी, न बनारसीदास चतुर्वेदी।" मुझे लगा था कि श्री उदयन शर्मा आचार्य

शिवपूजन सहाय की व्यथा पर ही मुहर लगा रहे हैं, मगर ग्लानि की बात को गर्वपूर्वक पेश कर रहे हैं।

श्री प्रभाष जोशी ने श्री उदयन शर्मा की धारणा का उसी अंदाज में समर्थन किया था जिस उच्छ्वसित अन्दाज में डा० भारती ने 'रविवार' के एक दशक की यात्रा की प्रशंसा की है। मगर समापन-वक्तव्य में मैंने आदर्श की उस दिशा की ओर संकेत किया था जो हमारी विरासत की उज्ज्वल दिशा है और जिसकी प्रासंगिकता अक्षत है। भारती की टिप्पणी आदर्श की उसी दिशा की हाँक लगाती है और श्री उदयन शर्मा गर्वपूर्वक उसे अपनी पत्रिका के माध्यम से प्रस्तुत करते हैं। शायद इसलिए कि पत्रकारिता की व्यावसायिक राह पर चटक मुद्रा में चलने वाले 'रविवार' की भारती ने प्रशंसा की है, शायद इसलिये कि उदयन शर्मा के दुर्दिन में भारती ने उन्हें अनुकूल अवसर दिया था। कारण जो भी हो, कार्य उत्तम है। उत्तम इसलिए कि पिछले सवा दशक के 'धर्मयुग' के स्वरूप को देखते भारती की विशिष्टता संदिग्ध हो गयी थी। 'रविवार' में प्रकाशित उनका निबंध उनकी साम्प्रतिक चिन्तन-दिशा का परिचय देता है, एक प्रीतिकर आश्वासन कि भारती का कृती चिन्तन अपने आदर्श की जमीन से स्खलित नहीं हुआ है। मगर भारती पत्रकारिता के जिस आदर्श-भित्तिक आयाम का आग्रह करते हैं उनकी पत्रिका उससे विच्छिन्न क्यों हो गयी? किन परिस्थितियों के चांप में पड़कर 'धर्मयुग' ने अपनी विशिष्टता गंवा दी? व्यावसायिक राह से चलने वाली पत्रिकाओं की मूल्य-विवर्जित समाजद्रोही भूमिका पर अपनी सहज प्रखरता के साथ भारती जब बेलाग टिप्पणी करते हैं तो लगता है कि 'परिमल', 'आलोचना', 'निकष' और 'धर्मयुग' के आदि पर्व (सन् 1960 से 1974) का कृती उद्योक्ता पिछले डेढ़ दशक की 'धर्मयुग' की यात्रा पर अनासक्त भाव से टिप्पणी कर रहा है। डा० भारती जैसे अधीत और कृती व्यक्ति की प्रज्ञा इस तथ्य से अपरिचित नहीं है कि जिस सादगी, सुरुचि, संस्कृति-सजगता, जातीय संस्कार और सामाजिक दायित्व की बात भारती करते हैं, अपनी टिप्पणी में, उन्हीं शब्दों का उच्च स्वर में आज की राजनीति के पंडे-पुरोहित भी दिन-रात जप करते हैं। मगर जैसा कि युवा पत्रकार श्री अनिल ठाकुर कहते हैं, "मूल्यहीनता के दौर में सबसे पहले किसी भी चीज की विश्वसनीयता साबित करना जरूरी होता है। गांधीजी की सरल-सीधी मद्धिम आवाज़ में ताकत सिर्फ इस कारण से दिखाई पड़ती थी कि उनमें कोई छद्म नहीं था। यही वजह थी कि उनके एक आह्वान पर पूरा देश उनके पीछे चल पड़ता था।" आज वह विश्वसनीयता ही संदिग्ध हो गयी है। इसलिए संस्कृति की ऊँची गुहार अपसंस्कृति की घटा को विदीर्ण नहीं कर पा रही है। अच्छे-अच्छे वाग्मी गणदेवता को आश्वस्त नहीं कर पा रहे हैं। क्रिया और कृती की लघुता को, चारित्रिक स्खलन और ओछे

आचरण को मुद्रा-सिद्धि और मोहक शिल्प से बहुत समय तक छिपाया नहीं जा सकता। जिस पाखंड की चर्चा भारती बार-बार करते हैं, निरक्षर जनता उसे समझती है। बाबा आम्टे की पद-यात्रा और चन्द्रशेखर की पद-यात्रा का अन्तर वह खूब समझती है। भ्रष्टाचार-उन्मूलन का जयप्रकाश का आह्वान और भ्रष्टाचार-विरोधी विश्वनाथप्रताप सिंह के अभियान का मूलभूत अन्तर समझने का विवेक आम जनता में है। भीड़ भेड़ों की ही नहीं तमाशबीनों की भी होती है। अच्छे-अच्छे लोगों को भीड़ से भ्रम हो जाता है। इन्दिरा गांधी जैसी राजनीतिक रणनीति में सिद्ध विश्वविख्यात महिला धोखा खा गयीं थीं। पाखंड की गिरफ्त में राजनीतिक ही नहीं, बुद्धिजीवी भी आ गये हैं। इसलिए उनकी वाणी का विधायक प्रभाव लोकमन पर पड़ नहीं रहा है। उनके विलास के साधन दिनों-दिन समृद्ध होते जा रहे हैं, देशी-विदेशी सरकारी-गैरसरकारी प्रतिष्ठानों के किसिम-किसिम के पुरस्कार बटोर लेने की व्यवहार-दक्षता भी उनमें बढ़ी है, किन्तु समष्टि का वह सहज सम्मान, जो उन तमाम लोगों को प्राप्त था, जिनका भारती बार-बार अपनी टिप्पणी में स्मरण करते हैं, इन्हें उपलब्ध होनेवाला नहीं है और न तो इनकी करनी-करतूत से तवारीख के पन्नों की रोशनी बढ़नेवाली है। आदर्श की प्रभावी शैली में हाँक लगाना और आदर्श को अपने चरित्र में रूपायित करना, दोनों स्थितियों के अन्तर को लोग आसानी से समझ रहे हैं।

डा० भारती के वक्तव्य को आदर्श के पक्षधर परवर्ती पीढ़ी के मूल्य-सुमुख लोग एक महत्वपूर्ण दस्तावेज के रूप में उसी तरह उद्धृत करेंगे जैसे हम बालमुकुन्द गुप्त, पराड़कर, गणेशशंकर विद्यार्थी के वक्तव्यों को उद्धृत करते हैं। किन्तु उनके वक्तव्य के साथ 'धर्मयुग' को शायद उस गर्व के साथ लोग स्मरण नहीं कर पायेंगे जैसे 'भारत मित्र', 'प्रताप', और 'आज' को हम स्मरण करते हैं। जिस प्रातिभ ऊर्जा के बल पर भारती ने व्यावसायिक प्रतिष्ठान की चुनौती का मुकाबला किया था और एक जागरूक प्रहरी के रूप में 'धर्मयुग' के माध्यम से लगभग डेढ़ दशक तक सांस्कृतिक मूल्यों की रखवाली करने में क्रियाशील रहे, उनकी मूल्यों की पक्षधरता और व्यावसायिक कुरुचि के प्रति युयुत्सा अम्लान रही, वह कृती व्यक्तित्व किन परिरिस्थितियों के दबाव से शिथिल पड़ गया? भारती के वक्तव्य में एक संकेत है उस परिस्थिति की ओर, "पर ट्रेजेडी यह नहीं हुई कि जनता सरकार टूटी, सरकारें तो आती-जाती रहती हैं। ट्रेजेडी यह हुई कि जनमानस में मूल्यों का अवमूल्यन हो गया, आदर्शों पर से आस्था उठ गयी, चिन्तन में सोद्देश्यता खत्म होने लगी, तात्कालिक स्वार्थ और निजी हित किस में है, इसकी चेतना प्रबल होने लगी। मूल्यों के इस सर्वव्यापी विघटन के दौर में अगर पत्रकारिता में भी सोद्देश्यता समाप्त होकर मूल्यों का, आदर्शों का विघटन होने लगा तो इसमें आश्चर्य की क्या बात, आखिर पत्रकारिता भी तो व्यापक

सामाजिक प्रक्रिया की एक उपधारा ही है न! निरर्थक है आदर्शों की बात करना, निरर्थक है सामाजिक बदलाव की बात करना, निरर्थक है जनकल्याण की बातें करना, कुछ नहीं बदलेगा—सिर्फ बाहरी रूपाकार बदलेंगे—नारे बदलेंगे, पार्टियों के नाम बदलेंगे—अन्दर सब वही रहेगा—सड़ा, भ्रष्ट, लोलुप और दो मुहा। छोड़ो, इस विराट विघटन में किसी तरह अपने को बचाओ। सब बना रहे हैं, हो सके तो तुम भी जितना जो कुछ बना सको बनाओ।" विडम्बना यह है कि ढाही की बारीकी को सही कोण से देखने-समझने वाला भी ढाही का शिकार हो गया। 'सनसनी खेज हल्के-फुल्के लेखन' और चटक सामग्री की प्रस्तुति द्वारा अपने पाठकों में रुचि-विकार जगाते अपने तात्कालिक और त्वरित लाभ की हीन साधना में जागरूक पत्रकार का अपनी रचनात्मक ऊर्जा खर्च करना इसलिए भी दुर्भाग्यपूर्ण है, क्योंकि सघन अंधकार की घड़ी में रोशनी की उन्हीं से अपेक्षा रहती है। इसलिए विद्या-व्यापार की यह चरम अवमानना है। इस जाति के पत्रकारों के सम्पादकतत्व में निकलने वाली पत्रिकाओं का विक्रय स्तर दिनों-दिन समृद्ध होता जाता है, जो गुणवत्ता का परिचायक कतई नहीं है। मुमकिन है, 'धर्मयुग' की बिक्री पहले से बढ़ गयी हो, लेकिन स्तर में तो इतनी गिरावट आई है कि उसका स्वकीय वैशिष्ट्य ही कुंठित हो गया है। गिरावट को महिमान्वित करने का धृष्ट संस्कार भारती में दूसरों की तरह कभी नहीं रहा, उनके विरोधी भी उनके इस वैशिष्ट्य को रेखांकित करते हैं। आश्वासन यह है कि भारती रोग को भी समझ रहे हैं और रोग के कारण को भी। इतना ही नहीं, उद्धार की राह भी उन्हें मालूम है और उस पर चलने की क्षमता भी उनमें है। जो उनकी क्षमता से परिचित हैं उन्हें विस्मय इस बात से है कि 'धर्मयुग' में संपादक के रूप में प्रवेश करते डा० धर्मवीर भारती के सामने जो चुनौती और कठोर दायित्व था उससे गुरुतर चुनौती आज उनके सामने है, जिसे समझते हुए भी वे उससे पंजा नहीं लड़ा रहे हैं और दूसरी पत्रिकाओं की तरह ही उनकी पत्रिका 'धर्मयुग' व्यावसायिकता की प्रदूषित राह से चलने लगी है। 25 फरवरी 1962 के 'धर्मयुग' में भारती की एक टिप्पणी—'बुद्धिजीवी: द्वितीय कोटि'—प्रकाशित हुई थी। बुद्धिजीवियों की अवज्ञा-मार से आहत होकर भारती ने ज्वलन्त समस्या पर विचार किया था। अपनी टिप्पणी का उपसंहार करते भारती ने लिखा था, "यह जरूर जानता हूँ कि आने वाले सत्य के लिए अगर एक भी सशक्त हाथ कीचड़ में सहारे के लिए रोप दिया जाता है, तो हजारों-लाखों कीचड़ फैलाने वाले हाथ बेकार और बेमानी हो जाते हैं। शायद प्रथम कोटि का बुद्धिजीवी बनने और दूसरों को बनाने का एकमात्र रचनात्मक रास्ता यही है।" हमें भारती से उसी रचनात्मक राह-रचना की अपेक्षा है, आज चारों ओर फैले और बड़ी तेजी से फैल रहे उस भयंकर कीचड़ में जिनके प्रति भारती की प्रज्ञा सचेत है, सहारे के

लिए भारती के सशक्त हाथ की अपेक्षा निराधार नहीं है, क्योंकि प्रबुद्ध वर्ग मानता है कि भारती के कृती व्यक्तित्व की आग अभी बुझी नहीं है, वह आग जिसमें अज्ञेय ने बड़ी सम्भावना देखी थी और जिसे लक्ष्य कर इलाहाबाद में आयोजित 1957 के साहित्यकार सम्मेलन में पं० हजारीप्रसाद द्विवेदी ने भारती को सव्यसाची (गद्य-पद्य में समाभ्यस्त) कहा था। उसी आग से भारती ने बड़ी-बड़ी चुनौती का मुकाबला किया है। उनकी प्रतिभा के सामने आज गुरुतर चुनौती खड़ी है।

अपेक्षा उनसे नहीं की जाती जो कीचड़ के आतंक से ही भहरा जाते हैं या कि रोशनी की राह को पंक-प्रदूषित करने में ही जो अपनी ऊर्जा खर्च करते हैं। अपनी विलास-भूख के लिए जो कहीं लेट सकता है, किसी रंगीन हवा के पीछे आँख मूदकर धावन कर सकता है, अपनी न्यूनतम सजातीय आचार-संहिता और स्वकीय वैशिष्ट्य का बलिदान कर किसी राह-घाट से समझौता कर सकता है वह भाषा का घटिया सौदागर है। उससे सांस्कृतिक अपेक्षा नहीं की जा सकती। साम्प्रतिक पत्रकारिता की जिस प्रदूषित आबोहवा की ओर डा० भारती ने इशारा किया है, उसका अन्दाज अधोगामी लक्षणों के आधार पर अर्द्धशती पूर्व (सन् 1930 ई० में) गणेशशंकर विद्यार्थी ने लगा लिया था "जिन लोगों ने पत्रकार कला को अपना काम बना रखा है उनमें बहुत कम ऐसे लोग हैं, जो अपने चित्त को इस बात पर विचार करने का कष्ट उठाने का अवसर देते हों कि हमें सचाई की भी लाज रखनी चाहिए, केवल अपनी मक्खन रोटी के लिए दिन भर में कई रंग बदलना ठीक नहीं है।···अब बहुत से समाचार पत्र सर्वसाधारण के कल्याण के लिए नहीं रहे, सर्वसाधारण का प्रयोग की वस्तु बनते जा रहे हैं।" अपने व्यावसायिक प्रयोजन के लिए सर्वसाधारण का प्रयोग बड़ी मोहक शैली में करने में जो सिद्ध हो चुके हैं उनकी अधोगामी यात्रा से भिन्न सरणि उसकी है जो व्यावसायिक साधन-क्षमता का समष्टि के मंगल के लिए नियोजन करने की कला में निष्णात है। भारती ने अपनी कला-क्षमता और व्यवहार-दक्षता का प्रमाण दिया है। उर्ध्वमुखी यात्रा की महत्ता को जो समझता है और ऊँची उड़ान की क्षमता से सम्पन्न होता है, उसी से और केवल उसी से बड़ी अपेक्षा की जा सकती है। उसे ही हम टोकते हैं, ओ सबसे ऊँचे आसमान में उड़ने वाले पाखी, उस रोटी से मौत अच्छी जो तेरी उड़ान को सीमित-कुंठित करती हो,

> ऐ ताइरे आहूती उस रिज़्क से मौत अच्छी
> जिस रिज़्क से आती हो परवाज़ में कोताही—इकबाल

अन्ततः डा० धर्मवीर भारती ने 'धर्मयुग' से अपने को वियुक्त कर लिया। मेरे जैसे अनेक लोगों ने इस घटना को प्रातिभ स्वाभिमान का सहज निर्णय माना।

हिन्दी पत्रकारिता : भाषा का प्रश्न

भाषा विषयक अराजकता पर उन्मथित चित्त से टिप्पणी करते आचार्य शिवपूजन सहाय ने 7 अगस्त, 1946 के 'हिमालय' में लिखा था, "प्रचार के नाम पर संस्कार का संहार असह्य अनाचार है। जान पड़ता है, यह भाषा-संस्कार के बदले भाषा-संहार का युग है। पत्रकारों का न इधर ध्यान है, न इसमें अनुराग ही।" कृती सम्पादक आचार्य शिवपूजन सहाय ने 4 मई 1946 के 'हिमालय' की सम्पादकीय टिप्पणी में स्वीकार किया था कि "दोषी वास्तव में हम सम्पादक ही हैं, जो अपने पत्रों या पत्रिकाओं के माध्यम से भाषा के पवित्र क्षेत्र में भ्रष्टता फैलाते हैं।" इस स्वीकारोक्ति में भाषा-प्रीति और भाषा-संस्कार के उत्थान की उस चिन्ता-चेतना का स्पष्ट संकेत है, जो हिन्दी पत्रकारिता की आदि प्रतिज्ञा के साथ ही जन्मी थी। हिन्दी की अस्मिता-रक्षा के लिए बड़ा बलिदान करने को प्रस्तुत रहने वाली पीढ़ी को एक शब्द की च्युति असह्य थी। हिन्दी के सर्वमान्य आचार्य सरस्वती-सम्पादक पं० महावीर प्रसाद द्विवेदी के एक शब्द को लेकर भारतमित्र-सम्पादक बालमुकुन्द गुप्त ने इतिहास-प्रसिद्ध भाषा-विवाद की सृष्टि कर दी थी, जिससे हिन्दी की पूरी मनीषा को सक्रिय रूप में जुड़ना पड़ा था। अपने जीवन के उत्तर काल में पूरी सदाशयता के साथ आचार्य महावीर प्रसाद द्विवेदी ने रायकृष्ण दास के एक प्रश्न का उत्तर देते कहा था, "अच्छी हिन्दी बस एक आदमी लिखता था, बालमुकुन्द गुप्त।" भाषा विषयक जागरूकता और साहित्यिक औदार्य का यह स्तर था। कदाचित् यही कारण है कि हिन्दी इस लायक बन सकी कि भारत की राष्ट्रभाषा के रूप में विश्व-मंच पर उन्नतशिर खड़ी हो पाती है।

हिन्दी पत्रकारिता के पुराने पन्ने प्रमाण हैं कि पत्रकारिता की भित्ति तैयार करने वाली पीढ़ी का भाषा-स्वाभिमान कितना प्रखर था और स्वभाषा-उन्नति की उनमें कितनी उत्कट लालसा थी। उनमें पुष्ट विवेक था कि हिन्दी की शुद्धता और उत्थान का प्रश्न हिन्दी भाषी समाज के उत्थान का प्रश्न है। इस प्रकार ज्वलन्त जातीय प्रश्न के रूप में, सांस्कृतिक चुनौती के रूप में भाषा के

सवाल को पुरानी पीढ़ी के पत्रकारों ने अपेक्षित गुरुता दी थी। और जातीय जागरण की इस विशिष्ट सरणि से साधना-यात्रा करते उन्हें विकट चुनौतियों से टकराना पड़ा। भाषा के धरातल की धवलता की रक्षा और समृद्धि के लिए चुनौती रचनी पड़ी, सवाल खड़े करने पड़े। आधुनिक हिन्दी के शलाका पुरुष भारतेन्दु हरिश्चन्द्र की धारणा विज्ञप्त है कि "हिन्दी नई चाल में ढली 1873 ई० में।" मगर ऐतिहासिक प्रमाण है कि उससे काफी पहले हिन्दी हित-चिन्ता सक्रिय हो गयी थी। 30 मई 1826 को प्रकाशित हिन्दी के प्रथम पत्र 'उदन्त मार्तण्ड' के 'आश्विन वदि-3' के अंक में, भाषा की शुद्धता के आग्रह से, सम्पादक युगल किशोर शुक्ल ने 'अशुद्धता' शीर्षक टिप्पणी लिखी थी और 'समाचार दर्पण' की भाषा-च्युति पर तीखा कटाक्ष किया था। बड़ी रोचक है कटाक्ष-मुद्रा पुराने पत्रकारों की, जो उनकी दायित्व-निष्ठा, बौद्धिक सजगता और ऊँचे आदर्श-लक्ष्य का परिचायक है। भाषा विषयक नोक-झोंक से पत्रकारिता के पुराने पन्नों की ललित मुद्रा ने खड़ी बोली गद्य के परिमार्जन और हिन्दी भाषी समाज के भाषा-संस्कार में विधायक भूमिका निभाई। पुराने पत्रकारों में विवेक था कि अपने विचार और समाचार-परिवेशन तक ही उनका दायित्व सीमित नहीं है, अपने पाठकों की रुचि को संस्कृत करना, विकृति के प्रति सचेतन और संस्कृति-सुमुख करना एवं उनके भाषा-संस्कार के धरातल को उन्नत करना उनके गुरुतर दायित्व का विशिष्ट पक्ष है। यह दायित्व-बोध प्रायः विवाद की सृष्टि कर देता था जो चेतना-संवेदना को विविध रूपों में समृद्धतर करता था। पत्रकारिता के इस विधायक पक्ष पर भाषाशास्त्रियों, विद्या-व्यापार से संसक्त कृती अध्येताओं और नयी पीढ़ी के अनुसंधित्सुओं को, ऊर्जा-अर्जन तथा सही राह-रचना के लिए भी दृष्टिपात करना जरूरी है। दुर्भाग्यवश आजाद देश का अपनी विरासत से सरोकार क्षीण हो गया है, और यह बोध कि परम्परा की प्रामाणिक जानकारी विकास-सम्भावना के गवाक्ष खोलती है, कमजोर हो गया है। प्रगतिशीलता और तथाकथित आधुनिकता का हल्ला करते सुगम राह से सफलता अर्जित करने की सनकी होड़ पूरे परिदृश्य को उद्वेलित किये रहती है। परिणामतः विद्या-व्यापार की प्रत्येक पंथा अपेक्षित अनुशासन और गंभीरता से उदासीन होकर साधना-भीरु लोगों की लीला-सरणि बनती जा रही है। अपनी हड्डी गलाकर भाषा और संवेदना का पुष्ट धरातल तैयार करने वाले कृती पुरुषों की उज्ज्वल साधना को गुरुता न देने वाले लोगों के आचरण के प्रति सन् 1928 में आचार्य शिवपूजन सहाय ने वेदना प्रकट की थी। पिछले तीन दशकों मे भाषा के क्षेत्र की अराजकता, संवेदना की अधोगामी मुद्रा और सारे मूल्यों को लीलने वाले व्यवसायवाद की विक्षिप्त लहर के प्रतिरोध की आवाज़ उठाने वाले लोग आज विरल हैं। युग-प्रवाह के आतंक से अधिकांश संवेदनशून्य और गूंगे हो गये हैं,

और जिन्हें स्खलन की समझ है वे इतने स्वार्थ-सजग हैं कि बड़े परिदृश्य की सुरक्षा के लिए अपना घर फूंकने को तैयार नहीं हैं। संसार-सुख के लिए अविरोध की कला अचूक मंत्र है, यह सूझ और चतुराई आम और खास में समान रूप से दिखाई पड़ रही है। विचारशील जगत् से सक्रिय रूप में जुड़े लोग 'सुबोध पाखंड' की गिरफ्त में आ गये हैं, जो दुर्भाग्य की पराकाष्ठा है। संस्कृति का यथार्थ धरातल छोड़कर पूरी पीढ़ी ही मानो 'तलाशेज़र' में उलझ गयी है और विवेक की ऊष्मा बुझ गयी है। साम्प्रतिक परिदृश्य पर प्रख्यात विचारक श्री अच्युत पटवर्द्धन ने वेदना के साथ टिप्पणी की है, ''कोई भी प्रश्न उचित अनुचित के विवेक की कसौटी पर आँका जाये, इसका समाज में कोई तीव्र आग्रह नज़र नहीं आता।" हमारी उपलब्धि प्रमाण है कि पुरानी पीढ़ी में विवेक का आग्रह बहुत तीव्र था।

हिन्दी पत्रकारिता के भित्ति-निर्माताओं के विवेक का आग्रह था कि भाषा-स्खलन चारित्रिक शैथिल्य और सांस्कृतिक सुस्ती का परिचायक होता है। हर काल और हर देश से जुड़े सत्य को विनोबा भावे ने रेखांकित किया है कि शब्दों की अधोगति समाज की चारित्रिक गिरावट का सबूत है। इसी विवेक के आग्रह से भाषा के प्रश्न पर पुराने पत्रकार जागरूक थे, क्योंकि स्व-समाज का समग्र उत्थान उनकी चिन्ता का मुख्य बिन्दु था। और उनकी जागरूक साधना आचार्य हजारीप्रसाद द्विवेदी की धारणा की पुष्टि करती है कि "हिन्दी को विकृत करना भी एक लाक्षणिक प्रयोग है। इसका यह अर्थ नहीं समझना चाहिए कि हिन्दी में अनुचित शब्दों का अनुचित ढंग से प्रयोग करके कोई उस भाषा को बिगाड़ता है। वस्तुतः बिगाड़ता यदि है तो उस जन समूह को जिसकी भाषा हिन्दी है।" यह सांस्कृतिक समझ पुराने पत्रकारों में थी, तभी भाषा के प्रश्न को अपेक्षित गुरुता और वरीयता देते रहे। भाषा विषयक अनुशासन में गिरावट शुरू हुई आजादी के कुछ वर्षों बाद यानी पुरानी पीढ़ी के जागरूक साधकों की लोकयात्रा शेष होने के बाद। 'नई धारा' सम्पादक रामवृक्ष बेनीपुरी की भाषा-चिन्ता पर तीखी टिप्पणी लिखी थी 'कल्पना'-सम्पादक आर्येन्द्र शर्मा ने, जिसे देखकर उत्तर उन्नीसवीं और बीसवीं शताब्दी के आरम्भिक दशक के हिन्दी पत्रकारों की भाषा विषयक जागरूकता स्मरण हो आई थी।

सन् 1879 ई० में कलकत्ता से प्रकाशित 'सारसुधानिधि' की मूल प्रतिज्ञा थी कि 'यथा साध्य देश प्रतिनिधि स्वरूप होकर' कर्तव्य साधन में नियुक्त रहेगा। 'सारसुधानिधि'-सम्पादक की धारणा थी कि "आर्य्यावर्त में हिन्दी भाषा का भी ऐसा कार्य-कारण सम्बन्ध है कि बिना मातृभाषा की उन्नति के साधारण देशोन्नति होना असम्भव है।" इसलिये हिन्दी के शुद्ध रूप के प्रति 'सारसुधानिधि'—सम्पादक का उत्कट आग्रह था। वर्ष 2, अंक 12 की

सम्पादकीय टिप्पणी की पंक्तियाँ द्रष्टव्य हैं, "एक विशुद्ध साधु हिन्दी भाषा की सर्वत्र एक ही पुस्तक पढ़ायी जाना उचित है। किन्तु विशेष दु:ख का विषय है कि जिस हिन्दी भाषा का अधिकार इतना बड़ा है कि भारतवर्ष के प्राय: आधे दूर तक परिव्याप्त है। उस भाषा के विषय में विश्वविद्यालय की सिनेट सभा ऐसी उदासीन रहे कि उस ओर भ्रम से भी कभी न देखे!!! जहाँ के जिस शासनकर्ता की जैसी इच्छा वह वैसी ही इसको विकृत कर डालें जो इच्छा पाठ्य पुस्तक स्थिर कर देवे। कोई पूछने वाला नहीं कि इस विषय में क्या होता है। ···एक सिनेट सभा के उदासीन रहने के कारण हिन्दी भाषा का अभी तक एक स्वरूप ही स्थिर नहीं हो सका है। इस दशा में भाषा का सुधरना और उन्नत होना नि:सन्देह असम्भव है। और यह तो निश्चय है कि जब तक हिन्दुस्तान प्रधान हिन्दी भाषा विशुद्ध और साधु रूप धारण नहीं करेगी साधारण उन्नति कदापि नहीं हो सकेगी। अतएव हिन्दुस्तान की उन्नति का मूल जब यह ठहरा कि हिन्दुस्तान की प्रधान भाषा हिन्दी परिशुद्ध होकर सर्वत्र एक ही रूप से प्रचार होय, तब अवश्य गवर्नमेन्ट की सहायता आवश्यक है। क्योंकि सम्प्रति भारतवासियों की सर्व प्रकार की शिक्षा एकमात्र गवर्नमेन्ट के आधीन है।" भाषा की विशिष्ट भूमिका से परिचित पुराने हिन्दी पत्रकार भाषा के स्वरूप का नियमन करने वाले प्रमुख केन्द्रों को सचेत करते रहते थे ताकि भाषा का एक परिनिष्ठित स्तर बन सके, उसकी शुद्धता और साधुता क्षत न हो सके। 'सारसुधानिधि' की सम्पादकीय टिप्पणी के उद्धरण प्रमाण हैं कि पुराने पत्रकार अपने गुरुतर दायित्व के प्रति कितने सचेत थे। डेढ़ सदी पूर्व के पत्रों की भाषा का स्वरूप और विराम चिन्हों की अनवधानता आज के पाठकों को विचित्र और अशुद्ध लग सकती है। किन्तु आज के पत्रकारों को अपने पूर्वपुरुषों की जागरूक साधना से प्रेरणा लेकर अपने दायित्व को अपेक्षित गुरुता देनी चाहिये। हिन्दी की समृद्धि के मूल में उन कृती पत्रकारों की तपस्या है। उनकी चिन्ता का एक प्रमुख विषय था हिन्दी भाषा की उन्नति। उनकी दृष्टि में जातीय समस्याओं के समाधान की यह एक महत्वपूर्ण राह थी। उन्हें यह भी बोध था कि भाषा का संस्कार पत्रकारिता का एक प्रधान लक्ष्य है। इसलिये भाषा विषयक अनवधानता-अराजकता उन्हें असह्य थी। इसलिए भाषा के प्रश्न को लेकर प्राय: विवाद खड़े हो जाते थे।[1] भाषा-विवाद का विधायक परिणाम समृद्ध हिन्दी गद्य के रूप में आज हमें उपलब्ध है।[2]

1. द्रष्टव्य : शिवपूजन रचनावली, चौथा खण्ड, पृष्ठ 186।
2. "भाषा की अस्थिरता का प्रश्न ले लीजिये। महावीर प्रसाद द्विवेदी ने पहले पहल इस प्रश्न को उठाया। बालमुकुन्द गुप्त ने 'भारत मित्र' में, गोविन्द नारायण मिश्र ने बंगवासी में तथा अम्बिका प्रसाद वाजपेयी

भाषा के प्रश्न को लेकर हिन्दी पत्रकार विश्वविद्यालय के अधिकारियों को, सरकारी शिक्षा विभाग को, देशी रजवाड़ों को और समान धर्मा पत्रकारों को सचेत करते रहते थे। हिन्दी भाषा की विकास-यात्रा की रोचक और संघर्षपूर्ण कथा का प्रामाणिक ज्ञान हिन्दी पत्रों के पुराने पन्नों से होता है। उस आलोकवर्षी साधना के सामने साम्प्रतिक पत्रकारिता श्रीहीन और विलास-पोषण के हीन उद्देश्य से रची गयी एक रंगीन अक्षर-क्रीड़ा जान पड़ती है। कदाचित् इसीलिये कृती सम्पादक अज्ञेय को टिप्पणी करनी पड़ी कि "आज—विचार-क्षेत्र में हम अग्रगामी भी कहला लें, तो कर्म के नैतिक आधारों की अनुपस्थिति में निजी रूप में हम चरित्रहीन ही हैं और सम्मान के पात्र नहीं हैं···। कदाचित् सम्मान के पात्र बिल्कुल नहीं हैं, जो पाते हैं वह पात्रता से नहीं, इतर कारणों से।" एक दूसरे सन्दर्भ में अज्ञेय ने पीड़ा प्रकट करते कहा है, "मुझे कभी-कभी यह देखकर क्लेश और दुख होता है कि भाषा का ठीक उत्तरदायी ढंग से उपयोग करने वाले लेखक हिन्दुस्तान में और हिन्दी में दिन-दिन कम होते जा रहे हैं।" ऐसी ही गहरी पीड़ा प्रकट की थी उत्तर उन्नीसवीं शताब्दी के हिन्दी पत्रकार पं० दुर्गाप्रसाद मिश्र ने, 12 जनवरी 1895 के 'उचितवक्ता' की सम्पादकीय टिप्पणी में। लेखकों-पत्रकारों की भाषा विषयक अनुशासनहीनता को लक्ष्य कर 'उचित-वक्ता'-सम्पादक ने एक सदी पूर्व टिप्पणी की थी, "आजकल हिन्दी साहित्य की विचित्र दशा वर्तमान है। इसकी कुछ स्थिरता ही नहीं देख पड़ती। विविध प्रकार के रंग-बिरंगे लेख प्रकाशित होते हैं। कोई तो आज संस्कृत शब्दों पर झुक रहे हैं और ज्योंही किसी ने कह दिया कि आपकी भाषा कठिन है, कुछ सरल कीजिये, कि चट पलट कर उर्दू की खिचड़ी पकाने लग गये, फिर ज्योंही किसी ने कह दिया कि केवल संस्कृत के शब्दों के मिलाने से वा उर्दू के शब्दों के प्रयोग से भाषा पुष्ट न होगी, बस चट बदल गये और दोनों प्रकार के शब्दों को मिलाने में उतारू हो गये। सारांश यह कि ग्राहकों की खोज में भाषा को भी भटकाते रहते हैं। ···अधिकांश लेखन दास लोग घर से सतुआ बाँधकर हिन्दी लिखने का व्यापार करने को निकले हैं। ये लेखक क्या हैं, मानो बहुरूपी स्वांग है। इनको जब जैसा मालिक मिल जाय और जिस प्रकार लिखने से पैसा प्राप्त हो, ये लोग वैसा ही लिखने में उद्यत हो जाते हैं।" लगता है साम्प्रतिक पत्रकारों के बहुरूपी स्वांग

आदि विद्वानों ने अन्य पत्र-पत्रिकाओं के द्वारा भाषा की अस्थिरता के सभी पक्ष देख डाले और फल यह हुआ कि दस वर्ष के अन्दर ही भाषा स्थिर होने लगी। विभक्ति विचार की समस्या भी इसी प्रकार चलती रही। बीसवीं शताब्दी के विकास में भी पत्र-पत्रिकाओं का विशेष स्थान है।"—डा० श्री कृष्णलाल, आधुनिक हिन्दी साहित्य का विकास, पृष्ठ 383

पर, ग्राहकों की खोज में भाषा को भटकाने-बिगाड़ने वाले पत्रकारों के व्यावसायिक कर्म पर भाषा-संस्कार के जागरूक प्रहरी ने टिप्पणी की है। और अनायास याद आती है कलकत्ता से प्रकाशित 2 नवम्बर 1991 के दैनिक हिन्दी पत्र 'जनसत्ता' में छपी नामावर पत्रकार श्री प्रभाष जोशी की सम्पादकीय टिप्पणी और 'चिट्ठी' की भाषा-मुद्रा।

अपने मालिक के लिये कौन किस भाषा का प्रयोग करता है, यह उसके संस्कार-स्वभाव पर निर्भर करता है, और कम से कम लोकतंत्र में यह आजादी रहती है कि जो चाहे जिसके लिये जिस किसी विरुद का प्रयोग करे, किन्तु भावना के आवेग में अपने प्रतिष्ठान के मालिक को हिन्दी पत्रकारिता का 'पितृपुरुष' और 'पितामह' विरुद के साथ स्मरण करना श्री प्रभाष जोशी के लिये ही सम्भव है। बाबू शिवप्रसाद गुप्त को, उनके पत्र 'आज' के सम्पादक पं० बाबूराव विष्णु पराड़कर में, 'हिन्दी पत्रकारिता का पितामह' कहने की उदारता नहीं थी। परवर्ती काल में 'दिनमान'-सम्पादक सच्चिदानन्द वात्स्यायन और 'धर्मयुग'-सम्पादक धर्मवीर भारती तथा पूंजीवादी प्रतिष्ठान से जुड़े दूसरे हिन्दी पत्रकारों ने स्वामी-निष्ठा की ऐसी भावुकता मूलक अभिव्यक्ति को भाषा का अनाचार मानकर पत्रकार-पक्ष की गरिमा की बड़े कौशल से रक्षा की। सवाल है—पत्रकारिता का व्यवसाय करने वाले व्यक्ति को जब हम पत्रकारिता का 'पितृ-पुरुष' और 'पितामह' कहने लगेंगे तो उन साधकों के लिये किस विरुद का इस्तेमाल करेंगे, जिन्होंते पत्रकारिता की नींव पुष्ट करने के लिए अपनी हड्डियाँ गला दीं और अपने धर्म की रक्षा के लिये उत्साहपूर्वक प्राणाहुति दी? वे भिन्न गोत्र के पत्रकार थे। हर प्रकार के अन्याय, अत्याचार, अनाचार के प्रतिरोध में विकट चुनौती से पंजा लड़ाना उनके आचरण की मुख्य संहिता थी। भाषा सम्बन्धी अनाचार को तरजीह देना उनके विवेक को किसी मूल्य पर मंजूर नहीं था। आचार्य महावीर प्रसाद द्विवेदी और बाबू बालमुकुन्द गुप्त का भाषा-विवाद इस तथ्य का प्रमाण है। मगर आज का पत्रकार अपने को भिन्न जाति-गोत्र का घोषित करता है। कुछेक वर्षों पूर्व कलकत्ता में आयोजित एक विचार-गोष्ठी में श्री उदयन शर्मा ने गुमानी मुद्रा में कहा था कि महावीर प्रसान द्विवेदी, पराड़ कर और अम्बिकाप्रसाद वाजपेयी हमारे लिए प्रासंगिक और आदर्श नहीं हो सकते। हम आधुनिक युग की नयी चुनौतियों में जी रहे हैं। उस सभा में श्री प्रभाष जोशी भी उपस्थित थे, और उनके मौन ने उदयनजी के वक्तव्य पर मुहर लगायी थी। अपने मालिक और प्रतिष्ठान-अधिकारी को प्रीत करना आज के पत्रकार के सामने कदाचित् एक बड़ी चुनौती है। इस जरूरी प्रयोजन को पूरा करते भाषा की मर्यादा क्षत हो जाय तो उसे अपनी क्षति मानने को पत्रकार तैयार नहीं है, क्योंकि ग्लानि की बात को गर्वपूर्वक कहने का ढीठ संस्कार और उसके

अनुरूप उद्धत शैली, अपनी सुविधा को सुरक्षित रखने के लिये, उसने अर्जित कर ली है। कहते रहे पं० बाबू राव विष्णु पराड़कर कि "वेतनभोगी सम्पादक मालिक का काम करेंगे और बड़ी खूबी के साथ करेंगे। वे हम लोगों से अच्छे होंगे। पर आज भी हमें जो स्वतंत्रता प्राप्त है वह उन्हें न होगी।"[1] अपने स्वामी की प्रशस्ति लिखने के लिये श्री प्रभाष जोशी को पूरी स्वतंत्रता उपलब्ध है।

यह तथ्य है कि प्रतिपक्ष की राजनीति के लिए उपयुक्त मंच-रचना के प्रमुख उद्योक्ता थे स्व० रामनाथ गोयनका। और इतिहास के पन्नों पर यह तथ्य भी श्लाघा के साथ टाँका जायेगा कि स्वाधीन भारत के अंधकार काल—आपात्काल में रामनाथ गोयनका और उनके पत्रों ने बड़ी दृढ़ता से प्रतिपक्ष की भूमिका निभाई, व्यवसाय पर आदर्श को वरीयता दी, जो आजाद भारत की स्मरणीय घटना है। मगर इतना ही अलम् नहीं है पत्रकारिता का 'पितृ', 'पितामह' का पद पाने के लिए। पूर्वपुरुषों की साधना से अपरिचित व्यक्ति ही श्रद्धा के आवेग में भाषा से खेलवाड़ कर सकता है, वैसी भावुकतामूलक अभिव्यक्ति जो श्री प्रभाष जोशी के वक्तव्य में विवेकविवर्जित मुद्रा में दिखाई पड़ती है। हिन्दी पत्रकारिता की गंगोत्री का आशीर्वाद लेने कलकत्ता पहुँचा है 'जनसत्ता', कहा है श्री प्रभाष जोशी ने। उनकी साधु आकांक्षा का पूर्वांचल ने स्वागत किया है, पत्र-प्रतिष्ठान की व्यावसायिक महत्वाकांक्षा के मर्म को समझने के बावजूद। मगर गंगोत्री के घाट पर बैठे उनके करीब के लोगों में से किसी ने उन्हें यह स्मरण नहीं दिलाया कि गंगोत्री-प्रवाह के प्रणेता और उसकी धवलता के जागरूक प्रहरी दूसरी जाति के लोग थे, जो हिन्दी पत्रकारिता के 'पितृ' 'पितामह' के महत् विरुद के सच्चे अधिकारी हैं। पत्रकारिता का आदर्श की राह से व्यवसाय करने वाला हमारे सम्मान का पात्र हो सकता है, इससे अधिक नहीं। कहना न होगा कि अतिरंजित उद्भावना भाषा के साथ अनाचार मानी जाती है। हिन्दी भाषी समाज को जोशी जी ने प्रीतिकर आश्वासन दिया है, "जनसत्ता कलकत्ता इसलिये भी आया है कि बंगाल और पूर्वोत्तर में बसे लाखों लाख हिन्दी भाषियों को उनके घर, गाँव और देश की जानकारी दे सके।" यानी भारत के पूर्वोत्तर प्रदेश में रोशनी बाँटने के उद्देश्य से कलकत्ता पहुँचा है 'जनसत्ता'। उद्देश्य साधु है निःसन्देह। अपनी ऊँची साध के रूपायन के लिए जोशी महाशय आम आदमी के धरातल पर उतरने और उनकी बोली-बानी में उन्हें अपनी बात परोसने की कोशिश करते हैं।

---

1. हिन्दी पत्रिका 'विशाल भारत' के सम्पादक बनारसीदास चतुर्वेदी और अज्ञेय को पत्रिका के स्वामी प्रख्यात भारतीय पत्रकार पं० रामानन्द चट्टोपाध्याय की आलोचना का सहज स्वातंत्र्य उपलब्ध था।—द्रष्टव्य : हिन्दी साहित्य बंगीय भूमिका, सं० कृष्ण बिहारी मिश्र

उनकी यह कोशिश उनके पाठकों को कितनी रुचती है वे जानें। जोशीजी तो उन्हें प्रसन्न करने के लिए भरपूर कोशिश कर रहे हैं। पाठक के प्रति उनकी वफादारी काबिले तारीफ है कि अपने हिन्दी पत्र में वे जनपदीय भाषाओं (राजस्थानी, भोजपुरी और मैथिली) तक में स्तम्भ छापते हैं। मगर इस आयोजन के व्यावसायिक पक्ष को हम छोड़ भी दें तो भी इतना कहना जरूरी लगता है कि अपने पाठक के भाषा-संस्कार के प्रति जोशीजी की आस्था नहीं है, जो 'दिनमान'-सम्पादक अज्ञेय की, 'आज'-सम्पादक पं० बाबूराव विष्णु पराड़कर की, 'प्रताप'-संपादक गणेशशंकर विद्यार्थी की, 'कर्मवीर'-संपादक माखनलाल चतुर्वेदी की और बीसवीं शताब्दी के आरम्भ में—'भारतमित्र'-सम्पादक बालमुकुन्द गुप्त तथा 'दैनिक भारतमित्र' और 'स्वतंत्र-'सम्पादक अम्बिकाप्रसाद वाजपेयी की थी। अपने पाठक के प्रति अपनी निष्ठा विज्ञापित करने के लिए उन्होंने भाषा के उन्नत स्तर को अधोमुखी और फूहड़ नहीं बनाया, आमफहम का ढोल पीटते भाषा को विरूप-विकृत करने का उनमें आग्रह नहीं था, लोकप्रियता की सनक को आम की हित-चिन्ता की कृत्रिम मुद्रा से छिपाने की कला उन्हें नहीं आती थी। अपने पाठक के संस्कार-उन्नयन के लिए उनकी साधना क्रियाशील थी और अपने पाठक समाज के प्रति उनमें अकृत्रिम हित-चिंता थी। उनकी प्रधान चिन्ता थी कि उनके पाठक की समझ और भाषा-संस्कार समृद्ध हो। इस महत् प्रयोजन को पूरा करने के लिए पत्रों की भाषा को उसकी सहज समृद्धि से विच्छिन्न कर नीचे उतारना उन्हें विपथगामी आचरण जान पड़ता था। आमफहम के आग्रही श्री प्रभाष जोशी की भाषा-मुद्रा को देखकर आचार्य हजारीप्रसाद द्विवेदी की, भाषा-प्रयोग विषयक स्वेच्छाचार से जन्मी, चिन्ता अनायास याद आ जाती है। भाषा-अनुशासन में आज जैसा स्खलन नहीं आया था, अराजकता शुरू ही हुई थी तब द्विवेदीजी ने चिन्ता प्रकट की थी, "अगर हम जो जी में आया, वही इस गरीब भाषा के सिर लादते चले जायेंगे, तो एक दिन वह इन शब्दों के भार से ही अचल हो जायेगी। क्या यह विडम्बना नहीं है कि हम बात तो आमफ़हम भाषा की करते हैं और ऐसे प्रयोग दिन-रात उसकी गर्दन पर लादते जा रहे हैं, जो किसी काल में हिन्दी बोलने वालों ने सुना भी नहीं ? 'हमें ऐसी मान्यता नहीं है, 'रोचक और पथ्य वाचन', 'गैर विलायती माल' (अर्थात् विदेशी चीज) जैसे प्रयोग धुरन्धर लोग करते देखे जाते हैं।" उन सारे धौरन्धरिकों को पीछे छोड़ चुके हैं श्री प्रभाष जोशी के भाषा-प्रयोग। आम के हमदर्द पत्रकार के खास भाषा-प्रयोग द्रष्टव्य हैं—

'हिन्दी ही नहीं कोई भी भाषा की पत्रकारिता',

'जब देश के सामने स्वाधीनता का मर मिटने वाला लक्ष्य था',

'बोली में कहें तो जनसत्ता आपके लिए देस की चिट्ठी है और देस के लिये आपकी चिट्ठी',

'ऐसे ही अखबार लोगों और समाज के जीवन में वह विधायकी भूमिका अदा करते हैं जो पत्रकारिता का धर्म है',

'भागेदारीय लोकतंत्र अखबारों से जितना मजबूत हो सकता है उतना ही बड़ा खतरा उसे नियंत्रित इलेक्ट्रानिक माध्यम से होता है',

'होड़ और प्रभावशीलता के इस जमाने में अखबार लोकतंत्र के सबसे मजबूत स्तम्भ हैं',

'सकारात्मक साँस्कृतिकता न प्रतिक्रिया में प्रकट होती है न दीनता में',

'जनसत्ता इस सांस्कृतिकता की धरोहर को आश्वस्त गौरव के साथ अभिव्यक्त करना चाहता है,' (जनसत्ता, 2 नवम्बर, 1991)

'अगर उनका चुनाव भी बूथ कब्जे और फर्जी मतदान से लथपथ हो जाय तो लोकतंत्र के लिए देश में क्या कसौटी और मिसाल रह जाएगी',

'नेहरू खानदान के वारिस के बिना काँग्रेस को संपट नहीं बंध रही थी। इस कांग्रेस को संभालना जन्मजात विघ्न संतोषियों के जनता दल को साथ रखने से कहीं अधिक कठिन था,'

'सर्वेसर्वा पति के बाद भी जीवन है',

'वे नरसिंह राव के प्रधान मंत्री होने को ही अनकिया कर देंगे। और यह किसी प्रधान मंत्री को मेटना नहीं होगा',

'जिस दिन नरसिंह राव यथास्थिति की मजबूरी में जमी हुई बर्फ को तोड़े उस दिन उनको बनाये रखने का संतुलन भी ढूढेगी'। (जनसत्ता, कलकत्ता 23 नवम्बर 1991) भाषा विषयक इस स्वेच्छाचारिता को देखकर 'विश्व भारती पत्रिका' के सम्पादक की पुरानी चेतावनी की याद आती है। नई समस्याओं का विवेचन करते हिन्दी जगत् के विद्या-साधकों को आसन्न संकट के प्रति सन् 1945 में 'विश्व भारती पत्रिका' के माध्यम से पं० हजारी प्रसाद द्विवेदी ने सचेत किया था, "हम भाषाओं की एक लस्टम-पस्टम रेल-पेल न खड़ी कर दें जो भविष्य में हमारी सभी योजनाओं के लिये घातक साबित हो। भाषा भी हमारे भावी महालक्ष्य की पूर्ति का साधन है।" इस साधन की महत्ता से बेखबर आज के पत्रकारों ने आचार्यों और विद्या-कुल के पूर्वपुरुषों के निर्देशों की उसी धृष्ट मुद्रा में उपेक्षा की जिस जागरूक तरीके से गांधी की बातों का उनके चेलों ने तिरस्कार किया ताकि भोग का मार्ग प्रशस्त हो सके। बड़ी सही टिप्पणी की थी आचार्य शिवपूजन सहाय ने 'हिमालय' में कि "हिन्दी में आदर्श गद्यकार और आदर्श कवि पहले भी हुए हैं, आज भी हैं, पर भाषा सीखने की दृष्टि से उनकी रचनाओं का अध्ययन और मनन करना फालतू काम समझा जाता है।"

साम्प्रतिक पत्रकारिता की भाषा विषयक अनवधानता-अनाचार और अधोगति इस पीड़क तथ्य का प्रमाण है कि सिद्ध गद्यशिल्पियों के हाथ से निकलकर पत्रकारिता उन पेशेवर पत्रकारों के हाथ में आ गयी है, जो न तो इस पेशे की धवलता और गुरुतर दायित्व से परिचित हैं और न तो इस विशिष्ट विधा की महत्ता से। इसलिये स्वधर्म को अपेक्षित गुरुता देना इन्हें स्वीकार्य नहीं है। विलासनिष्ठा ही, आज के राजनीतिक व्यवसायों की तरह, उनकी एकमात्र निष्ठा है। विलास के पोषण के लिये पैसा कमाना और उसके लिये रंगीन मुद्रा बनाना इनके लिए अलम् है। अपनी लोक-सम्पृक्ति का विज्ञापन करने के लिये भाषा को भदेस भूमि पर उतारना इन्हें जरूरी लगता है। इससे भाषा की प्रकृति-संस्कृति क्षत होती है तो होती रहे। और पीड़क तथ्य है कि आज की व्यावसायिक मनोवृत्ति विकसित साधनों का विधायक उपयोग करने की ओर प्रवृत्त नहीं है, परिणामत: पत्रकारिता की मूलभूत मर्यादा और भाषा-अनुशासन क्षीण होता जा रहा है। पत्रकारों के बड़बोलेपन के सन्दर्भ में मीर का शेर याद आता है :

'क्या कहिये अपने अह्द के जितने अमीर थे
टुकड़े पर जान देते थे सारे फकीर थे।

इतिहास प्रमाण है कि भाषा के परिनिष्ठित स्वरूप और अस्मिता की रक्षा के लिए हिन्दी के लेखकों और पत्रकारों ने बड़ी निष्ठा तक का बलिदान कर दिया था। महात्मा गांधी के दर्शन और जीवनादर्श के प्रति जिनकी पुष्ट निष्ठा थी, भाषा के प्रश्न पर उन्होंने गांधीजी की खुली आलोचना की थी। और तो और पं० वियोगी हरि, पं० बाबूराव विष्णु पराड़कर, आचार्य शिवपूजन सहाय और आचार्य हजारीप्रसाद द्विवेदी जैसे साधु संस्कार के सौम्य विद्या-साधकों ने गांधीजी की भाषा-नीति के प्रति स्पष्ट असहमति प्रकट की थी। भाषा की अस्मिता का ही सवाल था जिसके चलते राहुल सांकृत्यायन को कम्युनिस्ट पार्टी और उसके साहित्यिक मंच 'प्रगतिशील लेखक संघ' से अपना अन्तरंग सम्बन्ध तोड़ना पड़ा था। महात्मा गांधी जैसे लोकनायक के सामने जिस पीढ़ी का भाषा-संस्कार और स्वाभिमान नमित नहीं हुआ था, उसी पीढ़ी की साधना से हिन्दी समृद्ध हुई है।

पत्रकार राजनेताओं को भाषा सिखाते थे। बाबूराव विष्णु पराड़कर और गणेशशंकर विद्यार्थी की इस भूमिका को इतिहास रेखांकित करता है। पाण्डेय बेचन शर्मा 'उग्र' जैसे विशिष्ट गद्यशिल्पी ने कृतज्ञतापूर्वक स्वीकार किया है, "उन्होंने (पराड़करजी ने) बे-बोले ही मानों मुझे गोद ले लिया। सारे ज्ञानमण्डल की कानाफूसी एक तरफ रख, अपना काम छोड़, घंटों तक वह मेरी कहानियों को व्याकरण की पटरी पर लाते, गलत-बयानियाँ सुधारते, बदशक्ल शब्द या

मुहावरे काट-छाँट कर, सुन्दरता संवारकर वह मेरी शूद्र रचनाओं को दिव्य द्विजत्व दिया करते थे।" उग्रजी जैसे अनेक उदीयमान रचनाकारों तथा श्रीप्रकाश और कमलापति त्रिपाठी जैसे राजनीति-सुमुख युवकों का भाषा-संस्कार पराड़करजी ने किया था। इतना ही नहीं, प्रसिद्ध भाषा शास्त्री उनकी संस्तुति के लिए आग्रहशील रहते थे, हिन्दी भाषा के सम्बन्ध में लिखी गयी पुस्तक की भूमिका हिन्दी दैनिक 'आज'-संपादक पं० बाबूराव विष्णु पराड़कर ने लिखी है, जिनकी मातृभाषा मराठी थी।[1] पं० अम्बिकाप्रसाद वाजपेयी की हिन्दी व्याकरण विषयक भूमिका विज्ञप्त तथ्य है। आचार्य महावीर प्रसाद द्विवेदी और आचार्य शिवपूजन सहाय की भाषा-संस्कार-भूमिका इतिहास-परिचित तथ्य है। तब पत्रिका-सम्पादक रचनाकार की अभिव्यक्ति को अपेक्षित अनुशासन से व्यवस्थित करता था, पत्रकार राजनीति को चलने-बोलने की कला सिखाते थे। देश के समग्र परिदृश्य से पत्रकारिता का सीधा सरोकार था, अपने समाज की बोली-बानी को उंन्नत और समृद्ध करने की जिम्मेदारी को वे अपने धर्म की प्रधान भूमिका मानते थे। युवा पीढ़ी की प्रातिभ ऊर्जा को सही राह पर नियोजित करने की सजगता-सक्रियता उनमें थी। रामकृष्ण आश्रम से निकलने वाली हिन्दी पत्रिका 'समन्वय' के सम्पादन के लिए बाँग्ला भाषा पर अधिकार रखने वाले सूर्यकान्त त्रिपाठी को उन्नाव से कलकत्ता भेजने का आचार्य महावीर प्रसाद द्विवेदी का निर्णय, दैनिक 'भारत' के सम्पादकीय विभाग से, स्वाभिमान और सिद्धान्त के आग्रह से, विलग होकर इलाहाबाद में जीविकाविहीन अवस्था में समय व्यतीत करने वाले युवक नन्ददुलारे वाजपेयी की सूझबूझ, भाषा-क्षमता और साहित्यिक प्रतिभा के समुचित नियोजन के लिए 'आज'-सम्पादक पं० बाबूराव विष्णु पराड़कर का चिन्तित और सक्रिय होना, लहेरिया सराय से निकलने वाली प्रसिद्ध पत्रिका 'गंगा' के सम्पादकीय विभाग में शिवपूजन सहाय को उनके गाँव उनवास से लाने के आग्रह से पं० रामगोविन्द त्रिवेदी को प्रसादजी के प्रभाव, शिवपूजनजी से उनके अन्तरंग सम्बन्ध का इस्तेमाल करना जरूरी लगा था। पुराने सम्पादकों-पत्रकारों की सक्रिय हिन्दी हित-चिन्ता के ये कुछ उदाहरण हैं। इसी कोटि की चिन्ता-चेतना थी अज्ञेय में

1. उनकी भाषा संस्कृतनिष्ठ होती थी, परन्तु सुबोध। 'हिन्दुस्तानी' को वे 'खिचड़ी' के बदले 'खचड़ी' भाषा कहते थे। उनका कहना था कि वह कभी भारतीय सभ्यता और संस्कृति की वाहिनी नहीं हो सकती। उन्होंने अखबारी दुनिया में अपने गढ़े हुए अनेक नये शब्दों के सिक्के चला दिए। पत्रकाकारिता के क्षेत्र में उनकी लेखनी एक टकसाल-सी थी।"
—आचार्य शिवपूजन सहाय, शिवपूजन, रचनावली, चौथा खंड, पृष्ठ-268

जब वे 'साहित्यिक पत्रिका 'प्रतीक' और सम्वाद-पत्रिका 'दिनमान' के संपादन के लिए अपने सहयोगियों का चयन कर रहे थे। अपने आयोजन में अनुज पीढ़ी की भागेदारी और इस ब्याज से उसकी समुचित दीक्षा का आग्रह वात्स्यायनजी के जागरूक विवेक, सदाशयता और हिन्दी-हित-चिन्ता का प्रमाण है। 'धर्मयुग'-सम्पादक डॉ० धर्मवीर भारती की दृष्टि पूरे परिदृश्य पर केन्द्रित थी। यद्यपि उनकी पत्रिका भी व्यावसायिक प्रतिष्ठान की पत्रिका थी, किन्तु उसे उन्होंने हिन्दी के विवेक और प्रतिभा की प्रस्तुति का माध्यम बनाया। खेमे, शिविर, व्यक्तिगत सम्बन्धों और वैचारिक विरोधों से ऊपर उठकर पत्रिका-सम्पादक के रूप में, पूरी जागरूकता और उदारता के साथ, उन्होंने हिन्दी के स्वाभिमान तथा जातीय संवेदना की पक्षधरता का प्रमाण दिया। भारती हिन्दी पत्रकारिता की उज्ज्वल विरासत और अपने सामने खड़ी चुनौती से परिचित थे। अपने दायित्व की गुरुता का उन्हें ज्ञान था। कदाचित् तभी अपनी भूमिका वे कायदे से पूरी कर सके। बड़े क्षेत्र में बिखरी परिचित-अपरिचित प्रातिभ ज्योति के चयन और प्रकाशन का कौशल उन्हें सिद्ध था। सम्पादक की कुशलता, दक्षता से ही 'धर्मयुग' व्यावसायिक प्रतिष्ठान की पत्रिका होते हुए भी हिन्दी की प्रतिनिधि पत्रिका बन गया था। 'दिनमान'-सम्पादक सच्चिदानंद वात्स्यायन और 'धर्मयुग'-संपादक धर्मवीर भारती बड़े घराने के समर्थ साधन को हिन्दी के हित में नियोजित करने की कला जानते थे। पत्रकारिता की भाषा को वात्स्यायन जी ने ऊँचे धरातल पर पहुँचाया। 'दिनमान' की भाषा संवाद-पत्रकारिता की भाषा का परिनिष्ठित रूप है, हिन्दी की विकसित क्षमता का परिचायक रूप; पत्रकारिता की भाषा का सही प्रतिमान। हिन्दी के जिस स्वरूप का सपना पुराने पत्रकार देख रहे थे और उसे मूर्त करने के लिए साधनाशील थे उसे ही 'दिनमान' के माध्यम से अज्ञेय ने अपने विचक्षण और प्रतिभाशाली सहकर्मियों के सहयोग से रूपायित किया।

आज राजनीतिक मुहावरों और लोकप्रिय राजनेताओं के वाक्य-विन्यास को आदर्श मानकर, उनके राग में राग मिलाकर, उनकी बोली-भंगिमा को ही आम आदमी तक पहुँचने की एकमात्र राह मानकर उसी राह से अपने पत्रों को पत्रकार और पत्र-सम्पादक दौड़ाने लगे हैं। न केवल श्री प्रभाष जोशी और उनका पत्र 'जनसत्ता', बलिक सामान्य प्रवाह यही है। स्व० राजेन्द्र माथुर जैसे कुछेक अपवाद, क्षीण आश्वासन के रूप में हैं, अन्यथा चाकचिक्य-परिवेशन की सनकी स्पर्द्धा के कायल आज के पत्रकारों को भाषा की अस्मिता से कोई सरोकार नहीं है। सरकारी संचार-माध्यम की अशोभन मुद्रा और लोकद्रोही अशुभ भूमिका पर कटाक्ष करने वाले पत्रकाररिता के धवल धरातल को छोड़कर आम आदमी की जिन्दगी और बोली-बानी का उपयोग, राजनीतिकों की तरह, अपने लाभ के लिए करने लगे हैं। निर्लज्ज शोषण का यह आकर्षण शिल्प है। इस शिल्प-सरणि

से चलने वाली आज की राजनीति और पत्रकारिता की अधोगामी यात्रा क्षिप्रतर होती जा रही है। उपभोक्ता संस्कृति के औद्धत्य और अपसंस्कृति के सघन प्रदूषण से क्षत होती मानवीय संवेदना का प्रश्न संस्कृति-सचेत जगत् की चिन्ता का सबसे महत्त्वपूर्ण प्रश्न बन गया है। इस संकट के प्रतिरोध में पत्रकारिता की सशक्त कृती भूमिका हो सकती है, किन्तु साम्प्रतिक पत्रकारिता अपनी रंगीन मुद्रा और भाषा विषयक अनुशासनहीनता द्वारा अपराध-भित्तिक उपभोक्ता संस्कृति के लीला-विलास के अनुकूल आबोहवा की रचना करने में क्रियाशील है, जो ग्लानि का विषय है, मगर जिसे आज का पत्रकार गर्वपूर्वक अपनी उपलब्धि मान रहा है।

अज्ञेय की धारणा ठीक है कि समाज व्यापी संस्कारहीनता, प्रतिमानहीनता और मूल्य-विकृति का ही एक पहलू है भाषा के प्रति उदासीनता, किन्तु मूल्यों, प्रतिमानों और समाज-संस्कार के रक्षण-पोषण के गुरुतर दायित्व से सीधे जुड़ा है पत्रकार और विद्या-व्यापारी का धर्म, इस विवेक को छोड़ देने पर रोशनी के आश्वासन में मनुष्य वंचित रह जायेगा। भाषा की विकृति और फूहड़ किस्म की संकरता के प्रति आक्रोश यदि नहीं दिखाई पड़ता तो स्पष्ट है कि शुद्धता-संकरता का विवेक कमजोर हो गया है, और इसके लिए उत्तरदायी वे हैं जिन पर समाज के भाषा-संस्कार का दायित्व है। इस दायित्व को पत्रकारों की पुरानी पीढ़ी शीर्ष महत्त्व देती थी। कदाचित् तभी हिन्दी गद्य का आश्चर्यजनक विकास छोटे कालखंड में हो सका। आज प्रहरियों और साधकों की अनवधानता-उदासीनता से हिन्दी का रूप निरन्तर धूमायित और फूहड़ होता जा रहा है, कठोर साधना से अर्जित उसकी शक्ति और दीप्ति को, भाषा-प्रयोग के नाम पर बड़ी तेजी से बढ़ रही अनावश्यक संकरता क्षत करने लगी है। लोकप्रियता की एषणा और आमफ़हम की भ्रान्त धारणा से प्रेरित होकर आज का पत्रकार भाषा की अस्मिता पर पूरी सजगता के साथ आघात करने लगा है। श्री प्रभाष जोशी जैसे पत्रकारों के भाषा-प्रयोग के सन्दर्भ में स्व० वियोगी हरि की भाषा विषयक पुरानी चेतावनी आज विशेष प्रासंगिक जान पड़ती है, "ऐक्य-साधन की धुन में भाषा को जान-मानकर बिगाड़ना किसी भी दृष्टि से समीचीन नहीं। बेमेल शब्दों को उमेठ-उमेठकर जबरदस्ती ऐसी जगह बिठाना, जो उनके लिये मौजूं न हो, एक व्यर्थ का प्रयास है। कभी इस तरह सुबोध और सामान्य भाषा बनी है?" ऐसे ही विवेक-विवर्जित प्रयास का प्रताप आज हिन्दी पत्रकारिता पर हावी है। साम्प्रतिक पत्रकारिता की भाषा-मुद्रा को देखते स्पष्ट हो जाता है कि आज के पत्रकार की चिन्ता-चेष्टा की दिशा और है, हिन्दी के स्वरूप के बनने-बिगड़ने से उसे मतलब नहीं है। मगर हिन्दी की अस्मिता के साथ सीधे जिनका स्वाभिमान जुड़ा था उनकी चिन्ता का कोण विधायक था, उनका विवेक सचेत था कि "जब हिन्दी उपेक्षित और

अपमानित थी, तब उसको इसलिए शक्ति मिलती थी कि वह विद्रोह की भाषा थी और अनवरत संघर्ष उसे मांजता था। अब उसे हमें मांजना है, नहीं तो वह मैली ही होगी। तूफान में नाव को तैरते रखना ही सबसे बड़ा कर्त्तव्य होता है, लेकिन जब तूफान नहीं होता तब केवल तैरने से ही नाव कहीं नहीं पहुँच जाती, उसे खेना होता है, और ठीक दिशा में खेना होता है, जिसके लिए नक्शों की आवश्यकता होती है, और दिग्दर्शकों की, और कर्णधारों और समर्थ मल्लाहों की…।" नयी पत्रकार-पीढ़ी की विवेक-ऊर्जा अपने गुरुतर दायित्व के प्रति सचेत-सुमुख होगी तभी हिन्दी की नाव को सही ठांव पर पहुँचाने वाले दिग्दर्शक, कर्णधार और कृती नाविक उपलब्ध हो सकते हैं, जो यह समझते हैं कि नाव के लिए पतवार के साथ अर्गला और लंगर की भी जरूरत पड़ती है।

पत्रकारिता : इतिहास और प्रश्न

बंग प्रादेशिक हिन्दी साहित्य सम्मेलन के पंचम अधिवेशन की स्वागत-समिति के आदेशानुसार भारतीय पत्रकारिता की जन्मभूमि में आयोजित इस गोष्ठी में समवेत आप सबके स्वागत में दो शब्द निवेदित करने मैं खड़ा हुआ हूँ। बंगाल भारतीय पत्रकारिता की ही नहीं हिन्दी पत्रकारिता की भी जन्मभूमि और उदग्र साधना-स्थली रहा है। और अप्रतिम भूमिका रही है बंगाल की भारतीय पत्र-कारिता की आलोकवर्षी परम्परा की रचना में। आपके स्वागत में अपनी उल्ल-सित भावना प्रगट करते मुझे आपकी पूर्ववर्ती पीढ़ी का, उसके राष्ट्रीय और सांस्कृतिक अवदान का अनायास स्मरण हो आता है। याद आती है नाना प्रकार की प्रतिकूलता, प्रतिरोध और कड़े प्रहार से न टूटने वाली पूर्व पीढ़ी के पत्रकारों की आस्था, संकटों को पराजित करने वाला उनका संकल्प, भौतिक प्रलोभनों से स्खलित न होने वाला उनका आदर्श, अन्याय-अनौचित्य के प्रति उनकी उग्र विरोधी मुद्रा, उनकी चारित्रिक ऊष्मा। उस अतीत पीढ़ी के अवदान की संक्षिप्त चर्चा तथा प्रलोभनों और चुनौतियों से घिरी साम्प्रतिक पत्रकारिता से जुड़े कतिपय प्रश्नों को आपने सामने प्रस्तुत करने की मेरी विनम्र चेष्टा, आशा है, आपको प्रीत करेगी और प्रेरित करेगी आदरणीय पं० अनन्त मिश्र जैसे निष्ठावान पत्रकार की अध्यक्षता में आयोजित इस सभा में पूर्वग्रह मुक्त होकर साम्प्रतिक पत्रकारिता सम्बन्धी समस्याओं पर विचार-विमर्श करने के लिए।

उन्नीसवीं शताब्दी भारतीय मानस-मनीषा के जागरण की शती रही है। जातीय चरित्र और चिन्ता को पराधीरता से उबारने की एक महत् प्रेरणा उस समय आविर्भूत हुई थी। भारतीय पत्रकारिता के महान पुरस्कर्ताओं ने अपनी साधना द्वारा उस प्रेरणा को गत्वर किया था, पराधीनता जनित अज्ञान से धूमयित जातीय मानस में नये आलोक की रचना की थी। दिशाहार गणदेवता को सही मार्ग-संकेत दिया था, साम्राज्यवादी दानव को पराजित करने की कला और शक्ति दी है।

स्वदेशी पत्रकारिता के आदि पुरुष राजा राममोहन राय ने अपनु फारसी पत्र

'मीरात.उल-अखबार' में अपने सम्पादकीय दायित्व की चर्चा करते हुए लिखा था, "मेरा सिर्फ यही उद्देश्य है कि मैं जनता के सामने ऐसे बौद्धिक निबंध उपस्थित करूँ जो उनके अनुभव को बढ़ावें और सामाजिक प्रगति में सहायक सिद्ध हों। मैं अपनी शक्ति भर शासकों को उनकी प्रजा की परिस्थितियों का सही परिचय देना चाहता हूँ और प्रजा को उनके शासकों द्वारा स्थापित कानून और तरीकों से परिचित कराना चाहता हूँ ताकि शासक जनता को अधिक से अधिक सुविधा देने का अवसर पा सकें और जनता उन उपायों से परिचित हो सके जिनके द्वारा शासकों से सुरक्षा पायी जा सके और उचित मांगें पूरी करायी जा सकें।"

'वन्देमातरम्' के सम्बन्ध में श्री अरविन्द ने कहा था, "इसका जन्म एक सामाजिक आवश्यकता की पूर्ति और समष्टि-हित के उद्देश्य से हुआ था, न कि किसी व्यक्तिगत महत्त्वाकांक्षा से प्रेरित होकर व्यक्ति-सुख के लिए। इसका आविर्भाव उस विशेषकाल में हुआ था जो जातीय संक्रान्ति का काल था। इसे एक सन्देश देना था जिसे पृथ्वी पर कोई शक्ति रोक नहीं सकती थी। इसका दावा है कि इसने जनता की अभीप्सा को अभिव्यक्ति दी है और उनके आदर्शों और आकांक्षाओं को पूर्ण सच्चाई के साथ अंकित किया है।" कुछेक पत्रों को छोड़कर उत्तर उन्नीसवीं शती और और बीसवीं शताब्दी के आरम्भिक दशक की भारतीय पत्रकारिता की यह सामाग्य उपलब्धि है। हिन्दी के प्रथम पत्र 'उदन्त मार्तण्ड' का प्रकाशन हिन्दुस्तानियों के हित की प्रेरणा से हुआ था। पुराने पत्रकारों की यह दृढ़ धारणा थी कि "समाचार-पत्र प्रजा का प्रतिनिधि-स्वरूप होता है।" (भारत-मित्र, 17 मे, 1818)। यह एक महत् प्रतीति थी जिसके प्रति पुराने पत्रकार पूर्ण सचेत रहते थे। कलकत्ते के दूसरे तेजस्वी पत्र 'सार सुधानिधि' (कलकत्ता से 13 जनवरी 1879 ई० को प्रकाशित) के दूसरे वर्ष के सत्रहवें अंक में प्रकाशित 'हिन्दी भाषा के समाचार-पत्र सम्पादकों की वर्तमान दशा' शीर्षक निबन्ध में आनन्दवन ने लिखा था, "समाचार पत्रों के प्रचारित और विदित होने का प्रधान और मुख्य कारण यही है कि वह पिष्टपेषण के प्रकरण से स्थान पूर्ति करने की अपेक्षा देशोपकारक विषयों से विभूषित किया जावे और गवर्नमेण्ट को अन्यायान्याय विवेचन से वंचित न रक्खें और जो बात नीति विरुद्ध हो उसे गवर्नमेण्ट के सम्मुख उपस्थित कर देवे जिससे अन्याय का संचार और बुराई का अंकुर न फैलने पावे। जरा अधिक तेज भाषा में कलकत्ते के महान हिन्दी पत्रकार 'उचित वक्ता'-सम्पादक पं० दुर्गा प्रसाद मिश्र ने 12 मई 1883 ई० को 'उचित वक्ता' में देशी पत्रकारों को दायित्व-सजग करते हुए लिखा था, "देशी सम्पादकों सावधान!! कहीं जेल का नाम सुनकर कर्तव्य विमूढ़ मत हो जाना, धर्म की रक्षा करते हुए यदि गवर्नमेण्ट को सत्परामर्श देते हुए जेल जाना पड़े तो क्या चिन्ता है, इससे मानहानि नहीं होती है। हाकिमों के जिन अन्याय आचरणों से गवर्नमेण्ट

पर सर्वसाधारण की अश्रद्धा हो सकती है उनका यथार्थ प्रतिवाद करने में जेल तो क्या द्वीपान्तरित भी होना पड़े तो क्या बड़ी बात है !" वे अपने पत्रों द्वारा राष्ट्रीय प्रेरणा को दीप्त करने वाले पत्रकार थे जो बड़ी साफ भाषा में देशवासियों को सत्परामर्श देते थे, "भारत के दुर्भाग्य को अपना दुर्भाग्य और भारत के सौभाग्य को अपना सौभाग्य समझो। नहीं तो भारत का दुर्भाग्य कदापि दूर नहीं होयगा।" (सार सुधानिधि, वर्ष 2, अंक 25)।

मित्रो, आपकी पूर्व पीढ़ी के पत्रकारों को देश का दुर्भाग्य दूर करने के लिए कई मोर्चों पर संघर्ष करना पड़ा था। एक ओर विदेशी सरकार की अनुदारता और दमननीति थी, दूसरी ओर हिन्दी भाषी समाज की विद्या-विच्छिन्न दीन-दशा और उदासीनता थी। अपना अनेकमुखी अभाव था। एकमात्र शक्ति थी अपनी राष्ट्रीय प्रेरणा। बड़े उन्मथित चित्त से 'सार सुधानिधि'-सम्पादक पं० सदानन्द मिश्र ने (5 जनवरी 1880 ई० के अंक में) लिखा था—"जैसी अवस्था हिन्दी भाषा की है, इस पर ऐसी आशा नहीं होती है कि लोग शौक से हिन्दी भाषा के अनुरागी होकर हिन्दी पत्रों की सहायता की दृष्टि से लिया करें, और यथासमय दाम दिया करें कि जिसमें पत्र-सम्पादकों को केवल देशोपकार की चिन्ता से दूसरी चिन्ता न रहे।" मगर देशोद्धार की चिन्ता-चेतना के साथ उन्हें अनेक प्रकार की चिन्ताओं से जूझना पड़ता था जो उन्हें यदा-कदा उदास बना देती थीं, किन्तु उनकी अकुण्ठ आस्था उनके दायित्वबोध को जागृत रखती थी। हिन्दी पत्रकारिता ही नहीं उत्तर उन्नीसवीं शताब्दी और बीसवीं शताब्दी के आरम्भिक काल की सम्पूर्ण भारतीय पत्रकारिता का आदर्श-उद्देश्य एक था। उनके पीछे एक ही प्रेरणा थी—शुद्ध राष्ट्रीय प्रेरणा। एकान्त उद्देश्य था देशोद्धार की भूमिका-रचना, नयी रोशनी से गणदेवता को मुक्ति की राह दिखाना। जोखिम से घिरी जिम्मेदारी थी जिसे अपनी उदग्र साधना द्वारा, निर्भीक वाणी द्वारा भारतीय पत्रकारों की अतीत पीढ़ी ने—लोकमान्य तिलक, विपिनचन्द्र पाल, लाला लाजपत राय, श्री अरविन्द घोष, सुरेन्द्रनाथ बनर्जी, कस्तूरी रंगा आयंगर, मोतीलाल घोष, संध्या-सम्पादक ब्रह्म बान्धव उपाध्याय, महामना मदनमोहन मालवीय, महात्मा गांधी, दुर्गाप्रसाद मिश्र, सदानन्द मिश्र, बालमुकुन्द गुप्त, सखाराम गणेश देउस्कर, बाबू राव विष्णु पराड़कर, रुद्रदत्त शर्मा, अमृतलाल चक्रवर्ती, माधवराव सप्रे, अम्बिका प्रसाद वाजपेयी, रामचन्द्र चटर्जी, लक्ष्मण नारायण गर्दे, माखनलाल चतुर्वेदी तथा गणेश शंकर विद्यार्थी जैसे मनीषी पत्रकारों ने विधिवत् पूरा किया।

उन्हें यह स्पष्ट बोध था कि पत्रकार की भूमिका सच्चे लोकनायक की भूमिका होती है। इतना ही नहीं एक मनीषी साहित्यकार की तरह दिशाहारा समाज की अपेक्षित दिशा-निर्देश देना, अतीत ज्ञान-सम्पदा और देश की 'चिति'

पर छा रहे कुहासे को अपनी वाग-दीप्ति से विदीर्ण करना, खंडित संस्कृति चेतना के उन्नयन की सक्रियता, रूढ़ि विवर्जित प्रज्ञा की रचना के प्रति प्रातिभ सजगता और थथमाग्रस्त वर्तमान को गत्वर भविष्य की ओर उन्मुख करना पत्रकार का शीर्ष दायित्व है । इस दायित्व को पूरा करते आपकी पूर्व पीढ़ी के पत्रकारों को द्वीपान्तरित होना पड़ा, जेल की असह्य यातना झेलनी पड़ी, प्राणाहुति देनी पड़ी । हिन्दी के महान पत्रकार पं० रुद्रदत्त शर्मा को भूखों मरना पड़ा, पं० अमृतलाल चक्रवर्ती को कर्ज न चुका पाने के अपराध में जेल जाना पड़ा । यह गर्व नहीं ग्लानि का विषय है कि महत् राष्ट्रीय दायित्व पूरा करने वाले कलकत्ते के इन हिन्दी पत्रकारों को अपनी सामान्य गार्हस्थिक जिम्मेदारी पूरी करने में असमर्थ होने के कारण अर्थ सम्बन्धी चरम अपमान झेलना पड़ा, भोजन और औषधि के अभाव में मृत्यु को वरण करना पड़ा । इतनी प्रतिकूल परिस्थितियों में आपकी पूर्ववर्ती पीढ़ी ने काम किया, पत्रकारिता की आलोकवर्षी परम्परा का निर्माण किया । बाबू बाल मुकुन्द गुप्त को 'हिन्दुस्थान' और 'हिन्दी बंगवासी' से अपना सम्पादकीय सम्बन्ध समेटने को विवश होना पड़ा कि वे बर्तानिया साम्राज्यवादी नीति और सरकारी अनौचित्य को अपनी लेखनी से निछोह धक्का मारते थे । जिस राष्ट्रीय औचित्य को वाणी देने के लिए 'उचित-वक्ता' का जन्म हुआ था उसे जीवित रखने के लिए पं० दुर्गादास मिश्र को अनेक भूमिकाओं में उतरना पड़ता था । पत्र की सामग्री तैयार करना, उसे कम्पोज करना, छापना, ग्राहकों तक पहुँचाना और उन्हें पढ़कर सुनाना, समझाना—यह सब कुछ पं० दुर्गादास मिश्र को अकेले करना पड़ता था । इस कठोर साधना में जो निजी अर्थ-व्यय हुआ उसके सम्बन्ध पं० अम्बिका प्रसाद वाजपेयी ने लिखा है कि 'दुर्गाप्रसाद जी ने घर का धान पुआल में मिलाया ।' वाणी की स्वाधीनता की रक्षा के लिए 'सार सुधा निधि'-सम्पादक पं० सदानन्द मिश्र ने लार्ड लीटन जैसे असहिष्णु प्रशासक की कठोर नीतियों पर, वर्नाक्युलर प्रेस ऐक्ट पर वैसा ही कड़ा प्रहार किया था जैसा परवर्ती काल में 'भारत मित्र'-सम्पादक बाबू बालमुकुन्द गुप्त ने कर्जन के भारत द्रोही नीतियों-निर्णयों पर किया था । सदानन्द मिश्र किसी मूल्य पर वाणी की स्वाधीनता की रक्षा करना चाहते थे, क्योंकि उन्हें अनौचित्य पर निःसंकोच टिप्पणी करनी थी कि "प्रजा के आवेदन पर नजर नहीं करना अति संकीर्ण राजनीति है ··· इस प्रकार की नीति अवलम्बन करने से राज्य भी बहुत दिन रहने का नहीं ।" (सार सुधानिधि, 23 जून, 1879 ई०) ।

अधीत बन्धुओ, हिन्दी पत्रकारिता के अतीत पृष्ठ की समृद्धि का कलकत्ते के संदर्भ में उल्लेख करने के लिए, आशा है आप मुझे क्षमा करेंगे । आप जानते हैं, कलकत्ता हिन्दी पत्रकारिता की जन्मभूमि है । अत्यन्त विनम्रतापूर्वक इतना और

निवेदन करूँ कि हिन्दी पत्रकारिता के नींव-निर्माण में कलकत्ता का विशेष अवदान है।

आप जानते हैं, राजा राममोहन राय से लेकर डॉ० राममनोहर लोहिया तक आधुनिक जातीय चिन्ता धारा के प्राय: प्रत्येक पुरस्कर्ता तेजस्वी पत्र का सम्पादन-संचालन करते रहे हैं। उसी प्रकार आधुनिक हिन्दी साहित्य के अधिकांश श्रेष्ठ लेखक कहीं-न-कहीं किसी-न-किसी रूप में पत्र-पत्रिकाओं की सम्पादन-व्यवस्था से सम्पृक्त रहे हैं, पत्रकार रहे हैं। यह परम्परा भारतेन्दु हरिश्चन्द्र से शुरू होकर सच्चिदानन्द वात्स्यायन 'अज्ञेय' और परवर्ती पीढ़ी के डा० धर्मवीर भारती, श्री मनोहर श्याम जोशी और श्री रघुवीर सहाय तक स्पष्ट दिखाई पड़ती है।

यह कहना सहृदय-क्षम्य होगा कि हिन्दी गद्य के निर्माण में कलकत्ते के पत्रकारों की बड़ी भूमिका रही है। अपने पत्रों के माध्यम से उन्होंने भाषा सम्बन्धी नये-नये प्रश्न उठाकर भाषा को नयी व्यवस्था, समृद्धि और परिनिष्ठित रूप दिया है। गद्य-शैली के साथ ही मेरी यह धारणा है कि कलकत्ते के हिन्दी पत्रकारों ने हिन्दी साहित्य की जातीय भूमिका का निर्माण किया है। स्मणीय है कलकत्ते के अधिकांश पत्रकार हिन्दी के श्रेष्ठ कृती साहित्यकार और विचारक के रूप में विश्रुत रहे हैं।

आरम्भिक हिन्दी पत्रकारों में जो अपनी उग्र वाणी के लिए प्रख्यात थे उनमें दो-तीन नाम कलकत्ते के पत्रकारों के हैं। पं० छोटूलाल मिश्र, पं० सदानन्द मिश्र, पं० दुर्गाप्रसाद मिश्र की प्रातिभ शक्ति 'भारतमित्र', 'सारसुधानिधि' और 'उचितवक्ता' के पृष्ठों पर मुखर है। सम्पादकाचार्य पं० रुद्रदत्त शर्मा भी कलकत्ते के ही तपस्वी पत्रकार थे। कलकत्ते के ही मनीषी थे पं० गोविन्द नारायण मिश्र जिनकी मनीषा यहाँ के पत्रों से सक्रिय रूप से जुड़ी हुई थी। इतना ही नहीं कलकत्ता उन पत्रकारों और साहित्यकारों की साधना-स्थली रहा है जो हिन्दी भाषा-साहित्य की शक्ति के सबूत हैं। बाबू बालमुकुन्द गुप्त, पं० बाबूराव विष्णु पराड़कर, सम्पादकाचार्य पं० अम्बिका प्रसाद बाजपेयी, आचार्य शिवपूजन सहाय, पं० सूर्यकान्त त्रिपाठी 'निराला', पाण्डेय बेचन शर्मा 'उग्र', श्री इलाचन्द्र जोशी, श्री भगवतीचरण वर्मा, श्री सच्चिदानन्द वात्स्यायन 'अज्ञेय'—आधुनिक हिन्दी साहित्य के ऐसे विशिष्ट नाम हैं जो किसी समय कलकत्ते में हिन्दी के पत्रकार थे। मुन्शी नवजादिक लाल, महादेवप्रसाद सेठ, पं० ईश्वरीप्रसाद शर्मा, पं० बनारसीदास चतुर्वेदी, पं० विष्णुदत्त शुक्ल और पं० रामगोविन्द त्रिवेदी का यह कार्यक्षेत्र रहा है। यहीं से हिन्दी का प्रथम दैनिक 'समाचार सुधावर्षण' (1854) निकला था। यहीं से 1907 ई० में देश की राष्ट्रीय और सांस्कृतिक एकता के महत् उद्देश्य से 'देवनागर' पत्रिका का प्रकाशन हुआ था, जो भारतीय पत्रकारिता के इतिहास में एक अपूर्व प्रयोग था। आधुनिक युग के सर्वश्रेष्ठ

स्वच्छन्दतावादी कवि पं० सूर्यकान्त त्रिपाठी 'निराला' कलकत्ते की हिन्दी पत्रकारिता की साहित्यिक उपलब्धि हैं। सन् 1897 से लेकर 1920 के बीच कलकत्ते से निकलने वाले दैनिक भारतमित्र, कलकत्ता समाचार, विश्वमित्र और स्वतंत्र विशिष्ट पत्रकारों द्वारा संपादित होते थे, इसलिए पूरे हिन्दी क्षेत्र में उनकी चर्चा रहती थी। अस्तु, भारतीय पत्रकारिता की जन्मभूमि बंगाल की हिन्दी पत्रकारिता के नींव-निर्माण और स्तर-उन्नयन में बड़ी भूमिका रही है। बंग प्रादेशिक साहित्य-सम्मेलन के पाँचवें अधिवेशन के अवसर पर आयोजित आपकी गोष्ठी में कलकत्ते की पत्रकारिता की कृती भूमिका का स्मरण हो आना नितांत सहज है।

पुरानी पीढ़ी के पत्रकारों की वैशिष्ट्य-विवेचना की संक्षिप्त आवृत्ति, आशा है, सहृदय-क्षम्य होगी। अतीत पीढ़ी के लिए पत्रकारिता देश-सेवा का सशक्त माध्यम थी। नितांत प्रतिकूल परिस्थिति में उन्हें काम करना पड़ता था। कदम-कदम पर संकट था। नाना प्रकार की यातना झेलनी पड़ती थी। लोकमान्य तिलक जैसे मनीषी पत्रकार को 'आर्यभूषण प्रेस', जहाँ 'मराठा' और 'केसरी' का मुद्रण शुरू हुआ था, के टाइप की पेटियाँ अपने कंधों पर उठाकर ढोनी पड़ी थीं। पं० बाबूराम विष्णु पराड़कर ने एक बार कहा था कि "कलकत्ता जाने का मेरा मुख्य उद्देश्य पत्रकारिता न थी प्रत्युत क्रान्तिकारी दल में सम्मिलित होकर देश-सेवा का कार्य करना था। परिवार का खर्च चलाने तथा पुलिस की नजरों से बचने के लिए मैंने 'हिन्दी बंगवासी' में सहायक सम्पादक का कार्य स्वीकार किया था। 'हितवार्ता' और 'भारतमित्र' के सम्पादन के साथ-साथ चन्दननगर की गुप्त समिति का कार्य भी मैं कर रहा था।" इसी प्रकार लक्ष्मण नारायण गर्दे ने सम्पादकीय आत्मपरीक्षण करते हुए अक्टूबर 1930 के 'विशाल-भारत' में लिखा था कि "पत्र सम्पादन के कार्य क्षेत्र में प्रवेश करने का मेरे लिए प्रत्यक्ष कारण 'स्वदेशी आन्दोलन' हुआ।" पं० सखाराम गणेश देउस्कर, पं० बाबू राव विष्णु पराड़कर बाबू बालमुकुन्द गुप्त, पं० अम्बिकाप्रसाद वाजपेयी और पं० लक्ष्मण नारायण गर्दे उस राष्ट्रीय अभीप्सा को निर्भीक वाणी देने वाले पत्रकार थे जो लोकमान्य तिलक, विपिनचन्द्र पाल, ब्रह्मबान्धव उपाध्याय और श्री अरविन्द की लेखनी से दीप्त हुई थी। व्यक्तिगत सुख-सुविधा के लिए वे बड़े से बड़े प्रलोभन के सामने भी आदर्शच्युत होनेवाले पत्रकार नहीं थे। राष्ट्रीय प्रेरणा को जीवित-जागृत रखने के लिए वे बड़ी-से-बड़ी यातना झेलने को सदैव प्रस्तुत रहते थे।...'अमृत बाजार पत्रिका' के महान सम्पादक मोतीलाल घोष के आत्मीयता-पूर्ण प्रस्ताव को लोकमान्य तिलक ने राष्ट्रीय स्वाभिमान के आग्रह से तुरन्त अस्वीकार कर दिया था। 25 सितम्बर 1897 को लिखे गये अपने पत्र में तिलक महाराज ने लिखा था, "सत्य का समर्थन और राष्ट्रीय आदर्श की रक्षा करने के

अपराध में यदि पूना के बदले अण्डमान में रहना पड़े तो वह श्रेयष्कर है। यदि मुझे सजा हुई तो देशवासियों की जो सहानुभूति मुझे प्राप्त होगी, वही मुझे बल देगी।' देश की जनता ने उनको 'भगवान' और लोकमान्य के विरुद से सम्मानित किया। विश्व मनीषा ने उनके सत्याग्रही प्रयत्न का मुखर समर्थन किया और उन्होंने अपने स्वार्थ को ताक पर रखकर अपनी प्रातिभ-शक्ति को देश के मुक्ति-संग्राम में नियोजित कर दिया।

मित्रो, आपकी पूर्व पीढ़ी की साधना फलवती हुई कि दीर्घकालीन पराधीनता से देश को मुक्ति मिली। राजनीतिक स्वाधीनता मिली और देश के पत्रकारों, साहित्यकारों और राजनेताओं पर नया दायित्व आया राष्ट्र को आधुनिक चेतना और भौतिक-वैज्ञानिक उपलब्धियों से, स्वदेशी पद्धति से समृद्ध करने का, नव-निर्माण का। किन्तु मित्रो, यह कैसी विडम्बना है कि स्वाधीनता पाते ही हमारी स्वदेशी दृष्टि और राष्ट्रीय प्रेरणा कुंठित हो गयी। राजनीति की, साहित्य की और पत्रकारिता की भंगिमा यकायक बदल गई। जैसे देश का पूरा मानस ही किसी अशुभ हवा से आक्रान्त हो गया। लम्बी पराधीनता से उबरने के बाद राष्ट्र-निर्माण की जिस आकुल आकांक्षा और कर्मठता की अपेक्षा थी वह दिखाई न पड़ी और हम इस तरह निष्क्रिय हो गये जैसे हमारा दायित्व शेष हो गया हो।

पत्रकारिता के आदर्शों में विघटन आया है। व्यक्ति-सुख की स्पृहा प्रबल हुई है। सत्ता और श्रेष्ठी वर्ग के अनुकूल्य की आकुल आकांक्षा पत्रकार को विपथगामी और निष्प्रतिभ बना रही है। इस ढाही के लक्षण बहुत पहले दिखाई पड़े थे जिसे लक्ष्य कर गणेशशंकर विद्यार्थी ने कहा था, "जिन लोगों ने पत्रकारिता को अपना काम बना रखा है उनमें बहुत कम ऐसे लोग हैं जो अपने चित्त को इस बात पर विचार करने का अवसर देते हों कि हमें सचाई की भी लाज रखनी चाहिए। केवल अपनी मक्खन-रोटी के लिए दिन भर में कई रंग बदलना ठीक नहीं है। इस देश में भी दुर्भाग्य से समाचार पत्रों और पत्रकारों के लिए यही मार्ग बनता जा रहा है। यहाँ भी अब बहुत से समाचार पत्र सर्वसाधारण के कल्याण के लिए नहीं रहे, सर्वसाधारण उनके प्रयोग की वस्तु बनते जा रहे हैं।... इस देश में भी समाचार पत्रों का आधार धन हो रहा है।... बहुत से पत्रकार भी धन की ही अभ्यर्थना करते हैं।... व्यक्तित्व न रहेगा, सत्य और असत्य का अन्तर न रहेगा, अन्याय के विरुद्ध डट जाने और न्याय के लिए आफतों को बुलाने की चाह न रहेगी, रह जायेगा केवल खिंची हुई लकीर पर चलना।" वर्तमान पत्रकारिता 'खिंची हुई लकीर पर' विजातीय प्रेरणा-संकेतों पर चल रही है। आप से क्षमा चाहते हुए अपनी प्रीतीति आपके सामने साफ भाषा में रखना चाहता हूँ। स्वातन्त्र्योत्तर काल में भारतीय-पत्रकारिता और विशेष रूप से हिन्दी पत्रकारिता में व्यक्तित्व का ह्रास हुआ है। कहाँ है वह पत्रकार जिसके सम्पादकीय वक्तव्य

को, अग्रलेख को पढ़ने की प्रबुद्ध पाठकों और सामान्य सचेत जन में वह आतुरता दिखाई पड़े जो तिलक, विपिनचन्द्र पाल अरविन्द, गांधी, पराड़कर, रामानन्द चटर्जी और गणेशशंकर विद्यार्थी के सम्पादकीय लेखों के लिए थी ? यकायक कहाँ लुप्त हो गयी वह शक्ति जो पुरानी पीढ़ी ने अपनी साधना से अर्जित की थी ? मेरी धारणा है, आज का आदमी चाहे वह राजनीति का हो, साहित्य का हो, पत्रकारिता अथवा अन्य किसी भी राह-घाट का हो स्व-स्थ होकर स्वस्थ होना चाहता है। गलती यहीं से शुरू हुई है। स्वस्थ होने के लिए सत्वस्थ होना जरूरी है। अन्तर्वैयक्तिक सम्बन्धों को पुष्ट करना जरूरी है।

राष्ट्रीय 'चिति' से अपने को सम्पृक्त रखना, उसके प्रति सदैव सचेत रहना जरूरी है। जरूरी है—असत्य अनौचित्य के प्रति विरोधी मुद्रा प्रकट करना। मगर दुर्भाग्य तो यह है कि भौतिक भोग-स्पृहा और स्वार्थ-सजगता के कारण अविरोधी मुद्रा ही सहज मुद्रा बनती जा रही है। स्मरणीय है, भौतिक भोग-स्पृहा से हलकान व्यक्ति महाभारत के चरित्र—ययाति की गति को प्राप्त करता है। अनियंत्रित भोग-भूख चरित्र-स्खलन का कारण बनती है। और जिसकी चारित्रिक धुरी कमजोर हो जाती है वह लोकनायक भूमिका में कच्चा सिद्ध होता है, अपेक्षित दिशा-दृष्टि देने के बदले लोकमानस को दिग्भ्रान्त कर देता है। ऐसे चरित्र समष्टि-चित्त से हमेशा-हमेशा के लिए उतार दिये जाते हैं।—मित्रो आप मुझे अन्यथा न समझें। मैं कदापि नहीं चाहता कि पत्रकार भूखों मरे, अपनी सामान्य पारिवारिक जिम्मेदारी पूरी करने में असमर्थ होकर पं० अमृतलाल चक्रवर्ती की तरह जेल जाने को मजबूर हो। लेकिन आपसे मेरी इतनी अपेक्षा अवश्य है कि आप अपने व्यक्तित्व को इतना समृद्ध बनावें कि औचित्य का समर्थन करते यदि आपको अंडमान और मांडले जेल सदृश यातना झेलनी पड़े तो भी आप दुविधाग्रस्त न हों, श्री अरविन्द, विपिनचन्द्र पाल और ब्रह्मबान्धव उपाध्याय के मार्ग पर चलने में आप गर्व का अनुभव करें। आपके सत्याग्रही आचरण के समर्थन में विश्वमनीषा वैसे ही हाथ उठावे जैसा उसने तिलक के समर्थन में उठाया था। अपनी सत्य-निष्ठा और साहस द्वारा लोकमानस में आप अपना वही स्थान बनावें जो हुतात्मा गणेश शंकर विद्यार्थी का है।

पत्रकार बन्धुओ, आप सचेत हों कि व्यावसायिक प्रलोभनों के अन्धड़ नाना प्रकार की चुनौतियों से आप घिर गये हैं। राजनीति को आप दिशा देते थे, आज राजनीति आपको अपने निर्देशों-आदेशों पर चलाना चाहती है। आर्थिक प्रलोभनों द्वारा आपको गिराने की कुटिल चेष्टा चल रही है। आपके राष्ट्रीय संस्कार पर व्यावसायिक कुरुचि का आक्रमण शुरू हुआ है। दूसरी ओर आपकी सुरक्षा का ढोल पीटते आपकी स्वतन्त्रता छीनने का सरकारी अभियान शुरू हुआ है। आज की व्यावसायिक पत्रकारिता के रूप-गुण का बड़ा सही चित्र पं० बाबूराव

विष्णु पराड़कर ने बहुत पहले प्रस्तुत किया था—"पत्र निकालकर सफलतापूर्वक चलाना बड़े-बड़े धनियों अथवा सुसंगठित कम्पनियों के लिए ही सम्भव होगा। पत्र सर्वांग सुन्दर होंगे, आकार बड़े होंगे, छपाई अच्छी होगी, मनोहर, मनोरंजक और ज्ञानवर्द्धक चित्रों से सुसज्जित होंगे, लेखों में विविधता होगी, गम्भीर गवेषणा की झलक होगी। और मनोहारिणी शक्ति भी होगी, ग्राहकों की संख्या लाखों में गिनी जायेगी। यह सब कुछ होगा पर पत्र प्राणहीन होंगे। पत्रों की नीति देशभक्त, धर्म-भक्त अथवा मानवता के उपासक महाप्राण सम्पादकों की नीति न होगी—इन गुणों से सम्पन्न लेखक विकृत मस्तिष्क समझे जायेंगे, सम्पादक की कुर्सी तक उनकी पहुँच भी न होगी। वेतन भोगी सम्पादक मालिक का काम करेंगे और बड़ी खूबी के साथ करेंगे। पर आज भी जो स्वतन्त्रता प्राप्त है वह उन्हें न होगी।" यही आज की व्यावसायिक पत्रकारिता की यथार्थ स्थिति है।[1]

सरकारी नीति और भी पीड़क है। हिन्दी पत्रकारिता के प्रति स्वदेशी सरकार की भी शुरू से ही अन्यथा दृष्टि रही है। बर्तानिया सरकार का भी हिन्दी पत्रों के साथ विमाता जैसा व्यवहार था। हिन्दी के प्रथम पत्र 'उदन्त मार्तण्ड' के अन्तिम अंक में बड़ी व्यथापूर्वक सम्पादक ने लिखा था, "सरकार अंग्रेज कम्पनी महाप्रतापी की कृपा कटाक्ष जैसे औरों पर पड़ी वैसे पड़ जाने की बड़ी आशा थी और मैंने इस विषय में उपाय यथोचित किया पै करम की रेख कौन मेटे।" इस प्रकार हिन्दी पत्रकारिता के प्रति आदिकाल से ही सरकारी नीति पक्षपातपूर्ण रही है। है। हिन्दी पत्रकारिता की यही 'करम की रेख' या नियति है जो स्वाधीन भारत में भी एक अशुभ ग्रह के रूप में उसके साथ लगी हुई है। यह एक विचित्र राजनीतिक विडम्बना है कि पराधीनता काल में जिस अनौचित्य का हम खुल कर विरोध करते थे, आज उसी पर हमारी नीति खड़ी है। इस स्थिति से उन्मथित होकर पं० अम्बिका प्रसाद वाजपेयी को वर्षों पहले कहना पड़ा था कि "स्वराज्य सरकार ब्रिटिश सरकार की उत्तराधिकारिणी ही नहीं उसकी अनुगामिनी भी बन गयी। जिस रौलट ऐक्ट के विरुद्ध महात्मा गांधी ने सत्याग्रह आरम्भ किया था, उसी को डिटेंशन ऐक्ट नाम से इसने पास कर दिया। शांति-काल में स्वराज्य सरकार द्वारा इस तरह का कानून बनाना व्यक्ति-स्वातन्त्र्य की विडम्बना नहीं तो क्या है?"

व्यक्ति-स्वातन्त्र्य को छीनने की नयी सरकारी चेष्टा शुरू हुई है। पत्रों की प्रतिबद्धता का सरकारी आग्रह तेज हुआ है। पत्रकारिता के सरकारीकरण का

---

1. व्यावसायिक प्रतिष्ठान का घिनौना चरित्र इधर और अधिक प्रदूषित हुआ है। हिन्दी दैनिक 'नवभारत टाइम्स' से जुड़ी दुर्भाग्यपूर्ण घटना मालिक पक्ष की हीनमन्यता का ज्वलन्त उदाहरण है।

यह आग्रह है जो लोकतन्त्र की आधारशिला को तोड़ने वाला है। यह आग्रह सरकारी एकाधिपत्य की विकृत स्पृहा को भी निरावृत्त करता है। मगर कैसा दुर्भाग्य है कि इसके प्रतिरोध की आवाज़ नहीं उठ रही है। वह उदग्र वाणी जो लार्ड लीटन और लार्ड कर्जन जैसे अनुदार प्रशासकों की एकाधिपत्य-स्पृहा के विरुद्ध मुखर हुई थी, स्वाधीन भारत में गूंगी हो गयी है। स्वाधीन वाणी और व्यक्ति-स्वातंत्र्य का क्या—सांस्कृतिक मूल्य है तथा किसी भी शक्ति का एकाधिपत्य मनुष्य के विकास को, उसकी संस्कृति-यात्रा को कितनी निर्ममता-पूर्वक कुंठित करता है, आज यह बोध ही कुंठित हो गया है। आपकी अतीत पीढ़ी किसी के एकाधिपत्य के सामने माथा नहीं झुकाती थी। पराड़करजी ने महात्मा गांधी जैसे व्यक्ति को टोका था। किन्तु आज अति सामान्य लोगों को भी टोकने वाली सजगता और साहस नहीं रह गया है। और स्वदेशी सरकार समाजवादी-परिकल्पनाओं की आड़ में अपने एकाधिपत्य को पुष्ट करना चाहती है जो भारत के भविष्य के लिए अशुभ है। जैसे बर्तानिया सरकार ने शासित भारतीय समाज को नयी सभ्यता और आधुनिक रोशनी का प्रलोभन देकर सघन साम्राज्यवादी कुहरे की सृष्टि की थी, लगभग उसी अन्दाज़ में अपनी प्रगतिशील परिकल्पना का ढोल पीटते स्वदेशी सरकार और विभिन्न दलों के राजनेता अलग-अलग मंचों से समाजवादी सब्जबाग के उत्सव-आयोजन द्वारा लोक-मानस को प्रेरणाशून्य और दिशाहारा बना रहे हैं। सर्वहारा से पीड़क होता है दिशाहारा होना। राजनीतिक प्रलोभन और कुचक्र का यह सहज परिणाम है कि देश दिशाहारा उदास चेहरों और अपराधजीवी लोगों की भीड़ के भार से थक गया है। यह सब कुछ समाजवाद के नाम पर हुआ है। प्रेरणा विदेश से आयात की गयी है, परिणाम देश भोग रहा है। स्वदेशी समस्या का हल हम पाश्चात्य लोक में खोज रहे हैं। 29 मार्च 1908 के 'वन्देमातरम्' की सम्पादकीय टिप्पणी में श्री अरविन्द ने घोषणा की थी, "पूरब ही मनुष्य जाति की रक्षा कर सकता है।" 22 नवम्बर 1907 को उसी पत्र में उन्होंने समाजवाद के बारे में कहा था कि "समाजवाद योरोपीय विचार नहीं है, वह एशिया और मुख्यतः भारत का विचार है।" 22 मार्च 1908 के अंक में एशियाई लोकतन्त्र पर विचार करते हुए श्री अरविन्द ने लिखा था कि "एशियाई और योरोपीय लोकतन्त्र में मूल अन्तर यह है कि एशियाई लोकतन्त्र का आधार धर्म है, योरोपीय लोकतन्त्र धर्मविवर्जित मार्ग पर चलता है।"

एशियाई लोकतन्त्र के मूल आधार को छोड़कर हमारा चिन्तन चल रहा है। यानी स्वाधीन भारत का चिन्तन विपरीत बुद्धि और विजातीय धारणाओं से आक्रान्त हो गया है। सामान्य सज्जनो, मेरी प्रतीति है कि पिछले पच्चीस वर्षों में धरती माता की उदात्त भावना कुंठित हुई है, यानी कर्तव्य की भावना

कमजोर हुई है, टूटी है। लोगों में अधिकार-सजगता आयी है। 'धरती-पुत्र' की प्राथमिकता का प्रश्न शीर्ष महत्त्व का प्रश्न बनता जा रहा है। 'धरती-पुत्र' का नारा संदिग्ध कर्तव्य-प्रेरणा का नारा है। एक और विचित्र स्थिति मुझे कोंचती और उदास बनाती रही है कि फैशन का चक्का बड़ी तेजी से नाच रहा है। पीछे वाला आगे आ रहा है। पुराने ढंग-ढर्रे अधुनातन कहे और अपनाये जाने लगे हैं। मगर स्वदेशी चेतना का चक्का कहीं अतीत में जाकर ऐसा अटक गया है कि उसकी पहचान हमसे छूटती जा रही है और देश की 'चिति' जम्हाई लेने लगी है। मित्रो, इस जम्हाई को तोड़ने वाली वाणी रचना की जिम्मेदारी आप पर है। आपकी पूर्व पीढ़ी ने समाज-संस्कार का दायित्व पूरा किया था। हिन्दी भाषी समाज और हिन्दी पत्रकारिता का यह दुर्भाग्य है कि पुरानी पीढ़ी की कठिन तपस्या के बावजूद हिन्दी समाज में हिन्दी पत्रों के प्रति वैसी रुचि नहीं उत्पन्न हुई जैसी अन्य भारतीय भाषाओं में देखी जाती है। यह स्थिति बहुत कुछ वैसी ही है जैसी इस युग के दो भारतीय महापुरुषों—रवीन्द्र और गांधी के सांस्कृतिक प्रयत्नों की हुई। वे अपने आचरण और साधना द्वारा निरन्तर यह प्रयत्न करते रहे कि नागर संस्कृति ग्रामोन्मुख हो जाये ताकि भारतीय संस्कृति के मूल वैशिष्ट्य की रक्षा हो सके, गाँवों को उचित प्रतिष्ठा और सम्वर्द्धन मिल सके, किन्तु उनकी साधना का प्रतिकूल परिणाम हमारे सामने स्पष्ट है। इसी प्रकार हिन्दी पत्रकारिता की पुरानी साधना आज निष्फल हो रही है। सरकारी गैर सरकारी प्रलोभनों से बचकर ही आप अपनी प्राचीन आलोकवर्षी परम्परा की रक्षा कर सकते हैं, नयी चुनौतियों का सामना कर सकते हैं। सरकारी अलंकार-पुरस्कार पाने की स्पृहा को छोड़कर ही आप सरकारी एकाधिपत्य-कामना को पराजित कर सकते हैं। वाणी की स्वाधीनता की रक्षा द्वारा ही आप अपने अस्तित्व की रक्षा कर सकते हैं। स्व० कन्हैयालाल मणिकलाल मुंशी का वह वक्तव्य आपको स्मरण दिलाना चाहता हूँ जो उन्होंने भारतीय श्रमजीवी पत्रकार संघ के पाँचवें वार्षिक अधिवेशन का उद्‌घाटन करते प्रस्तुत किया था, "भारत के समाचार पत्र सरकारी प्रवक्ता नहीं बल्कि जनता की आवाज हैं। इस प्रकार यहाँ के पत्रकार गणतन्त्रात्मक राज्य की नैतिकता से संरक्षक हैं। समाचार पत्रों की स्वतन्त्रता से ही विभिन्न प्रकार से विचारों की समुचित अभिव्यक्ति हो सकती है और राज्य की असीमित शक्तियों के मुकाबले व्यक्ति की रक्षा हो सकती है।

मित्रो, व्यक्ति-स्वतन्त्रता को मारने वाली अशुभ हवा मोहक विचारगंधों को लेकर उठने लगी है। व्यक्ति की रक्षा के लिए बड़ी-बड़ी शक्तियों के सामने आपको युयुत्सु-मुद्रा में खड़ा होना है। गाँवों में बसे भारत के सच्चे गणदेवता की उदास आँखें आपकी आत्मीय वाणी की प्रतीक्षा में हैं। श्री अरविन्द, महात्मा गांधी, पं० माखनलाल चतुर्वेदी और पं० वनारसी दास चतुर्वेदी ने गाँव की

समस्या को पत्र-पत्रिकाओं के शीर्ष पृष्ठों पर उजागर करने की होंक लगाई थी। मगर आचार्य विनोबा भावे के शब्दों में 'पराधीन गाँवों के स्वाधीन देश' भारत के पत्रों में गाँवों का उल्लेख चुनाव-अभियान के समय ही किया जाता है। आपके पत्रों में, साफगोई के लिए मुझे क्षमा करें, गाँवों के चेहरे नहीं हैं। लोक गीतों की दो कड़ी अथवा ग्रामीण परिदृश्य पर आधारित कोई कहानी छापकर हम अपनी लोक-सम्पृक्ति का सबूत नहीं दे सकते। नाना प्रकार के प्रलोभनों से जिनकी कर्म-रुचि क्षीण हो गयीं हैं, राजनीति की अशुभ हवा के संस्पर्श ने जिनके चेहरे की रोशनी बुझा दी है, आपसी सहज सम्बन्धों को मैला कर दिया है, वे सचमुच अकेले पड़ गये हैं, और अपने उद्धार का रास्ता पूछ रहे हैं। मित्रो, उपयुक्त समय आ गया है इन उदास चेहरों पर नयी रोशनी की रचना का, स्वदेश-संस्कार के कृती आवाहन का, स्वदेशी चेतना के उद्धार-उन्नयन के लिए उस सक्रिय आत्मीयता का जो आपकी पूर्व पीढ़ी ने पराधीन भारत के लोगों को दिया था।

सोचिये तो, यह कितनी दीन दशा है कि साधन-सुविधा से सम्पन्न होकर भी हिन्दी पत्रकारिता की जन्मभूमि कलकत्ते में एक भी पत्र नहीं है जो बाँग्ला पत्रों की तुलना में खड़ा किया जा सके। आज हिन्दी में एक भी ऐसी साहित्यिक पत्रिका नहीं है जिसमें हिन्दी मनीषा का सही और समग्र प्रतिनिधित्व हो। अपने नंगे दारिद्रय को लिए केवल राष्ट्रभाषा का ढोल गले में लटका लेने से हम विदूषक की भूमिका में पहुँच जायेंगे। समृद्धि के लिए साधना जरूरी है। पिछले कुछ वर्षों में हमारी साधना कमजोर हुई है।

मैं भूल नहीं रहा हूँ कि स्वातन्त्र्योत्तर काल में नयी पीढ़ी के कुछ कृती साहित्यकारों के व्यक्तिगत प्रयत्न से साहित्यिक पत्रकारिता के क्षेत्र में स्तरीय कार्य हुआ है। श्री अज्ञेय, डॉ० धर्मवीर भारती, डा० रघुवंश, श्री रघुवीर सहाय, प्रेमचन्दजी के आत्मज श्री श्रीपतराय और श्री अमृत राय, श्री हरिशंकर परसाई, श्री जगदीश, श्री नरेश मेहता और श्रीकांत वर्मा के प्रयोग उल्लेख योग्य हैं। हैदराबाद से निकलने वाली 'कल्पना' स्वातन्त्र्योत्तर काल की एकमात्र स्तरीय साहित्यिक मासिक पत्रिका रही है। पुरानी पीढ़ी की सक्रियता भी विभिन्न पत्र-पत्रिकाओं में कुछ दिनों तक दिखाई पड़ी। अन्य भारतीय भाषाओं की तरह पिछले कुछ वर्षों से हिन्दी में भी लघु पत्र-पत्रिका का आन्दोलन शुरू हुआ है। बड़ी पत्रिकाओं के प्रति विरोधी मुद्रा लेकर यह आंदोलन आविर्भूत हुआ है। कुछेक को छोड़कर अधिकांश के पीछे व्यक्तिगत महत्त्वाकांक्षा है। विद्रोह के नाम पर यह आन्दोलन विध्वंस और निषेध की हिमायत करता है। इन छोटे पत्रों में कुछ घटनाओं के विक्षोभक समाचार रहते हैं। वैचारिक पक्ष दुर्बल होता है, आक्रोश और तल्खी के बावजूद। बड़ी पत्रिकाओं की व्यावसायिक मनोवृत्ति से लड़ती लघु पत्रिकायें एक विशेष प्रकार की नयी साहित्य-चेतना और

विक्षोभक भंगिमा को उछालती हैं। और इस प्रकार साहित्य के प्रबुद्ध पाठकों के सुरुचि-संस्कार पर लगभग वैसा ही आक्रमण करती हैं जैसा व्यावसायिक पत्रिकायें करती हैं। इन पत्रिकाओं में नगर और महानगर की एक खास और सामान्यजन के लिए अपरिचित दुनिया की ही तस्वीर रहती है जो आज के दिशाहारा मनुष्य को सही दिशा दिखाने और आगे बढ़ाने में कहीं से सहायक नहीं सिद्ध हो रही है।

मेरी धारणा है कि स्वातंत्र्योत्तर काल में पत्रकार अपने महत् दायित्व के प्रति सचेत नहीं रहे हैं। परिणामत: भोग-स्पृहा से हलकान राजनीतिकों के कुचक्र और अदूरदर्शिता ने, पश्चिमी चाकचिक्य के सरकारी अन्धानुकरण ने देश की जनता को गुमराह, अपराधजीवी और भीरू बना दिया है। भीरुता के साथ ही उसमें वाचालता की भी वृद्धि हुई है और उसकी कर्म-रुचि मर गयी है। वह या तो अतिशय ढीठ है या म्लान, मूढ़ और मूक बन गया है। वाणी के देवता, आपको इन्हें वाणी देनी है, इनके रेगिस्तानी हृदय में आशा-लता की हरीतिमा खड़ी करनी है, 'एइ सब मूढ म्लान मूक मुख दिते हबे भाषा, एइ सब श्रान्त शुष्क भग्न बुकें ध्वनिया तुलिते हबे आशा।' इसी कामना के साथ मैं आपका और आपके पर्ववर्ती पत्रकारों की आलोकवर्षी परम्परा का वन्दन-अभिनन्दन करता हूँ।

□□

1. बंग प्रादेशिक हिन्दी साहित्य सम्मेलन, पंचम अधिवेशन, अप्रैल (14 और 15), 1973; पत्रकार सम्मेलन के स्वागताध्यक्ष-पद से प्रस्तुत वक्तव्य।